Vater, 1941

Hanns Polke

STUNDE DES JÄGERS

Mit 26 Abbildungen, davon 14 farbig,
auf 15 Tafeln

Paul Parey · Hamburg und Berlin

CIP-Titelaufnahme der Deutschen Bibliothek

Polke, Hanns :
Stunde des Jägers / Hanns Polke. – Hamburg ; Berlin : Parey,
1991
ISBN 3-490-20711-4

Tafelfotos – soweit nicht anders angegeben – von Hanns Polke

© 1991 Verlag Paul Parey, Hamburg und Berlin. *Anschriften*: Spitalerstraße 12,
D-2000 Hamburg 1; Seelbuschring 9–17, D-1000 Berlin 42. Printed in Ger-
many.
Satz und Druck: Buchdruckerei Wilhelm Carstens OHG, D-3043 Schnever-
dingen.
Buchbinderei: Hunke & Schröder, D-5860 Iserlohn.
Umschlaggestaltung: Evelyn Fischer, D-2000 Hamburg, unter Verwendung
eines Fotos von Stefan Meyers, D-7750 Konstanz.

ISBN 3-490-20711-4

Die wirklichen Paradiese sind jene,
die man verloren hat.

Marcel Proust

Zur Erinnerung an
gemeinsame Jagdtage in
Tansania.

Dein Schwiegervater

Weihnachten 1995

Vorwort

»Wir haben in der besten Zeit gelebt und die Wunder
der Natur gesehen ... und gehören zu einer Bruder-
schaft, deren Mitglieder Erinnerungen haben, die
unvergleichlich sind ... wir haben weitergelebt in
eine neue Welt hinein, die zu verstehen ich nicht vor-
gebe.«

Sir Alfred Pease in
›The Book of the Lion‹
London, 1913

Während ich in Stunden erzwungener Muße noch etwas planlos an den ersten Kapiteln zu diesem Buch schrieb, fiel mir ein Spruch von Marcel
Proust in die Hände. Er schien mir das geeignete Motto und auch der geeignete Titel für das Buch zu sein und gab meinem Schreiben fortan Ziel
und Richtung. Später sagten mir Männer, die davon mehr verstehen als
ich, daß sich ein Jagdbuch unter dem Titel ›Die wirklichen Paradiese‹ nicht
verkaufen würde, und brachten mich dadurch in einige Verlegenheit.

Das Grundgerüst stand. Ich hatte ein Buch geschrieben, das drei meiner ›wirklichen Paradiese‹ behandelte – die verlorene Heimat, Ostafrika
und Alaska – Bereiche, die mir unter jagdlichen Gesichtspunkten und im
Hinblick auf die Vielfalt der Möglichkeiten, die dort einst bestanden,
heute auch für viele andere verloren schienen, deren Empfindungen den
meinen gleichen oder in deren Erinnerung sie ebenso lebendig weiterleben wie in der meinen.

Andere meiner ›wirklichen Paradiese‹ wie die Vogesen oder der geliebte Lampertheimer Wald vor meiner Haustür waren unmittelbarer auf
mich persönlich bezogen. Auch hatten sie ihren eigentlichen Niederschlag
schon in meinem ersten Buch, ›Schwarze Passion‹, gefunden und tauchen
deshalb in der ›Stunde des Jägers‹ nur gelegentlich und am Rande auf.

In der Stunde des Jägers erfüllen sich seine Träume, und darum geht es
in diesem Buch – um erfüllte jagdliche Träume. Die Süße der Erfüllung
aber reflektiert in ihm gleichzeitig die Wehmut der Rückschau auf Unwie-
derbringliches. Darum auch boten sich Prousts Worte als Motto an, und
ich will versuchen, verständlich zu machen, warum sie zu meinem Leit-
faden wurden und wie ich sie für uns als Jäger und mit der Natur unlösbar
Verbundene verstehe. Ich habe Kenia dafür ausgewählt, weil ich an diesem
Land mit einer ganz besonderen, fast sentimentalen Zuneigung hänge.

Als Anfang der sechziger Jahre der Mau-Mau-Aufstand mit der Befreiung des Landes von der Kolonialherrschaft endete, da sagten viele der weißen Siedler: »Die Tage des glücklichen Jagens sind für immer vorbei, es wird nie wieder so sein, wie es war!« Obwohl niemand sie körperlich hinausgetrieben hatte, waren ihre Herzen aus dem vertrieben worden, was sie nun, da es versunken schien, in der Summe ihres Lebens als ein Paradies begriffen.

Mir jedoch, der ich Kenia und die früheren jagdlichen Verhältnisse dort nicht aus eigener Anschauung kannte, erschien das Land in eben dem Zustand, der andere nicht mehr befriedigte, die Erfüllung aller Träume, als ich es Ende der sechziger Jahre zum erstenmal betrat. Ich genoß es berauscht und immer wieder in vollen Zügen, bis die Jagd im Lande für Ausländer geschlossen wurde. Als ich später noch einmal dorthin zurückkehrte und den Wandel bemerkte, sah, was an blinder Zerstörung allein in der Spannbreite meiner Beobachtung eingesetzt hatte, und mit gemischten Gefühlen das erlebte, was als jagdliche Betätigung geblieben war, da begriff ich, daß nun auch ich mein Paradies verloren hatte. Und für mich wiederholten sich die Worte der alten Siedler: »Die Tage des glücklichen Jagens sind für immer vorbei, es wird nie wieder so sein, wie es war!«

Nach mir aber wird irgendwann irgendein junger Mann, jung wie Kenias weiße Siedler einmal waren, jung, wie ich es war, in dieses Land kommen, wird seinen Zauber neu empfinden, seine fröhlichen Menschen und die vielleicht nur noch wenigen dann verbliebenen Tiere aus seiner Empfindungswelt heraus neu erleben, lieben lernen und begreifen. Vielleicht wird er nicht mehr als Jäger kommen, aber irgendeine Leidenschaft wird auch ihn bewegen und ihn hier (oder an irgendeinem anderen Ort dieser Welt) seine Erfüllung finden lassen. Und auch er wird nur wissen, daß er glücklich ist, aber nicht, daß jedes Glück endet. Daß er das Paradies besaß, wird auch er erst begreifen, nachdem er es verlor. Denn ein jeder von uns kann nur wirklich vermissen, was er aus eigenem Erleben heraus kannte, aber er kann auch nur erleben, was die Welt in seiner Zeit ihm bietet. Das wird immer genug sein, um junge Menschen neue Träume träumen, und immer zu wenig, um die Alten ihre Träume von gestern vergessen zu lassen.

Älter aber werden wir alle, und das ›wirkliche Paradies‹, das wir verlieren und in dem all die kleineren kulminieren, durch die wir wandern durften, ist unser Leben. In den Leben nach uns aber, in unseren Kindern und wieder in deren Kindern, entsteht jedes einzelne dieser Paradiese neu, in einer Kette endloser Mutationen, die es ständig verändern und die es zugleich unverlierbar machen. An dem Punkt aber, an dem diese Kette abreißt, dieses Wunder verlorengeht, ist der Weg der Menschheit zu Ende.

Nicht zuletzt deshalb, weil Freude sich in diesem Buch mit Schwermut mischt, schrieb ich es für meinen Vater. Seine Generation trug die Bürde zweier gräßlicher Kriege, und dennoch schien es ihm leicht, mit Anstand zu leben und mit Würde zu sterben für das, was ihm über alles ging – sein Land. Er war ein Mensch voller Heiterkeit und Güte, voller Zuwendung und Glauben. Er war ein leidenschaftlicher Jäger und mein bester Freund. In dem Heer der Namenlosen liegen seine Knochen irgendwo verscharrt. Die Kette aber zieht sich von ihm zu mir und weiter zu seinen Enkelkindern, zu Diana, Michaela und Lutz. Auch dafür, daß sie nicht abreißt, schrieb ich dieses Buch.

Hüttenfeld, im März 1991   Hanns Polke

Inhalt

Jugendseligkeit – Jugendsünden

Anfänge

Als ich sieben Jahre alt war, machte mein Vater den Fehler, mich mit dem Tesching auf die Scheibe und nicht allzu lange danach auch auf den ersten Spatzen schießen zu lassen. Von Stund an war's um mich geschehen. Schon diese erste jagdliche Betätigung war unterbaut von einer behutsamen Einführung in das Waidwerk. Als erstes wurde mir der vorsichtige Umgang mit der Waffe eingebleut. Zuerst am Tesching, dann an einem wohl aus Sicherheitsgründen umgehend herbeigeschafften Diana-Luftgewehr einfachster Machart. Ich wußte genau, würde ich einmal mit der Waffe auf einen Menschen zielen, sie geladen herumstehen lassen oder auch nur leichtfertig handhaben, wäre es aus mit weiterer jagdlicher Betätigung, und das schien mir schon damals die schrecklichste aller Drohungen.

Achtung vor dem Wild war ein weiteres Hauptthema. Die Sperlinge mußte ich genau ansprechen, Haussperling oder Feldsperling, Spatz oder Spätzin, und als ich dennoch einmal, von der Sonne geblendet, einen Grünling statt eines Spatzen schoß, bedeutete das neben dem verächtlichen, mich in tiefster Seele quälenden Ausdruck in Vaters Augen auch noch vier Wochen Gewehrentzug; vier Wochen, eine endlose, nie endenwollende Kette von Minuten, Stunden, Tagen aus der Sicht eines Kindes. Luftgewehrkugeln wurden stets in homöopathischen Dosen zugeteilt, und anfangs mußte ich über eine jede Rechenschaft ablegen.

Wir wohnten damals in dem zwischen Fürstenwalde und Müncheberg gelegenen märkischen Dorf Schönfelde, mein Vater war dort als Lehrer tätig. Schönfelde liegt in einer nach Westen offenen Senke. Das umliegende Land ist zumeist flach und der Boden karg. Über die Feldmark verstreut fanden sich einzelne kleinere Gehölze, vorwiegend bestockt mit Kiefer, Robinie und Birke. Im Westen und Norden dehnten sich größere, zusammenhängende Kiefernwaldungen.

Neben anderem Niederwild kam in der näheren Umgebung von Schönfelde in erster Linie das Reh vor, das sich im Winter in Sprüngen von weit über hundert Stücken auf den endlosen Feldern zusammenfand. Rotwild, Damwild und Sauen waren, und das zumeist auch nur im Sommer, seltene Wandergäste aus den großen Waldungen in Richtung Müncheberg und Hangelsberg.

Bald hatte ich mein Revier, Hof, Garten und angrenzenden Deputatacker, aufgegliedert in Niederwildgebiete – Hof und Scheune, wo die Haussperlinge sich heimisch fühlten – und das Hochwildgebiet, einen Holunderstrauch im Feld hinter der Scheune, den die weitaus schwerer zu bejagenden Feldsperlinge, gelegentlich auch ein Rotrückiger Würger oder sogar der Große Würger, bevorzugt anstrichen.

Auch im Kleinen läßt sich eine jagdlich erfüllte Welt schaffen. Ich erinnere mich noch, daß ich aus einem Ansitzloch vor diesem Holunderbusch einmal an einem Tage drei Feldsperlinge mit dem glattläufigen Diana-Gewehr erlegte, eine frühe Leistung, die sich sicher mit mancher meiner späteren ›Großtaten‹ jagdlich wie schießtechnisch messen konnte.

Kinder sind, wohl aus mangelnder Schmerzerfahrung heraus, meist grausam, ohne dies zu wissen. Als mich während der Sommerferien einmal Vetter Hans-Peter aus Berlin bei der Spatzenjagd unterstützte, war das nun weitaus zu intensiv bejagte Revier in Kürze leergefegt, Spatzen lassen sich in ihrer Erkenntnisfähigkeit ja durchaus mit höherstehenden Lebewesen vergleichen. Wir zerbrachen uns also den Kopf, wo wir neues Wild herbekommen könnten.

Neben quicklebendigen Leghorn-Hühnern hielten meine Eltern als damals neu auf den Markt gekommene Sorte die schweren, behäbigen Wyandottes. Uns war natürlich klar, daß wir Hühner nicht ›zur Strecke bringen‹ konnten. Da aber die Wirkung unserer schwachen Luftgewehrchen schon auf den Sperling nicht immer voll überzeugt hatte, glaubten wir unbedenklich, die Wyandottes ohne größeren Schaden wenigstens als jagdliches Ziel verwenden zu können.

Erste Probebohrungen verliefen erfolgreich. Auf zehn bis fünfzehn Meter verschossen, prallte das Bleikügelchen am Federkleid der pummligen Hühner ab, veranlaßte diese aber zu unserem größten Vergnügen dazu, mit lautem Gegacker senkrecht in die Luft zu springen. Die Hühnerjagd wurde also zu einem festen Teil unseres täglichen jagdlichen Repertoires, wobei wir natürlich stets peinlich darauf achteten, bei unseren Aktivitäten keine unerwünschten Zuschauer zu haben.

Wie es kam, weiß ich nicht mehr. War es eine verirrte Kugel oder ein gezielter Schuß unter Fehleinschätzung der E_{10} unserer Luftbüchsen? Auf jeden Fall legte sich eines Tages eine der beschossenen Wyandotte-Hennen mit Kopfschuß zuerst auf den Rücken, um dann anschließend wild in der Gegend herumzuhüpfen. Dies empfand der in der Nähe verweilende Hahn – erkennbar unter falschen Voraussetzungen – als eine Aufforderung zum Tanz. Jedenfalls stürzte er sich auf die arme Henne, pickte auf sie ein und begann sie zu treten.

Mir war nur zu klar, daß ich ein Desaster mit unabsehbaren Folgen heraufbeschworen hatte, und in meiner Verzweiflung schrie ich laut: »Vati, Vati, komm, der Hahn hat die Henne unter!« Der so Herbeizitierte kam, überblickte die Situation in Kürze, vertrieb den Hahn, tat die Henne ab, ergriff mich beim Schlafittchen, schleppte mich in die geräuschdämmende Isolation des Hauses und verpaßte mir dort eine fürchterliche Tracht Prügel.

Als ich ausgejammert hatte, schloß sich ein sehr eindringlicher Vortrag über das Verwerfliche der Tierquälerei und das mich in den tiefsten Tiefen meiner Seele treffende Dekret an, daß fürderhin für ein halbes Jahr für mich Hahn – sprich Knicklauf – in Ruh' sei. Prügel und Vortrag, besonders aber der Gewehrentzug, haben eine so tiefgreifende Wirkung bei mir hinterlassen, daß ich von Stund an Tieren nie wieder vorsätzlich oder zu meinem Spaß Schmerzen zugefügt habe. Ganz umsonst war die arme Märtyrerin aus dem Stamme der Wyandottes also nicht gestorben, zumal sie ja auch noch als voll verwertbar im Kochtopf landete.

Nach den Spatzen und der so unziemlich zu Tode gekommenen Henne war meine erste bedeutendere Beute dann ein Junghabicht. Es ist falsch, von Beute zu sprechen, Opfer wäre der bessere Ausdruck. Ich stapfte damals mit ungeladenem Tesching hinter meinem Vater her durch ein Kiefernjungholz, als dieser plötzlich den Drilling zum Kopf nahm und aus einem auseinanderstiebenden Taubenschwarm einen Habicht herausschoß. Der Greif war geflügelt und taumelte am Waldrand auf die angrenzende Stoppel. Hier verharrte er, hochaufgerichtet, die eine Schwinge abgespreizt, und äugte uns in majestätischer Ruhe mit seinen blitzenden Augen an.

Bevor mein Vater die Waffe zum zweiten Schuß heben konnte, war ich herbei und bettelte: »Bitte, bitte, darf ich ihn schießen?!« Zögernd und ein wenig widerwillig – ihm war das waidmännisch und pädagogisch Zwiespältige der Situation wohl bewußt – ließ mich mein Vater gewähren. Ich weiß eins noch genau, daß mich damals nicht die Lust zu töten trieb, obwohl der aus Neugier erwachsende Hang dazu bei Kindern zumeist in einer den Erwachsenen erschreckenden Form ausgeprägt ist, sondern allein der Wunsch, diesen wunderschönen Vogel zu besitzen, ihn als Beute nach Hause tragen zu dürfen, meine Beute.

Nun, das Weitere verlief trotz Zitterns und Bebens Gott sei Dank komplikationslos. Im Schuß der kleinen Kugel sackte der Greif leblos in sich zusammen. Stolz und doch ein wenig mit dem schlechten Gewissen dessen, der im Unterbewußtsein spürt, daß er sich mit fremden Federn schmückt, trug ich ihn nach Hause.

An diesem Abend machte meine tierliebende Mutter ihren vorerst letzten, von der ganzen Kraft ihrer Persönlichkeit getragenen Versuch, mich vom Rand des Abgrundes zurückzureißen, in den die Leidenschaft des Jagens mich führen sollte. Sie saß an meinem Bett und beschwor etwas melodramatisch, aber bei meinen damaligen noch begrenzten Naturkenntnissen durchaus wirkungsvoll, die Vision der Habichteltern, die nun traurig auf dem Rand des Horstes hockten und auf die Rückkehr ihres Sohnes warteten, so wie sie heute auf Vaters und meine Rückkehr gewartet habe. Bald liefen uns beiden die Tränen über die Wangen, und schluchzend fiel ich ihr um den Hals. Wir fühlten wohl beide, daß die Zeit der Kinderspiele vorbei war, in denen ich als seefahrender Björn oder Frithjof in ihre ausgebreiteten Arme zurückgekehrt war, und sicher galten unsere Tränen auch ein wenig diesem Abschied.

Es war ein Abschied, denn trotz aller mütterlichen Beschwörungen siegte die Leidenschaft. Sie hat weitgehend den Verlauf meines Lebens bestimmt und mich nie mehr verlassen, auch wenn ich heute zunehmend öfter die ›wartenden Habichteltern‹ hinter den Dingen sehe und den Zwang, Beute zu machen, zunehmend weniger spüre. Ich bin auf meinem Weg jedoch schon zu weit, um wirklich umkehren zu können. Könnte ich es, könnte ich mein Leben noch einmal beginnen, dann würde es im zweiten Durchgang wohl bei behutsamstem Umgang mit dem Gewehr vor allem dem Wildschutz und dem Schutz des Waldes gehören. Meine jüngere Tochter Michaela lebt dieses Leben für mich, und es hat mich nicht unglücklich gemacht, daß beide Töchter, trotz ihrer engen Bindung an den Vater, nie in Versuchung waren, selbst zu jagen, und daß sich bei Michaela statt dessen die leidenschaftliche Liebe der ihr unbekannten Großmutter zu den Tieren noch einmal aus einem reichen, starken Herzen heraus entfalten konnte.

Der Tesching hatte es mir angetan. Ich wußte nicht, warum dieses Gewehr so genannt wurde, später ist mir die Bezeichnung nicht mehr begegnet, aber es soll für leichte Randfeuerpatronen, viel schwächer als die heutigen Kleinkaliberpatronen, von dem Büchsenmacher Flobert entwickelt worden sein. Er war ein hübsches Gewehrchen, mit der Liebe gefertigt, die man mittlerweile nur noch sehr teuren Waffen zukommen läßt. Natürlich erhielt ich keine Patronen dafür, und dennoch schleppte ich ihn bei meinen Streifzügen durch Feld und Flur mit mir, wann immer es ging.

In meiner damaligen Vorstellungswelt erlegte ich Büffel mit ihm, Bären und Adler, alles was sich an kostbarer Beute aus Vaters Vorrat an Jagdliteratur herauslesen ließ. Einer dieser Streifzüge endete tragisch oder wohl besser tragikomisch.

Am Ende des Reviers und schon auf der Gemarkung des Nachbarortes lagen Töppers Fichten, eines jener Feldgehölze, die das Gesicht der Mark Brandenburg ebenso bestimmten wie die großen zusammenhängenden

Waldungen, die wir Heide nannten. Der Himmel allein weiß, warum Töppers Fichten so hießen, denn es handelte sich bei ihnen um einen raumen Bestand hochaufgeschossener Kiefern, in deren Kronen der Bussard horstete.

Sein Paarungsschrei hatte mich hierher gelockt, und ich lag unter den hohen Bäumen auf dem Rücken und blinzelte in das Blau des Himmels, in dem als dunkle Silhouetten die Raubvögel ihre Kreise zogen. Neben mir, an den Baum gelehnt, stand der Tesching. Immer wenn einer der Bussarde über mir zwischen den Baumkronen auftauchte, ergriff ich das Gewehr und machte Zielübungen. Wie gern hätte ich in diesen Augenblicken eine weittragende Büchse besessen. Auch jetzt aber war es nicht der Wunsch zu töten, der mich trieb, sondern wiederum der Wunsch, einen dieser wundervollen Vögel zu besitzen, ihm ganz nah zu sein, seine Federn und Krallen aufbewahren und hüten zu dürfen, lange über die Spanne seines natürlichen Daseins hinaus.

Dieses Gefühl, das so schwer zu erklären und besonders von Nichtjägern wohl auch kaum zu begreifen ist, hat mich mein ganzes Leben hindurch begleitet. Vielleicht liegt ihm, neben dem Urinstinkt des Jagens, ein weiterer, der des Sammelns, zugrunde. Ich jedenfalls habe an meinen Trophäen immer mehr Freude gehabt, als nach heutiger Auffassung ziemlich ist, und in dieser Freude – und das ist sicher nicht richtig – oft die einzige Rechtfertigung, wenn auch nicht den Grund für mein Jagen gesehen. Dabei ging es mir, außer den liebsten und nächsten Freunden gegenüber, nie um das Vorzeigen. Wie dem fanatischen Kunstsammler, der Gemälde stehlen läßt, nur um sie im heimlichen Kämmerlein zu bewundern, hätte mir solch stiller Genuß völlig genügt.

Ich habe später hie und da Jäger kennengelernt, bei denen man spürte, daß es die Lust am Töten war, der Rausch der Macht über Leben und Tod, der sie vorrangig motivierte. Mich hat es immer geschaudert, wenn ich diesem Typ Jäger begegnete. Man erkennt ihn instinktiv, und ich habe mich in seiner Gegenwart meines grünen Kleides geschämt, auf das ich so stolz war.

Wo jedoch genau die Linie zu ziehen ist zwischen ihm und uns, der Mehrzahl der anderen, weiß ich nicht, denn für uns alle kulminiert die Erfüllung der Jagd schließlich in der Erlegung des Wildes, auch wenn die Erlegung für sich die Jagd nicht ausmacht. In dieser Frage muß wohl jeder mit sich selbst ins reine kommen.

Gerade als ich wieder einmal die kleine Büchse in den Himmel richtete, senkte sich von hinten ein Schatten über mein Gesicht. Ich blickte auf, das Herz fiel mir in die Hose. Hochaufgerichtet, den Kopf mit dem grünen Tschako leicht nach vorn geneigt, blickte mich, über einen Walroßbart hinweg, aus grauen, durchbohrenden Augen die Staatsautorität in Person an – der von uns Jungen wie Beelzebub gefürchtete Landgendarm aus dem Nachbarort.

Nicht nur bei uns Jungen jedoch war dieser Landgendarm gefürchtet. Ich erinnere mich, wie sein Herannahen bei den jährlichen Treibjagden – wir nahmen als Treiberjungen daran teil – von extra ausgestellten Vorposten wie durch Buschtrommeln gemeldet wurde, was dann immer zwei oder drei Herren veranlaßte, diskret seitwärts in die Büsche zu treten, unter ihnen gelegentlich auch der dicke, rosige Amtsvorsteher Max Hinze. Dieser nahm an der Jagd sowieso nur aus Gründen der Geselligkeit und in Vorfreude auf den anschließenden Umtrunk teil und trachtete trotz mitgeführten Püsters den ortsansässigen Hasen nie ernsthaft nach dem Leben. Deshalb wohl auch erschien ihm der Erwerb eines Tagesjagdscheines als eine eher unnütze Ausgabe. Seiner amtlichen Autorität tat das, soweit ich es beurteilen konnte, jedoch keinerlei Abbruch.

»Habe ich dich erwischt, Bürschchen? Gib mal die Büchse her!«, so oder so ähnlich lautete die barsche Aufforderung des Beamten, der ich schlagartig nachkam. Genüßlich öffnete der Hüter des Gesetzes den Verschluß des Gewehres, gleich darauf aber begann Frustration seine markigen Züge zu überschatten. Frustration, wie sie jeden wackeren Polizeibeamten auch heute noch überwallt, wenn ein klar erscheinender Fall sich wegen einer Nichtigkeit nicht zur Perfektion runden will. Die Kammer war leer!

»Dreh einmal die Taschen um, mein Junge!« Auch diese Aufforderung brachte neben Schnur, Taschenmesser, krummen Nägeln, einem zerlaufenen Bonbon, einem schmutzigen Taschentuch und diversen Steinen das gewünschte Corpus delicti nicht zutage.

»Warum hast du denn auf die Vögel gezielt, wenn du nichts in der Büchse hast?« rang der Bewahrer von Frieden und Ordnung vergeblich um Logik.

Darauf wußte ich auch nicht sehr viel Sinnvolles zu erwidern, und so fand ich mich denn in Kürze, als Arrestant neben dem Fahrrad meines Bewachers marschierend, auf der an Töppers Fichten in Richtung Heimat vorbeiführenden Teerstraße wieder.

Die Konfrontation mit meinem Vater verlief nicht ohne Peinlichkeit. Als alte Kriegskameraden jedoch einigten sich die beiden Respektspersonen, bildlich wie wörtlich über meinen Kopf hinweg, sehr schnell dahingehend, daß der Tesching fürderhin unter Verschluß zu halten und nur unter Vaters Aufsicht von mir zu handhaben sei. Denn dafür, daß ein deutscher Junge möglichst frühzeitig an der Waffe auszubilden sei, hatte – dem Zeitgeist entsprechend – natürlich auch unser Gendarm volles Ver-

11. Januar 1960. Ein Hirsch, dem ich auf seltsame Weise verbunden bin

Der gute, bei Charles
de Fabribekkers in
Belgien erlegte Bock
(Foto: Ch. de Fabri-
bekkers)

Der geringe Widder
von der Sonneninsel
Hvar

ständnis. Nachdem er sich ein Bierchen genehmigt, den Walroßbart glatt-gestrichen und auch den Uniformrock mit kurzem markigen Ruck unter dem Koppel geglättet hatte, verließ er mit dem Ausdruck dessen das Haus, dem das kaum Faßbare gelungen ist: Dienstliches mit Mensch-lichem zu vereinigen. Vielleicht war unser alter Gendarm gar nicht so schlimm, wie er uns Jungen damals schien.

Die Gegend um Töppers Fichten aber hat immer ihre magische Anzie-hungskraft für mich behalten. Später saß ich oft hier, besonders im Spät-sommer, den Rücken an einen der in der Mark häufigen Findlingsblöcke gelehnt, und träumte über die sich endlos dehnende Weite von Klaukes und Hinzes Heide hinweg den Wildgänsen und den ziehenden Fäden des Altweibersommers nach oder lauschte im sinkenden Abend dem ›kerrick kerrick‹ der Rebhähne. Mein Herz war zum Zerspringen voll in diesen Stunden, aber es war nicht Glück allein, das es füllte, es war genauso Weh-mut, eine unerfüllbare Sehnsucht nach Ferne, Weite, der Wunsch aufzuge-hen im Universum, mit den Gänsen zu ziehen in die Endlosigkeit des Himmels, und das gleichzeitige Bewußtsein der Isoliertheit. Fleckgebun-denheit, Erdenschwere, dies alles verwoben und im Grunde undefinier-bar in den Begriffen Stimmung und Stunde.

Jahre nach dem leidigen Vorfall in Töppers Fichten und nachdem ich bereits firm in meinem jagdlichen Grundwissen war, schenkte mir mein Vater eine Luftbüchse, die ich geliebt habe wie kaum ein Gewehr nach ihm und mit der ich eine Perfektion im Schießen erlangte, die ich nach meiner späteren Verwundung nie wieder erreichte. Es handelte sich um das Hae-nel-Sportmodell 33, das in zwei Varianten als Modell 33 und 33 Junior so-weit irgend möglich dem Gewehr und dem Karabiner 98 nachgebildet war, auch sechs Kugeln hintereinander wie diese ›repetierte‹ und bis auf eine Entfernung von zirka fünfzehn Metern ganz vorzüglich schoß.

Die heutigen Schützenluftgewehre schießen sicher genauso präzise, keines davon aber hat annähernd die Handlichkeit besonders des kleinen Haenel 33 Junior. Von den heutigen Standardluftgewehren will ich gar nicht sprechen, sie sind eine Krankheit im Vergleich zum Haenel.

Witzigerweise wurde das Haenelsystem nach dem Kriege für ein Jahr-marktluftgewehr mit glattem Lauf und Jagdschäftung wiederverwendet. Dieses Gewehr, aus dem im Gegensatz zum Haenel, das 4-mm-Bleiku-geln aus gezogenem Lauf verschoß, Stahlkugeln verschossen werden, ist aber in bezug auf Schußgenauigkeit wie auch Durchschlagskraft eher eine Persiflage des Originals. Es ist schade und mir persönlich unbegreiflich, daß das echte Haenel in der nach dem Kriege enteigneten Fabrik in Suhl nicht in einer zivilen Ausführung weitergebaut wurde. In der Aus-gewogenheit seiner Eigenschaften und seiner Ähnlichkeit mit einem richtigen Gewehr in Handhabung und Bedienung ist heute nichts Gleichwertiges für den Jägernachwuchs auf dem Markt. Aber das ist von mir wohl zu unpolitisch gedacht.

Dieses Gewehrchen wurde in meinen Händen bald zur gefährlichen Waffe, es lehrte mich pürschen und zielen. Kam ich unter die Fünfzehn-Meter-Distanz an ein Wild heran, sei es Krähe oder Elster, Eichelhäher oder Taube, Ratte, Eichhörnchen, Wiesel oder Kanin, dann hatten diese zumeist verspielt, denn mein frühes Hühnererlebnis hatte mir nur zu deutlich gezeigt, welche drastische Wirkung auch ein schwaches Kügelchen bei sauber plaziertem Kopfschuß haben kann. Bekanntlich wurde ja der stärkste (mittlerweile wahrscheinlich einer der stärksten) im Boone & Crockett-Buch-der-Rekorde verzeichnete Grisly von einer indianischen Squaw mit der .22 lfB erlegt. Durch ein Licht schoß sie ihm die winzige Kugel ins Gehirn und tötete ihn auf der Stelle. Das Geschoß ist ja wirklich winzig, mit seinem Durchmesser von 0,22 Zoll, auch wenn es die l.f.B.-, d. h. lang für Büchsen-Ausformung hat.

Mit dem Haenel machte ich die entsprechende Erfahrung zuerst bei einem Eichelhäher. Mais war damals bei uns eine noch fast unbekannte Fruchtart, und als er auf einem Acker am Waldrand erstmalig angebaut wurde, da sprach sich das nicht zuletzt bei den Eichelhähern auf bestimmt zehn Kilometer im Umkreis herum. Der Schlag wimmelte von ihnen, und doch kam ich nicht zu Schuß. Entweder strichen sie schon bei meinem Herannahen ab, spätestens jedoch, wenn ich das Gewehr hob. So probierte ich es schließlich mit der Sonne vom Wald aus, wohin die Häher sowieso zurückstrichen, wenn sie ein Korn ergattert hatten. Hier gelang es mir, dicht genug an einen von ihnen heranzukommen, alles aber, was ich von ihm sehen konnte, war sein Kopf. Notgedrungen zielte ich auf diesen, und der Häher fiel steintot herunter.

Von Stund an kaprizierte ich mich mit dem Haenel auf diesen Schuß und habe – das ist keine Schutzbehauptung – wissentlich auch sehr wenig Kleinwild mit ihm angekröpelt oder verloren. Entweder er ging vorbei, oder das Wild lag. Wichtig war nur, daß man mit der Kugel nicht vor das Licht rutschte.

Später, als ich während meiner Gymnasialzeit in Berlin-Tegel wohnte, im dritten bzw. dreieinhalbten Stock eines hochräumigen Mietshauses, kochte das Jagen außerhalb der Ferienzeit auf kleiner Flamme, und mein einziger Trost war der gelegentliche Spatz, den ich auf der Dachrinne putzen konnte.

Auch die Wichtigkeit von Nachsuche und Bergen des Wildes war mir dringlich eingebleut worden, und das Bestreben, hier mit der Leistung nicht hinter den Anspruch zurückzufallen, brachte mich einmal in eine äußerst brenzlige Situation. Bei dem Versuch, einen Spatzen aus der Dachrinne zu bergen, hatte ich mich außen auf dem Fenstersims stehend am Fensterkreuz angeseilt. Als ich mich zu weit nach hinten beugte, begann das schon morsche Kreuz nachzugeben. Wie durch ein Wunder gelang es mir jedoch, mich noch rechtzeitig zurückzuhangeln, ehe das Holz ganz ausbrechen konnte. Ich hatte dann alle Mühe, es wieder in die alte Form zu drücken, denn beichten mochte ich diese ›Heldentat‹ nun doch nicht. Meine arme Mutter wäre nachträglich vor Schreck gestorben.

Einige Zeit später rutschte unsere aus Schönfelde mitgebrachte Katze, die letzte ihres Stammes, ein in der Tat etwas mickriges Exemplar, das, zum Jammer meiner Eltern von mir nach dem Tiger in Harry Piels Film ›Der Dschungel ruft‹ Midan getauft, diesen anspruchsvollen Namen in Demut trug, auf dem Fensterblech aus. Auch sie war den Spatzen nachgestiegen und stürzte zirka achtzehn Meter tief auf den gepflasterten Hof. Erstaunlicherweise überlebte sie den Fall, wenn auch mit einem leichten Dachschaden. Mir wäre Gleiches sicher nicht gelungen.

Eine herrliche Kinder- und ›Jüngstjägerzeit‹ lag hinter mir, und in jedem der folgenden Schuljahre in der großen Stadt zählte ich die Tage und Stunden bis zu den nächsten Ferien, die mich zu neuem jagdlichen Erleben in mein geliebtes Schönfelde zurückbringen würden.

Selbst vor einem Bestechungsversuch schreckte ich in dieser Zeit nicht zurück, um meine jagdlichen Ziele zu erreichen. Im Gegensatz zu den meisten anderen Fächern lag ich in Deutsch immer recht weit vorne. Ich hatte auch einen Lehrer, der in der Goetheschen Strahlungskraft seiner Persönlichkeit mich wie von selbst mitriß, ja Manna vom Himmel für mich war.

In dem betreffenden Jahr – ich glaube, es war in der Untertertia – durchlief ich jedoch eine schwache Phase. Mein Vater hatte das bemerkt und mir wohlweislich einen Kaninchenbock freigegeben – vorausgesetzt, ich hielte meine Eins in Deutsch. Da ich an der Realisierbarkeit dieses Vorhabens berechtigte Zweifel hegte, benützte ich die Gelegenheit einer Schulwanderung, um meinem Lieblingslehrer über meine Probleme zu berichten und dezent anzudeuten, daß ich ihm natürlich gerne das Kaninchen schenken würde, wenn er mir nur den Balg beließe. Er lachte herzlich und riet mir, mich auf den Hosenboden zu setzen, statt ihn in Versuchung zu führen. Das tat ich auch, die dennoch sicher nicht ganz verdiente Eins und der Kaninchenbock waren mein Lohn. Wie es sich ergab, fiel jedoch auch der Bock klein aus, und ich sah darin eine gewisse ausgleichende Gerechtigkeit.

In diesen Ferien, aber auch in den vorausgehenden und den ihnen bis zu meinem Eintritt in die Wehrmacht folgenden, verlebte ich nun ebenso herrliche Jungjägerzeiten. In einigem habe ich schon vorgegriffen, denn alle wesentlichen Erlebnisse mit dem Haenel 33 Junior fielen eigentlich in diese Ferienperioden, einige andere, die, wie man sehen wird, nicht frei waren von gelegentlich sündhaftem Verhalten, will ich als gesonderte Episoden noch anhängen.

Vom Dachswahn besessen

Am 27. August 1939, vier Tage vor Beginn des Zweiten Weltkrieges, fuhr ich, von einem Sommerlager oder, genauer, einer Fahrt der HJ kommend, in einem versiegelten Waggon durch den polnischen Korridor von Ostpreußen nach Berlin zurück. Ein wohlmeinendes Geschick hatte mir vergönnt, den vielleicht eindrucksvollsten Teil deutschen Bodens noch unter der Friedenssonne eines herrlichen Sommers zu sehen, bevor er verlorenging. Ich meine noch heute, daß, wer Ostpreußen nicht kannte, in letzter Konsequenz nicht wußte, wofür wir kämpften, und auch nicht wirklich weiß, was wir verloren haben.

Als wir in Ostpreußen eintrafen, waren die endlosen, in der Sommerhitze wabernden Weizenschläge noch nicht gemäht. Überall aber sah man Truppenbewegungen, auf unsere Fragen jedoch erhielten wir immer die gleiche stereotype Antwort: Manöver.

Leider ließ uns die damals vorrangige Zielsetzung ›Wehrertüchtigung‹ nicht die Möglichkeit, dieses herrliche Land in Ruhe zu genießen. In Fünfzig-Kilometer-Märschen mit schwerem Tornister hetzten wir an der Steilküste Samlands entlang, und das Auge war bald zu müde, die Schönheit der Landschaft aufzunehmen. Und doch ist mir der erste Anblick dieser Küste für immer unauslöschlich im Gedächtnis geblieben. Wir näherten uns ihr durch dämmrigen Urwald, in dem die dichten Kronen alles Licht wegfilterten und auf dessen Boden man lief wie auf einem Teppich. Zu fünft an den Händen gefaßt, vermochten wir einzelne Bäume nicht zu umschließen. Dann traten wir aus dem Dämmer des Waldes in das gleißende Licht der Küste. Steil fiel sie zu einem Strand hin ab, dessen Farbton irgendwo zwischen Gold und Silber spielte. Davor aber, tief unter uns, lag, wie ein kostbarer Stein vom Edelmetall eingefaßt, lichtgrün die Ostsee, verschwamm mit ihren Schaumkronen im Dunst flirrender Ferne mit dem Weißblau des Himmels.

Vier Tage nach unserer Rückkehr begann, wie gesagt, der Krieg, und als ich in den Herbstferien nach Schönfelde kam, da waren dort auf dem Gut meines Nennonkels bereits die ersten polnischen Gefangenen als landwirtschaftliche Hilfskräfte eingetroffen.

Unter ihnen war einer, Stanislaus mit Namen, der für jeden Franken-
steinfilm die Idealbesetzung gewesen wäre, grobschlächtig, mit schiefer
Schulter, schiefem Blick, stoppelübersätem Kinn und langen, baumelnden Armen. So, wie man sich Hamann oder andere Massenmörder vorstellt, sah Stanislaus aus, wobei der Haken lediglich ist, daß diese ja nie *so*
aussehen. Wilhelm Busch kam in den Sinn:

> »Seht, da steht das Ungeheuer
> namens Jakob Niedermeyer,
> der, nachdem er einstmals Schreiber,
> später Mörder ward und Räuber.«

Trotz der Warnungen – der Blutsonntag von Bromberg war damals ja
noch grausame Gegenwart –: »Daß ihr mir ja von den Polen wegbleibt
und besonders von diesem Stanislaus, diesem gefährlichen Menschen!«
zogen die Polen meine Freunde und mich magnetisch an. Vor allem aber
Stanislaus, denn mit dem sicheren Instinkt junger Menschen hatten wir
schnell erkannt, daß er die Gutmütigkeit in Person war. Für ein wenig Tabak oder ein paar Zigarettenstummel schnitzte er uns Pfeifen, bastelte
Panflöten, reparierte Terzerol und Kastenfalle und war voll der skurrilsten
Geschichten.

Mein ständiger Begleiter während der Ferien war damals mein alter
Kumpan Herbert, genannt Herrchen. Herrchen war der ältere Sohn eines
Tagelöhners und als mein Nachbar im an die Schule grenzenden Gesinde-
haus des Gutes aufgewachsen. Gemeinsam hatten wir die Bank der Volks-
schule gedrückt. Gemeinsam hatten wir dort auch so manches Mal unser
Fell verteidigt und unsere ›Stullen‹ genannten Butter- bzw. Margarine-
brote ausgetauscht, da den einen verläßlich immer besonders faszinierte,
was der andere besaß.

Herrchen war ein hübscher Bursche mit tiefgebräuntem, kühn ge-
schnittenem Gesicht, kohlschwarzen Augen und einer ebensolchen Haar-
tolle, die ihm immer schräg über die nicht allzu hohe Stirn fiel. Er hatte
nur ein Handikap, er stotterte entsetzlich.

In Herrchens Kielwasser bewegte sich zumeist sein jüngerer Bruder
Werni, und obwohl dieser an der folgenden Episode nur ehrfürchtig und
stumm, sozusagen als Kometenschweif beteiligt war, erscheint seine Person doch der näheren Betrachtung wert. Werni war ebenso häßlich wie
Herrchen hübsch, und ein besonderes Merkmal an ihm war, daß ihm, ob
Sommer oder Winter, stetig die rote kleine Knollennase lief. Werni war
allerdings ständig bemüht – das muß zu seiner Ehrenrettung gesagt werden –, mit der Zunge zu beseitigen, was von Rechts wegen nicht auf die
Oberlippe gehörte, und wirkte so in kaleidoskopartig schneller Folge

immer kurzfristig schmuddlig oder relativ reinlich. Noch etwas war an Werni auffallend. Durch zirka sechs Lagen Strümpfe waren seine dürren Hinterläufe auf etwa die doppelte Dicke zur Stämmigkeit hin angeschwollen, was ihm bei Auseinandersetzungen gelegentlich unverdienten Respekt verschaffte. Alle Strümpfe hatten Löcher, waren aber so geschickt aufeinanderplaziert, daß immer einer das Loch des anderen deckte und nirgends Haut durchschimmerte. War vollendete Deckung dabei auch beim besten Willen nicht mehr zu erzielen, so wurden einzelne Strümpfe notfalls mit dem Hacken nach vorne angezogen.

Was Herrchen für mich und den Rest der Dorfjugend bereits in früher Kindheit besonders anziehend machte, war der Umstand, daß er Besitzer des bereits erwähnten ›Terzerols‹ war, ein Tatbestand, der strengster Geheimhaltung unterlag.

Dieses Terzerol war eine Art Reiterspistole en miniature. Ursprünglich als Schreckschußwaffe gedacht, war es von einem Experten später aufgebohrt und am ehemaligen Auspuff verlötet worden. Nun warf es die 6-mm-Rundkugel wild in die Gegend. Funktionstechnisch gesehen hatte es diverse Mängel, deren einer, eine zu schwache Feder, mir einmal das Leben, zumindest aber die Gesundheit rettete, während ein anderer, der wacklige Einrastmechanismus des Hahnes, mich beinahe eins von beiden gekostet hätte.

Ich erinnere mich noch genau der Szene: An einem Spätwintertag standen wir vor einer der riesigen Strohmieten, die damals charakteristische Merkmale unserer kahlen Felder waren. Obendrauf hockte eine Krähe, von Winter und Hunger geschwächt, von einem Raubvogel verletzt oder von einem Schuß angekröpelt – ich weiß es nicht. Jedenfalls waren wir zu dritt fieberhaft bemüht, das Terzerol am Fuß der Miete in Stellung zu bringen, um diese leichte Beute einzufahren. Herrchen stand mir gegenüber, und etwas mißfällig nahm ich wahr, daß, während er daran hantierte, die Mündung des Terzerols genau auf meine Milz zeigte. Zwar wußte ich damals noch nicht, daß an dieser Stelle im Leib die Milz lag bzw. daß ich überhaupt solch ein Organ besaß, aber ein ungutes Gefühl hatte ich trotzdem.

Plötzlich sagte es ›klick‹. Der Einrastmechanismus hatte wieder einmal nicht funktioniert, und als Herrchen den Daumen wegnahm, war der Hahn abgesprungen. Ich bin sicher, daß ich damals die Gefahr deutlich erkannte, sonst würde ich mich der ganzen Angelegenheit kaum so genau erinnern. Auf jeden Fall trat ich sehr schnell und sehr betont einen Schritt zur Seite, während ich an Herrchen die vorwurfsvolle Frage richtete: »Biste bekloppt, Mensch?!« »Sch. . Sch. . Scheiße!« war alles, was Herrchen darauf zu antworten wußte, während er den Hahn nachspannte.

Und wieder sprang das Luder ab. Diesmal aber sagte es ›pätsch‹, und zwanzig Zentimeter neben mir flog das kleine Kügelchen ins Stroh.

Den Ton aber hatte die Krähe schon irgendwann einmal gehört. Er pumpte sie voll mit neuer Energie wie einen Luftballon, und schwerfällig wie ein solcher erhob sie sich und ließ sich in den Wind fallen. »So ein, so ein Ke..Ke..Krüppel!« entfuhr es Herrchen in tiefer Entrüstung, und ich wußte nicht genau, ob er die Krähe oder sein Schießeisen gemeint hatte. Soviel zum Thema Terzerol. Es hatte stets mehr abschreckende als vernichtende Wirkung.

Ich habe weit ausgeholt, um zum eigentlichen Stück zu kommen, in dessen erstem Akt Stanislaus und Herrchen nicht unbedeutende Rollen spielten. In diesem Stück geht es um meine Besessenheit mit den Dachsen. So sehr ich mir auch den Kopf zerbreche, ich weiß nicht mehr, wie sie ihren Ursprung nahm. Vielleicht war es die mir notwendig scheinende Ergänzung im zusammengehörigen Begriff ›Fuchs und Dachs‹, denn einen Fuchs hatte ich schon, vielleicht war es die heimliche nächtliche Lebensart dieses Wildes, die mich reizte, denn heimliches Wild, wie etwa die Sauen, hat mich schon immer fasziniert. Vielleicht war es auch nur etwas, das ich gelesen hatte, oder die entfernte Ähnlichkeit des Dachses mit einem Bären, was mich so fesselte. Jedenfalls erinnere ich mich deutlich eines Gefühls der Enttäuschung, als ich erstmals erfuhr, daß dieser nicht zu den Bären, sondern zu den Mardern gehöre. Später waren es dann sicher auch Fehlschlag und Enttäuschung, die meine Besessenheit weiter anheizten.

Jedenfalls verführte sie mich damals zu Taten, die in meinem Lehrplan als angehender Waidmann nicht vorgesehen waren. Auch hielt sie lange genug an, um über die Kriegs- und ersten Nachkriegsjahre hinweg weiterzuwirken. Denn als wir Anfang der fünfziger Jahre das Jagdrecht wiedererhielten, war mein ganzes Sinnen und Trachten darauf gerichtet, als erstes eine Jagdgelegenheit auf Dachse zu finden. Ein guter Freund bot sie mir und löste damit einen in meiner Seele hoffnungslos verschnürten Knoten.

Wie dem auch sei, es war der Herbst 1939, und ein ›sieggewohnter Feldherr‹ hatte sich entschlossen, das Land der Dachse zu erobern. Erst aber mußte er es finden. Herrchen und ich kannten jeden Winkel des Tausend-Morgen-Gutsreviers, auf dem mein Vater das Jagdausübungsrecht hatte, und natürlich auch aller Nachbarreviere. In den relativ wenigen Waldparzellen des Gutsreviers befand sich mit Gewißheit nur ein einziger Dachsbau, und dieser lag in einer so dicht verwachsenen Kieferndickung, daß es unmöglich war, sich an ihm anzusetzen. Was also tun?

Nach reiflicher Überlegung beschlossen Herrchen und ich, den Dachs zu graben. »Pe..Pe..Pe..Prima Idee!« stellte Herrchen fest. Aber waren wir nun zu faul, oder war der Bau für unsere Grabkapazität zu ausgedehnt

– auf jeden Fall entschieden wir nach reiflicher Überlegung, daß wir Hilfe brauchten. Unsere Gedanken gingen den gleichen Weg, aber noch ehe ich es aussprechen konnte, hatte Herrchen schon: »Schte. .Schte. .Schtanislaus!« gesagt.

Der Gedanke war gut, nur durfte Stanislaus selbst an den Wochenenden den Gutshof nicht verlassen. Auch war es, obwohl er leidlich deutsch sprach, nicht ganz einfach, ihm den Sachverhalt zu verklickern. »Was is Dachse?« fragte er bekümmert. »Son Te. .Te. .Te. .Tier mit weiße Striche uff de Ne. .Ne. .Nese!« erläuterte Herrchen sachkundig. Während eins von Stanislaus' Augen etwas verloren nach rechts oben sah, strahlte das andere Herrchen an: »Is sich Dachse Borsuk!« trompetete er in sichtlichem Stolz auf sein Kombinationsvermögen.

Die weiteren Verhandlungen gestalteten sich nichtsdestotrotz zunehmend komplizierter, denn natürlich war Stanislaus klar, welches Risiko er auf sich nahm, wenn er den Gutshof heimlich verließ. Diesmal ging es also nicht mit ein paar Zigarettenstummeln ab, und als endgültiger Preis wurden nach langem Hin und Her eine halbe Flasche Schnaps und fünf Zigaretten vereinbart.

Mir schlief das Gesicht ein, denn ich wußte genau, daß bei mir zu Hause zur Not die fünf Zigaretten, mit Sicherheit aber keine halbe Flasche Schnaps aufzutreiben waren, bestenfalls geringe Mengen von Pepsinwein, den meine Großmutter, eierbecherweise, zum Heile ihrer Gesundheit einzunehmen pflegte.

Herrchen aber wußte Rat. »Wenn mein Alter be. .be. .blau is, merkta nich mehr, wat er in der F. .F. .F. .Pulle hat.«

So konnte die Operation Borsuk also anlaufen. Die Zeit war knapp, und alles, was Herrchen in ihr beibringen konnte, war eine schwach drittelvolle Flasche mit dem ersehnten Naß, dafür aber war dieses vom Härtesten. Wir füllten dann mit Wasser und etwas Pepsinwein auf, bis die Flasche halb voll war, und nachdem auch die fünf Zigaretten, ›Trommler‹, 1,5 Pfennig das Stück, wenn ich mich richtig erinnere, herbeigeschafft waren, legten wir, was später begrifflich als D-day in die Geschichte einging, für das kommende Wochenende fest.

Nach dem sonntäglichen Mittagessen, als alles ruhte, schleusten wir Stanislaus durch ein Hinterfenster in den Garten und von dort im Schweinsgalopp in den Wald.

»Panje, hast du Fläschchen?« war seine erste bange Frage, und als ich das ersehnte Objekt aus der Bluse holte, riß er es mit dem Ausdruck eines Ertrinkenden an den Hals. Dreimal blubbte sein Kehlkopf unter Bartstoppeln, die dabei vom Herbststurm gebeutelt schienen, dann war die Flasche um gut drei Daumenbreiten ärmer.

»Dobrze!« stellte Stanislaus befriedigt fest, und ein wohliges Lächeln verklärte seine nicht alltäglichen Züge. Das eine Auge hatte schon den Himmel gefunden, das andere suchte ihn noch.

»De..de..der säuft aba wien Loch!« stellte Herrchen nicht ohne einen Anklang von Bewunderung in der Stimme fest. Schnell brachte ich das Pülleken wieder in Sicherheit, denn mir war klar, daß mit seinem sinkenden Pegel auch Stanislaus' Arbeitseifer sinken würde.

Am Bau angekommen, verstopften wir drei Einfahrten, an der vierten stellte ich mich mit meiner Walther .22 lfB vor, durch die kürzlich, anläßlich meiner Konfirmation, mein Waffenarsenal bedeutsam erweitert worden war. Dann gingen Stanislaus und Herrchen zur Sache.

Links flog die märkische Erde, und rechts flog sie. Bis zum späten Nachmittag hatten die beiden das erstellt, was sich am besten mit den Fundamentaushebungen eines Einfamilienhauses hätte vergleichen lassen. Herrchen war schon ganz im Erdreich verschwunden, und auch von Stanislaus war nicht mehr viel mehr als sein Charakterkopf zu sehen.

»Gib Schluck von Flasche, Panje, prosze!« klang es immer häufiger zu mir herauf, und mit steigender Sorge sah ich den Pegel sinken. Kein Dachs war gesprungen, und nur eine einsame Röhre gähnte in dem Krater noch zum Bauch der Erde hin. Die beiden vertieften den Zugang, und ab und zu steckte Herrchen den Kopf hinein, aber so recht brachte das auch nichts.

Stanislaus mußte mal, und ich wollte es genau wissen. Während er zu Tage fuhr, fuhr ich ein.

»Hat sich Borsuk Dachse verscheißt!« bemerkte Stanislaus resigniert am Grubenrand in richtiger Abschätzung der Pegellage.

»Va..Va..Vapinkelt hat er sich, der Hund!« stellte Herrchen lakonisch richtig. Und stieß voll Wut den Spaten seitlich in die leicht überhängende Sandwand. ›Schwupp‹ sagte es, und ehe wir den Mund wieder zumachen konnten, standen wir beide eineinhalb Meter unter der Erdoberfläche bis zu den Hüften im nachgerutschten Sand.

»Pi..Pi..Pi..Pirrunje!« murmelte Herrchen, während ihm der Sand aus den Haaren rieselte, denn schon der kurze Umgang mit Stanislaus hatte ihm Wesentliches an polnischem Sprachgut vermittelt.

Wie Rübezahl türmte sich dieser über uns am Rand der Grube, die leere Flasche in der Hand, und während sein eines Auge besorgt zu uns heruntersah, schien es mir, als ob in seinem anderen, das meine am Baum lehnende Büchse streifte, einen Augenblick lang Versuchung aufglimmte. Aber schon war er zu uns in die Grube gesprungen und legte mit seinen riesigen, wie Schaufelbagger wühlenden Händen unseren Unterbau frei. Ganz offensichtlich war Stanislaus besser als sein Ruf, eine Lehre fürs Leben, die ich von diesem abortiven Unternehmen mitnahm.

Der erste Angriff auf die Festung Dachs war gescheitert, dazu noch war dessen einzige Unterkunft in unserem Revier hoffnunglos vernichtet.

Wir hatten zwei Hinzes in Schönfelde, Wolter und Max. Wolter war groß, hager und hohlwangig, Max klein, rund und rosig. Max' Eheweib Ida ist mir ob einer Eigenheit besonders gut im Gedächtnis, denn alles was sie sagte, begleitete sie mit einem nie enden wollenden »Hmhmhm«. Dieses freundliche, piepsigmuntere »Hmhmhm« war sozusagen der Zement, der ihre Worte und Sätze zu Gebinden werden ließ.

Trotz ihrer körperlichen Unterschiedlichkeit hatten Wolter und Max etwas gemeinsam, sie verkörperten die Autorität im Dorfe. Wolter war Gemeindevorsteher, Max Amtsvorsteher. Mir war damals nie ganz klar, was diese Titel beinhalteten, aber sie sind mir als respekterheischende Attribute noch gut in Erinnerung.

Die administrative Verantwortung jedoch war ungefähr alles, was die beiden gemeinsam hatten. Während Max mit Vorliebe hinter der Skatkarte im warmen Wirtshaus saß und ein äußerst geselliger Mensch war, erschien Wolter hinter dem grauen Schnauzbart eher verschlossen, unkommunikativ und vom ganzen Typ her ein wenig zum Fürchten. Das paßte zu dem Umstand, daß er ein leidenschaftlicher Jäger war. Als alteingesessenem Großbauern gehörte ihm die größte und waldreichste Jagd am Ort. Sie grenzte stellenweise an die von uns bejagte Gutsjagd.

Damals standen bei uns im Revier während der Feiste immer einige Damhirsche. Bevor es aber ans Verfegen ging, verschwanden sie regelmäßig in Hinzes Heide und im angrenzenden Müncheberger Forst, so daß uns jedwede Versuchung erspart blieb. Mittlerweile lebten wir auch unter dem Reichsjagdgesetz, einem Gesetz, dem man gerne folgte, weil es vernünftig war, von Jägern gemacht. So existierten solche Versuchungen, zumindest für meinen Vater, der ein pflichttreuer Beamter und durch und durch ehrlicher Mensch war, in der Realität auch gar nicht. Gleiches galt nicht unbedingt für mich und meine damalige wilde Passion, auch wenn meine Wünsche sich zu dieser Zeit noch nicht in die Bereiche des Schalenwildes verirrten und Konflikte mit dem Reichsjagdgesetz so kaum auftreten konnten. Rückblickend glaube ich, daß eine meiner glücklichsten Begabungen war, mich auf der Jagd immer im Greifbaren erfüllen zu können und dies mit der ganzen Kraft meiner Phantasie anzureichern.

Auch Wolter Hinze dachte scheinbar wie ich weniger eng. Jedenfalls stellte Vater eines Tages beim Kaffee mit leichter Bekümmernis und Anklage in der Stimme fest – Anklage deshalb, weil weder bei ihm noch bei Hinze Damwild zum Abschuß freigegeben war –: »Bei Wolter Hinze gukken die Damschaufeln unterm Sofa vor!«

Ich erwähne dies nur deshalb, weil es meinem damaligen Tun eine gewisse moralische Rechtfertigung gab, etwa nach dem Motto: Schlechte Beispiele verderben gute Sitten. Und in bezug auf Reviergrenzen hatten Herrchen und ich damals eh keine. Unser Leitwort war: So weit die grüne Heide reicht, gehört – wenn auch nicht unbedingt das Jagen – so doch das Stromern mir.

Angesichts dieser Tatsache war uns schmerzhaft, aber deshalb um so genauer bewußt, daß die einzige Dachsburg, die wirklich etwas hergeben könnte, etwa fünfhundert Meter von unserer Grenze entfernt mitten in Hinzes Heide lag. Den Gedanken, Bagger Stanislaus hier anzusetzen, verwarfen wir jedoch nach den gemachten Erfahrungen und angesichts der Größe dieser Stammburg sehr bald.

Was blieb, war die einsame Mission tief im Rücken des Gegners. Wolter Hinze hatte seinen Dachsen noch nie erkennbare Beachtung geschenkt, und so hoffte ich zuversichtlich, daß es ihm nicht das Herz brechen würde, wenn einer von ihnen abgängig wäre, und daß er nicht gerade in ihrer Nähe seiner Jagdleidenschaft frönen würde.

Mit klopfendem Herzen schlich ich also eines Abends zum Dachsbau und kroch hier mit meiner Walther .22 lfB auf eine dicht beastete Fichte.

Dachsbaue liegen – das wußte ich damals noch nicht – erstaunlich oft nahe an Hochwildwechseln. So schien es auch hier zu sein, denn knapp hatte ich eine halbe Stunde gesessen, da wechselten drei weißgefleckte Damhirsche keine dreißig Meter neben mir durch das Unterholz. Zum ersten Mal sah ich sie mit verfegten Schaufeln, und sie wirkten nun nicht mehr so wuchtig wie im Sommer.

Während ich ihnen noch nachsah, blieb mir plötzlich das Herz stehen. Auch Wolter Hinze kannte – was Wunder! – diesen Wechsel, und hatten ihn auch die Dachse nicht hierher gezogen, die Damhirsche – verbotene Frucht hin, verbotene Frucht her – um so mehr. Dort, wo eben noch sich grazil die hellen Läufe der Hirsche bewegt hatten, sah ich jetzt zwei schwarze Schaftstiefel behutsam durch den Bestand tappen. Mehr sah ich nicht, aber es genügte, mich meine frei baumelnden Beine mit dem Eifer eines geschockten Igels einziehen und mich fest gegen den Stamm drücken zu lassen. Atemlos verharrte ich in dieser Position wohl eine halbe Stunde. Wie die Hirsche, waren auch die Schaftstiefel lautlos wieder verschwunden – wohin? Ich wußte es nicht, sah sie aber in Bildern der Phantasie in der sinkenden Dämmerung immer wieder um mich herum auftauchen, so etwa wie in jener Gruselgeschichte die abgehackte Hand, die, einer weißen Ratte gleich, durch das Schloß geistert, in der der Mörder ihres Besitzers lebt. Für die Dachse hatte ich keinen Gedanken mehr, in tiefer Dunkelheit baumte ich ab und schlich mich wie eine Katze nach Hause.

»Das ist der Fluch der bösen Tat, daß sie fortzeugend Böses muß gebären!« Weiser Schiller!

Hinzes Dachsbau ging mir nicht mehr aus dem Sinn, und als ich in den Herbstferien wieder in Schönfelde war, schritt ich erneut zu ruchlosem Tun. Angesichts der Größe eines Dachses schien mir meine .22 lfB, zumal in Baunähe, nicht unbedingt die optimale Bewaffnung zu sein. Vater war zu dieser Zeit in Berlin, sein Drilling aber stand in Schönfelde.

Zwar war die Munition eingeschlossen, aber ein paar alte Schwarzpulverpatronen – niemand dachte noch daran, sie je zu verschießen – lagen irgendwo vergessen in einer Schublade herum. Zur möglichen Tatwaffe war folglich die Munition verfügbar, und als es dunkle Nacht war, verschwand ich mit beidem im Wald und schob mich nahe Hinzes Grenze in eine Dickung ein. Die Kiefernkulturen hatten damals bei uns Furchen wie ein Spargelacker, und in einer solchen Furche verdruselte ich die Nacht.

Früh genug trieb mich die Kälte hoch, und das allererste Morgenlicht fand mich, an einen Baum gepreßt, unter Wind, dreißig Meter vor Hinzes Dachsbau. Ich zitterte am ganzen Körper vor Aufregung und Kälte.

Im Morgengrauen stand unvermutet – ich weiß nicht, woher er gekommen war –, einer Geistererscheinung gleich, ein mich riesig dünkender Dachs auf dem Bau, silbergrau und schwarz, die weißen Zügel im Frühlicht leuchtend. Ich backte an, nichts als Dachs füllte das Zielfernrohr, und ließ es bauzen.

Wie nach der Schlacht von Waterloo zog grauer Pulverdampf über das Land, verhüllte Dachsbau und Dachs. Als er sich hob, war die Szene leer. Mit zitternden Knien rannte ich zum Anschuß – nichts! Ein paar Schnitthaare lagen herum, kein Schweiß. Auch Stochern in der Röhre mit einer langen Stange brachte nichts. Mit Verzweiflung im Herzen tauchte ich ins Dämmer des Bestandes und rannte so schnell und leise es ging zurück in meine furchige Kieferndickung.

Im nächsten Herbst sah ich Schönfelde noch einmal als Erntehelfer wieder, hatte aber kaum Zeit zu jagen. Im darauffolgenden war ich mit siebzehn Jahren schon mitten in der militärischen Ausbildung. Auch ein Fronturlaub bescherte mir kein Waidmannsheil auf das begehrte Wild. So verließ ich Schönfelde ohne Dachs, die Besessenheit aber blieb, bis ich lange nach dem Kriege meine ersten Dachse gestreckt hatte.

Zwei Umstände in dieser Zeit erinnerten mich an meine Dachsabenteuer in Schönfelde. Einmal wechselte ein Kronenhirsch so dicht unter meinem an einem Dachsbau gelegenen niedrigen Hochsitz durch, daß ich die Geweihenden mit dem Fuß hätte berühren können, und oft sah ich in Baunähe Kahlwild.

Ein anderes Mal beschoß ich einen starken Dachs mit Schrot. Scheinbar unverletzt – obwohl ich mir das nicht erklären konnte – schliefte er ein wie damals mein Dachs in Schönfelde. Wieder außer einigen losen Haaren am Anschuß keine Zeichen.

Im darauffolgenden Herbst erlegte ich am selben Bau einen Dachs mit der Kugel. Meine Überraschung war groß, als ich ihn streifte. Der gesamte Nacken steckte voller Schrote. Zum Teil waren sie im Muskelgewebe verwachsen, zum Teil saßen sie unter der Schwarte. Es war mein Dachs vom Vorjahr. Er hatte auf zirka fünfunddreißig Meter die volle Ladung dreieinhalber Schrote erhalten und seine Verletzung ohne erkennbare Folgen ausgeheilt. Ich dachte an meinen Dachs in Schönfelde und hoffte nachträglich, daß auch er mit wenig mehr als dem Schrecken davongekommen sein mochte.

Ein Marder in Eile

Im zweiten Kriegsjahr bestand für Oberschüler die Möglichkeit, sich für eine bestimmte Zeit als Landwirtschaftshelfer aufs Land zu melden. Als ich diesbezüglich bei Onkel Adolf in Schönfelde anfragte, dachte ich natürlich weitaus mehr an die Jagd als an die Landwirtschaft.

Aber ich hatte die Rechnung ohne den Wirt gemacht. Onkel Adolf war ein Riese von Kerl mit einem kahlen Stresemannschädel, der stets leuchtend rot in der Farbe des Apoplektikers und dessen erstrahlte, der einen guten Schluck zu würdigen weiß. Seine Beine steckten in Ledergamaschen, den Kopf bedeckte ein grüner Strohhut. Wenn er mit donnernder Stimme über den Gutshof schrie, gerann feinnervigeren Kühen die Milch im Euter. Bei meinem froh beschwingten Eintreffen machte er mir unverzüglich klar, was Sache sei, wann Landarbeit beginne und wann sie aufhöre, und was er ganz allgemein wie auch im besonderen an Leistung von mir, einem Freiwilligen, erwarte. Mir schliefen die Füße ein vor Schreck.

Aber so war's, mit dem ersten Hahnenschrei flog ich aus den Federn, und selten kam ich vor Einbruch der Dunkelheit ins Haus zurück. Die Hände bekamen Schwielen, die Füße Blasen. Sechzehnjährige sind fast immer faul, und so bereute ich meinen Entschluß bald bitterlich. Aber Aufgeben kam natürlich auch nicht in Frage.

Hin und wieder jedoch, vor allem an den Wochenenden, ergab sich dennoch die eine oder andere Gelegenheit zur Jagd.

So saß ich denn auch an einem Sonntagabend Anfang November an einer etwa acht Meter hohen, durchforsteten Kieferndickung, um ein Kaninchen oder, mit etwas Glück, auch einen Fuchs zu schießen.

Ich hatte noch nicht lange gesessen, jedenfalls war noch bestes Büchsenlicht, als ich links von mir ein Stück Wild durch die Kronen der Kiefern holzen hörte. Natürlich dachte ich an Eichhörnchen, denn etwas anderes wäre nach meinen Erfahrungen und Revierkenntnissen kaum in Frage gekommen. Vorsichtig stand ich auf und trat, den Blick nach oben gerichtet, mit schußbereiter Kleinkaliberbüchse in den Bestand. Kaum jemand hätte besser als Wilhelm Busch meine Empfindungsskala der nächsten Augenblicke beschreiben können:

»Aber was sich nun begibt,
macht Frau Kümmel so betrübt,
daß sie, wie von Wahn umwittert,
ihre Augen schließt und zittert.«

Über mir turnte mit dottergelbem Kehlfleck ein Edelmarder durch die Baumkronen. Im Fang trug er ein halbes Kaninchen. Als er mich eräugte, ließ er es vor Schreck fallen und erstarrte selbst auf dem schwankenden Zweig, den er gerade erreicht hatte, zur Salzsäule, einer liegenden, um genau zu sein.

Wie in Trance hob ich die Büchse, vermochte auf die Entfernung von wenigen Metern das riesig erscheinende kleine Wild kaum im Zielglas unterzubringen und drückte ab, sobald der Zielstachel vor seinem braunen Balg stand. Wie ein Stein fiel mir der Marder vor die Füße. Leider jedoch traf eine weitere Feststellung von Altmeister Busch, einem toten Maulwurf gewidmet, nicht auf ihn zu:

»Da liegt er nun, der Bösewicht,
und krabbelt’ gern und kann doch nicht,
denn hinderlich wie überall
ist hier der eigne Todesfall.«

Dieser hier krabbelte gern und gut, wenn auch nur auf den Vorderläufen. Die Kugel hatte sein Rückgrat getroffen, und die Hinterläufe schleppte er nach. Dennoch hatte er von seiner marderlichen Flinkheit kaum etwas eingebüßt, und so schnell ich ihm auch nachsprang, er entwischte mir in einen Karnickelbau.

Nun war guter Rat teuer. Ich zog erst einmal alles aus, was irgendwie entbehrlich war, Lodenmantel, Jacke, Pullover, Strümpfe, und begann damit sämtliche Röhren in der näheren Umgebung zuzustopfen, nicht zuletzt, um diese Ausgänge zu verwittern und den Marder so zu entmutigen, auszuschliefen.

Dann verkeilte ich sie noch zusätzlich mit Fallholz und Feldsteinen. Es war unglaublich, was da an Kaninchen auf kleinstem Raum Siedlungspolitik betrieben hatte.

Anschließend kehrte ich gramgebeugt heim. Gramgebeugt, weil mir absolut nicht klar war, wie ich am nächsten Tag die Zeit finden sollte, meinen Marder auszugraben. Auf Grund nicht voll befriedigender Leistungen war ich bis zu diesem Zeitpunkt auf der hierarchischen Stufenleiter des landwirtschaftlichen Hilfsarbeiters Stufe um Stufe abgestiegen und hatte schließlich die Rübenernte für den stattlichen Rindviehbestand des Gutes übertragen bekommen, eine Aufgabe, bei der man nach dem Urteil von Experten nicht allzuviel falsch machen konnte. Da die Anfahrt zum Rübenfeld weit war, war ich jeweils den ganzen Tag damit beschäftigt, die vielen hungrigen Mäuler zu stopfen. Irgendwie aber mußte ich morgen, am Montag, zwei Stunden rausschinden.

Der Tag begann in ungewohnter Hektik. Mit flinken Fingern spannte ich an, und sobald ich außer Sichtweite des Gutes war, versetzte ich meine Rösser mit Peitschenknall und wildem Gebrüll in Galopp. Ihre hin und her zuckenden Ohren zeigten deutlich, wie verstört sie waren, denn eine solche Behandlung meinerseits war ihnen ungewohnt. Im Gegenteil, mir war es immer recht gewesen, wenn sie behutsam vor sich hinschritten, solange sie dabei nicht ganz in Schlaf verfielen, waren doch die Stunden auf dem Wagen die einzigen des Tages, die ich genoß.

An den Rüben angekommen, entwickelte ich mich zu einem frühen Stachanov; in der Hälfte der sonstigen Zeit war der Wagen voll, und im Wechsel von Schritt und Trab ging es zurück zum Gut. Die Mittagspause eingerechnet, hatte ich bis dahin mehr als zwei Stunden auf der Habenseite. Beim nächsten Eintreffen am Rübenfeld schirrte ich meine Pferde aus, band sie an einen Pflaumenbaum, griff mir den mitgenommenen Spaten vom Wagen und trabte los in Richtung letzte Ruhestätte.

Mit hängender Zunge dort angekommen, zog ich als erstes den Lodenmantel aus der Röhre und wunderte mich einen Augenblick lang, was da für ein haariger Zipfel aus dem Bündel heraushing. Dann aber jubelte ich laut heraus, denn der haarige Zipfel war die Lunte des Marders. Er hatte sich in dem weichen Bündel verendend eingeschoben und war bereits stocksteif, als ich ihn herauszog. Mit dem ›Verwittern‹ allein wäre es also nicht getan gewesen.

Gemächlichen Schrittes konnte ich, ob der eingesparten Zeit, zu meinen traulich grasenden Rössern zurückkehren, und der Rest ihres Tagewerks verlief in dem ihnen so vertrauten und teuren ländlichen Frieden.

Der gegerbte Marderbalg, den ich meiner Mutter schenkte, überlebte als eines der wenigen mir verbliebenen Besitztümer bei einer Tante den

Krieg. Ihr war ich viel Dank schuldig und überließ ihn ihr deshalb später schweren Herzens ganz.

Ein sehr eindrucksvolles Erlebnis ist mir aus den ersten Tagen jenes landwirtschaftlichen Einsatzes noch gut in Erinnerung. Schönfelde, nördlich von Fürstenwalde/Spree gelegen, muß irgendwie ein Kreuzungspunkt der großen Vogelzüge sein. Nicht nur hatten wir in jedem Frühjahr ungewöhnlich viele Großtrappen bei uns, auch die Gänse zogen im Frühling und Herbst in endlosen Keilen über uns hinweg. 1940 aber sammelten sich nicht weit von meinem Rübenfeld die Störche zum Zug nach Süden.

Ich bin ganz sicher, daß ich nicht übertreibe, wenn ich von vielen Hunderten von Störchen spreche. In endlosen Reihen stelzten sie durch die frischgepflügten Furchen der kahlen Felder. Ein schwarzweißer Teppich schien über das Land gebreitet, durch den nur stellenweise das Braun des Bodens hindurchschimmerte. Ähnliches galt für die umliegenden Feldgehölze, in denen das schwarzweiße Gefieder der großen Vögel das Grün der Baumkronen verdeckte. Dauernd erhoben sich Gruppen von Vögeln oder neue trafen ein, auch der Himmel war voll von ihnen, und das über viele Hunderte von Metern tönende Geklapper ihrer roten Schnäbel klang wie die Brandung des Meeres.

Nur noch am Ufer des Nakuru-Sees in Kenia, wo das Rosarot der Flamingos den Himmel aufhellte, habe ich später noch einmal etwas ähnlich Großartiges gesehen. Es war wahrscheinlich eines der ungewöhnlichsten Bilder, die ich auf meinem langen Lebensweg schauen durfte, und in seiner Unwiederbringlichkeit, Unwiederholbarkeit war dieses Erlebnis eine wirkliche Sternstunde.

Von gefehlten und getroffenen Füchsen

Als ich in den Sommerferien meines Sextajahres noch recht verstört aus der großen Stadt Berlin aufs stille Land zurückkehrte – meine Eltern lebten noch dort, und das Heimweh nach ihnen und Schönfelde hatte mich jeden Abend vor dem Einschlafen gebeutelt wie ein Hund den Hasen –, erkannte mein guter Vater wohl, daß ich eines Trostpflasters bedurfte, und gab mir einen Jungfuchs frei.

Dieser von ihm bestätigte Jungfuchs hatte sich schon selbständig gemacht, war aber noch einfältig genug, seinen Paß direkt am Fuß einer Hochsitzleiter entlang zu nehmen, dazu bei hellem Tageslicht, eine einfache Sache also, sollte man meinen.

Besagter Hochsitz stand an ›Lieses Heide‹, einem größeren Kiefernkomplex, der sich auf der angrenzenden Beerfelder Gemarkung weiter ausdehnte und der auf unserer Seite einen großen Robinienhorst einschloß. Man hatte damals erkannt, was für eine wertvolle Äsungspflanze – und das besonders in unserer kargen Mark mit ihrem relativ hohen Rehwildbestand – die schnellwüchsige Robinie war, und allerorten wurde sie in den dreißiger Jahren bei uns angepflanzt. Alle paar Jahre wurde sie auf den Stock gesetzt, und dann war das Rehwild kaum noch aus den dichtverwachsenen Horsten zu vertreiben.

Der offene Hochsitz lag am ostwärtigen Rand dieser Heide mit dem Blick über die endlosen Felder nach Gut Göhlsdorf hin, und direkt vor ihm erstreckte sich ein vielleicht zwanzig Meter breiter Birkenanflugstreifen etwa 120 Meter weit wie eine Zunge nach links, das heißt Osten, ins Feld hinaus.

Fuchskennern brauche ich nicht zu sagen, daß diese Zunge von der nächtlichen Jagd im Feld heimkehrende Füchse magnetisch anzog, gab sie ihnen doch frühzeitig Deckung und eine letzte Chance, vor dem Schlafengehen noch einmal unerwartet Beute auf etwas größeres als eine Maus zu machen. Dabei war der Hochsitz, besonders für ältere Füchse, ein Stein des Anstoßes. Sie überwanden die letzten Meter am Fuß der Leiter deshalb zumeist als roter Strich in der Landschaft.

Diesem hier, den ich erlegen sollte, aber waren irgendwelche Sorgen noch fremd. Am hellen, lichten Nachmittag schnürte er, nach Hummeln und Käfern schnappend und hüpfend, unbekümmert aus dem hohen Holz in die Birken.

Vater war seine Zeit bekannt, und so hatte er mich schon rechtzeitig vorgewarnt, allerdings mit dem leidigen Resultat, daß ich jetzt schon vorher zitterte wie Espenlaub. Beruhigend legte sich seine Hand auf mein Knie, aber es half nichts. Der diesmal mit einer .22 lfB-Patrone mit Hohlspitzgeschoß geladene Tesching wackelte in meiner Hand wie ein Lämmerschwanz.

Und da war er auch schon, zwanzig Meter vor uns, der im Gegensatz zu mir von keiner Sorge beschwerte Rotrock. Ich backte an, brachte auch instinktiv noch Kimme und Korn zusammen, aber der Lauf tanzte von dem roten Balg stets wieder in die grüne Umgebung.

Dazu verhielt das Füchslein auch immer nur für Sekundenbruchteile, und bald, zu bald, würde er im Birkengewirr untertauchen.

Ich hielt es nicht mehr aus, und ›pätsch‹, raus war der Schuß. In der für seine Art typischen blitzschnellen Reaktion warf sich der Fuchs herum und verschwand mit wehender Standarte.

»Herr Hauptmann, sie haben gewunken!« stellte mein Vater trocken und ein wenig resigniert fest. Für mich aber brach eine Welt zusammen, und ich hätte vor Wut und Verzweiflung am liebsten geheult. Hatte ich mir doch schon so deutlich Kusine Suses und Vetter Hans-Peters bewundernde Blicke vorgestellt, wenn ich mit dem Balg des Fuchses nach Berlin zurückkehren würde. Und nun blieb nur die Schande, in der Stunde der Bewährung versagt zu haben! Es war gräßlich!

Ich hatte damals in dieser noch dazu besonders aufregenden Situation das getan, was wohl die meisten jungen Jäger tun, wenn sie das Jagdfieber beutelt, im genau falschen Augenblick abzuziehen, nicht auf ›Hü‹, sozusagen, sondern auf ›Hott‹. Schießtechnisch gesehen ist das vielleicht der wichtigste Punkt in der Entwicklung des jungen Jägers, zu lernen, den Abzug bei schwankendem Gewehr in dem Sekundenbruchteil des ›Hü‹ zu betätigen, dann, wenn das Absehen auf den rechten Fleck tanzt. Diese Fähigkeit ist nicht nur wichtig, um das Jagdfieber zu kompensieren, sie ist auch ungemein hilfreich, wenn man außer Atem ist, in gewissem Sinne sogar beim Flüchtigschießen.

Wie wichtig, das wurde mir deutlich, als ich sieben Jahre später im Fahnenjunkerlehrgang in Eberswalde im Wettbewerb mit zirka fünfzig Kameraden das Karabinerschießen gewann. Die meisten jungen Männer schossen damals gut, und unter normalen Bedingungen auf dem Schießstand war die Spitzengruppe vergleichbarer Schützen im Lehrgang stets dicht besetzt. Bei diesem Wettbewerbschießen aber schossen wir unter anderen Bedingungen, drei Schuß auf 300 Meter liegend freihändig, dann wurde vorgerannt zum 200-Meter-Punkt, wo drei Schüsse kniend abzugeben waren, und weiter zum 100-Meter-Punkt, von wo es galt, drei Schüsse stehend freihändig ins Ziel zu bringen. Gewertet wurden Zeit und Ringe.

Natürlich war man beim Eintreffen auf dem 100-Meter-Punkt außer Atem, und der Karabiner wackelte hier zwangsläufig in der Gegend herum. Mittlerweile aber hatte ich neben der richtigen Atemtechnik gelernt, bei ›Hü‹ zu zünden, und brachte so auch die drei stehend freihändig abgegebenen Schüsse im Schwarzen unter, was damals keinem anderen meiner Kameraden gelang.

Nun, mein Füchslein damals war fort, und mochte ich mir auch für den Rest der Ferien Schwielen auf dem Hochsitz sitzen, es hatte seine Lektion gelernt und seinen Paß verlegt. Von minderer Beute abgesehen, fuhr ich als Schneider zurück nach Berlin.

Dennoch sollte ich vom selben Hochsitz aus vier Jahre später meinen ersten Fuchs schießen, und jetzt gekonnt und mit Stil. Aus Gründen der Rehabilitation habe ich immer mit der Vorstellung geliebäugelt, es sei der gefehlte von damals gewesen, aber das ist natürlich nichts als wildeste Spekulation. Inzwischen war die bereits erwähnte Walther .22 lfB mit

2½fachem Zielfernrohr mein teuerster Besitz geworden. Das kleine Gewehrchen schoß wie Gift und war mir sehr bald vertraut.

An einem eiskalten Wintermorgen, ein Laken von Schnee bedeckte die weite Flur und ließ die dunklen Punkte der im Feld äsenden Hasen sich schon im ersten Licht abheben wie Fliegen auf einer hellen Tapete, saß ich und schaute durch die aufsteigende Dämmerung gespannt in die Runde.

Gerade als sich die Sonne, vom Morgendunst verhüllt, rot über den Horizont schieben wollte, stand vor ihrem Licht am Ende der Birkenzunge ein Fuchs im offenen Feld und äugte gebannt, so schien es mir, zu meinem offenen Hochsitz hin. Sicher war ihm der ungewohnte dunkle Klumpen zwischen dem Stangengewirr trotz der Wand der Kiefern in meinem Rücken nicht entgangen, aber ganz im Gegensatz zur sonstigen Vorbeugen-ist-besser-als-Heilen-Mentalität seiner Art sprang er nicht ab, sondern ließ mir Zeit, mit äußerster Vorsicht meine Büchse über die Brüstung des Hochsitzes zu schieben.

120 Meter, es war verrückt, aber ich war einer Sache ganz sicher, daß ich auf den erkennbar beunruhigten Fuchs später nicht mehr zu Schuß kommen würde. Natürlich hatte ich meine Büchse auch auf diese für die KK-Patrone viel zu weite Entfernung schon getestet. Sie hielt die Seite bei Windstille sehr gut, und wie hoch ich auf 100 beziehungsweise 120 Meter drüberhalten mußte, wußte ich ziemlich genau.

Der Fuchs stand mit hocherhobenem, mir zugewandtem Kopf breit, Körper und die fast den Schnee berührende Standarte nach links gerichtet. Ich ging also an seinem rechten Gehör so weit hoch, bis ich meinte, das rechte Maß zu haben, dann ließ ich fliegen. Ganz leise klang das ›pätsch‹ des kleinen Patrönchens durch die stille Winterluft, mein Fuchs stand noch immer unbeweglich, da plötzlich, es dünkte mich Ewigkeiten später, riß es ihn in die Höhe, und gleich darauf klang noch leiser das ›plupp‹ der aufschlagenden Kugel zu mir zurück.

In rasender Flucht, mit gestreckter Lunte kam der Fuchs schräg an mir vorbei über das offene Feld und versuchte den Waldrand zu erreichen. Ich war aufgesprungen, hatte mich umgewendet und repetiert, und als er auf etwa sechzig Gänge an mir vorbeikam, hielt ich vor und ließ fliegen. Wie dicker werdendes Eis ein Schiff stoppt, stoppte der Schnee den Fuchs. Mit gestreckten Läufen in ihn hineinrutschend und schließlich zum Stillstand gebremst, blieb er liegen und war verendet.

Mein Jubel war unbeschreiblich. Durch den herrlichen, sonnengleißenden Wintermorgen trug ich meinen Fuchs mehrere Kilometer nach Hause, und da mir kalt war, legte ich ihn mir als Pelzkragen um den Hals und ließ Vorder- und Hinterläufe links und rechts von meinem Kopf herunterbaumeln.

Der dadurch erzielte Effekt war vierfach: Effekt 1, der wärmende, war sofort zu spüren, die übrigen drei erst später. Nicht nur stank ich nach Fuchs wie ein Rabe, auch mein Lodenmantel war den Rücken hinunter vollgeschweißt. Was aber am schlimmsten war, die verängstigten Flöhe waren von ihrem stetig kälter werdenden Wirt hoffnungsfreudig auf meine stetig wärmer werdende Person umgewechselt, und wenn sie auch nicht recht wußten, was sie mit mir anfangen sollten, dauerte es doch geraume Zeit, bis ich sie alle aufgesammelt oder verscheucht hatte. Aber was focht's mich an, vor mir lag mein erster Fuchs im aufgepluderten Winterbalg, beide Schüsse sauber auf dem Blatt.

Als ich Schönfelde kurz nach dem Krieg noch einmal wiedersah, hatte es sein Gesicht völlig verändert. Mein Vaterhaus, die Schule aus rotem Backstein, Scheunen und Ställe, wo ich Spatzen, Mäusen und Wieseln nachgestiegen war, waren dem Erdboden gleichgemacht, Flieder und Jasmin im Vorgarten waren verschwunden, als hätten sie nie geblüht. Nur die uralte Linde vor der einstigen Schule, die Generationen hatte kommen und gehen sehen und deren aus dem Boden tretende gewaltige Wurzeln meine Freunde und ich einst mit unseren Hosenböden glattpoliert hatten, stand noch in ihrer ursprünglichen Pracht, zeitlos, lediglich mit ein paar Narben von Granatsplittern und Kugeln mehr in ihrem rissigen Leib, eingefurcht zwischen den Initialen, die wir als Kinder in ihn geschnitten hatten.

Mir war, als müßte der süße Duft ihrer Blüten mein Herz zerreißen.

Die Freikugel

Einmal, als ich nach dem Morgenansitz einen Waldweg entlangpürschte – damals rauchte ich noch –, stellte ich fest, daß ich mein Feuerzeug vergessen hatte. Raucher sind Sklaven ihres entsetzlichen Lasters, und der Umstand, daß ich nun auf die Zigarette verzichten müßte, verdarb mir den Morgen. Während beim verzweifelten Abklopfen der letzten Tasche schon der Frust in mir hochkroch, fiel mein Blick vor mir auf den Waldboden. Und dort lag – eine volle Schachtel Streichhölzer.

Ein anderes Mal pfiff ich im Auto eine Melodie vor mich hin und stellte dabei gedankenverloren das Radio an. Und absolut deckungsgleich, auf den Punkt genau, klang aus diesem die Melodie fort, die ich pfiff.

Und einmal fiel, als mich in jüngeren Jahren eine Zeitlang der Wahn umtrieb, das Roulette würde mich reich machen, in einer Silvesternacht kurz vor zwölf viermal hintereinander die 18 und ruinierte meine Progressionen und die Neujahrsfeier.

Jeder von uns hat irgendwann einmal wohl solche sonderbaren Erlebnisse, die uns an mystische Kräfte glauben lassen. Man vergißt sie nicht. Von dem, das mich am tiefsten beeindruckte, will ich erzählen. Am 11. Januar 1944 um 9.30 Uhr traf, als ich in der Position eines ›Vorgeschobenen Beobachters‹ gerade dabei war, das Feuer auf einen in Stellung gehenden Pakriegel der Russen zu lenken, der Streifschuß eines russischen Scharfschützen mein Kinn, und, da Dumme nicht schnell genug lernen, ein zweiter Schuß kurze Zeit später meine linke Schulter. Da dies wegen des verwendeten Dum-Dum-Geschosses mit einer spektakulären kompletten Drehung meines Körpers verbunden war, hat, angesichts solch guten Zeichnens, wenigstens einmal ein Schütze sich auf meine Kosten freuen können, was ich in Stunden, in denen ich es auf der Jagd brauchte, immer als eine Art Absolution empfunden habe.

Die Wirkung des Geschosses war verheerend, und eine Zeitlang schien der Nachen über den Styx für mich gebucht. Solch ein zweiter ›Geburtstag‹ bleibt mit Tag und Stunde noch bewußter im Gedächtnis als der erste, zumal wenn mit ihm ein neues, ein verändertes Leben beginnt. Was Wunder also, daß mich auf besondere Weise anrührte, was 16 Jahre später am 11. Januar 1960 geschah: An diesem Tage nämlich schoß ich um etwa die gleiche Zeit, zu der mich die Kugel getroffen hatte, in den schneeverhangenen Wäldern oberhalb der Vogesenortschaft Aubure meinen ersten guten Hirsch. Es war ein alter Eissprossenzehner mit quergestellter Gabel, starken Stangen und gewaltigen Aug-, Eis- und Mittelsprossen, ein Hirsch, wie man sich ihn als Jagdgast, dem ein 1a oder 1b freigegeben wurde, idealer nicht erträumen kann, denn er macht alle glücklich, den Jagdherrn, die mitjagenden Freunde und natürlich den Schützen selbst. Es war der Geburtstagshirsch meiner älteren Tochter Diana, die knapp zwei Wochen zuvor das Licht der Welt erblickt hatte, und in einem sehr naheliegenden Sinne natürlich auch der meine. Mein damals in Hüttenfeld versammelter Damenflor hatte mich kurzerhand aus dem Haus gejagt, und ich verdanke ihm so einen sonnendurchfluteten Winterurlaub, der mit zu den schönsten Erinnerungen meines Lebens gehört. Ich schoß in ihm neben dem Hirsch noch einen dreijährigen Keiler und einen Frischling, über deren Erlegung ich in meinem ersten Buch ›Schwarze Passion‹ berichtet habe, sowie zwei Tiere. Fast hätte ich auch noch ein hauendes Schwein erlegt, doch davon später.

Der 11. Januar 1960 war ein herrlicher Wintertag. Aus dem Blau der Nacht und dem kalten Glanz der Sterne war die Sonne aufgestiegen, hatte sich aus Rotgold in Weißgold gewandelt und strahlte, als ich am späten Morgen durch raumes Fichtenaltholz langsam einen Steilhang hochstapfte, seitlich durch die Kronen der Bäume. Die Stämme warfen blaue

Schatten, und ich befand mich in einem leuchtenden Dom. Meisen gaukelten auf den mit dickem Pulverschnee bedeckten Zweigen, und die von ihnen aufgewirbelten Schneeflocken taumelten als goldenes Konfetti durch die schrägen Streifen von Licht. Der Schnee reichte mir bis an die Kniekehlen, und meine weiße Tarnkleidung machte mich zu einem Teil von ihm.

Am Abend zuvor hatten sich R. R., mein Freund und Jagdherr, unser Jagdfreund C. K. und ich am großen Kacheltisch im Eßzimmer des R'schen Chalets über die Revierkarte gebeugt, und in allen Einzelheiten hatten mir die beiden Herren beschrieben, wo sie am Morgen des Tages in einem Sonnenhang – dem, den ich nun emporklomm – einem Hirschrudel begegnet waren, ohne selbst zu Schuß zu kommen. Beide waren sich jedoch einig, daß bei diesem Rudel ein alter Hirsch mit starken Stangen und langen Enden stand, der keine Krone trug. Es machte mich glücklich, zu spüren, wie sehr mir die beiden alten Herren diesen fraglos interessanten Hirsch gönnten und wie sie bemüht waren, mir bei seiner Erlegung mit ihrem Rat zu helfen.

Das Bild des Hirsches stand danach so deutlich vor meinen Augen, daß ich nachts für lange Stunden keinen Schlaf fand. Meine jagdliche Erfahrung und durch diese Erfahrung erworbene Skepsis reichten jedoch aus, um meine Hoffnungen nicht zu hoch ins Kraut schießen zu lassen. Wie lottogleich vielfältig sind doch die Möglichkeiten jagdlichen Geschehens, und wie selten passiert es, daß ein gefaßter jagdlicher Plan in allen Einzelheiten aufgeht, sehen wir einmal ab vom Ansitz auf ein zuvor bestätigtes Stück Wild, und selbst da kommt es ja oft anders, als man denkt. Und dennoch, da war dieses mit der Jagd fast zwangsläufig verbundene Stück Aberglaube, das nach Zeichen und Bestätigung sucht. War nicht der 11. Januar schon eimal ein Schicksalstag für mich gewesen, ein Glückstag in allem Unglück? Mit diesem Gedanken war ich endlich eingeschlafen.

Das monotone Stapfen durch den Schnee, der wenige Schlaf, die Verträumtheit der mich umgebenden Natur und die beim Steigen spürbarer werdende Wärme der Sonne hatten mich ein wenig drömelig werden lassen, und so traf mich, als ich wieder einmal aufblickend den Hang vor mir mit meinen Augen absuchte, die in dieser Form nicht erwartete Begegnung mit meinem Hirsch im wirklichen Sinne wie ein Keulenschlag. Plötzlich stand er in meinem Blickfeld, einer Geistererscheinung gleich und, o Unglück, äugte mich unbeweglich an, während ich selbst zur Salzsäule erstarrte. Einer zitternden Salzsäule, denn meine Aufregung war unbeschreiblich. In einem langen Jägerleben hat mich oft das Jagdfieber gebeutelt, vor Eichelhäher und Fuchs, vor Bock und Sau, vor Bär und Elch. Rückblickend aber kann ich sagen, daß es mich nie so verzweifelt, so hoffnungslos in seinen Fängen hielt wie vor diesem Hirsch. Zu lange hatte ich mich auf meinen ersten jagdbaren Hirsch gefreut, zu oft war er durch meine Träume gegeistert. Die Widmung, die mir meine Frau einmal in Raesfelds ›Rotwild‹ geschrieben hatte:»Möge Dir dieses Buch endlich zu dem lange ersehnten guten Hirsch verhelfen!«, legt für mich noch heute beredt Zeugnis dafür ab, welchen Stellenwert dieses Problem damals selbst innerhalb unserer häuslichen vier Wände einnahm und wie sehr mein geplagtes Eheweib in dieser Frage mitlitt.

Ich stand, wie gesagt, vom Espenbeben abgesehen, unbeweglich und sah meinen Hirsch an, während er das undefinierbare weiße Etwas etwa 80 Gänge unter sich ebenso unverwandt und unbeweglich anäugte. Die Sekunden wurden mir zu Minuten, die Minute zur Stunde. Ich hatte das Gefühl, als ob unter meinen Füßen der Schnee schmölze und als ob ich wie ein glühendes Stück Lava durch ihn hindurch in die gefrorene Erde versänke. Selbst wenn ich die Möglichkeit gehabt hätte, das Gewehr zu heben, ich hätte nicht schießen können, absolut nicht, vielleicht zum einzigen Mal in meinem Leben. Daß dort ›mein‹ Hirsch stand, daran gab es keinen Zweifel, zu unverkennbar waren selbst beim Anblick von vorn die starken Aug-, Eis- und Mittelsprossen über dem zu mir hin geneigten Haupt. In dem nach oben schwächer werdenden Geweih war auch das Fehlen der Krone, zumindest einer nennenswerten Krone, mit ziemlicher Sicherheit feststellbar. All das aber nahm ich mehr instinktiv, aus dem Unterbewußtsein und Erfahrung heraus wahr.

Gleichzeitig sah ich aus dem Augenwinkel – ich wagte den Kopf nicht zu drehen – drei oder vier weitere Hirsche, darunter einen Kronenhirsch, rechts von meinem mich so unentwegt fixierenden Gegenüber vertraut hin- und hertreten, im Schnee nach Äsung schlagen und von den niedrig hängenden Ästen einiger jüngerer Fichten äsen. Natürlich, mein Hirsch zog als Ältester am Ende der Prozession, und ausgerechnet er, der Erfahrenste, mußte mich wegbekommen! Noch etwas sah ich aus dem Augenwinkel, und es erschien mir wie dem Ertrinkenden die rettende Insel: Rechts von mir und oberhalb der Rinne, in der ich emporgepürscht war, stand auf etwa zwei Meter ein Baum – nah und doch so fern! Ich wußte, daß ich ihn erreichen mußte, so oder so, um einen halbwegs sicheren Schuß abgeben zu können.

Und dann, wie nach einer Unendlichkeit, wie die Erlösung aus der Verdammnis, wendete mein Hirsch langsam das Haupt von mir weg und äugte zu seinen Gefährten hin. Eine Sekunde oder zwei wartete ich noch in der Sorge, er würde, er müßte wieder zu mir hinäugen. Der Hirsch aber hatte mich offenbar als undefinierbar bereits abgelegt unter ›ferner liefen‹ und damit einen ähnlichen Fehler begangen wie ich damals in Rußland, als ich schmerzlich vorgewarnt die Nase und mehr als diese erneut rausstreckte.

Mit drei, vier behutsamen Schritten erreichte ich den neben mir stehenden Baum, und in dem Augenblick, in dem ich hinter diesem verschwand, war auch der Bockdrilling schon im Anschlag und der Hirsch im Blickfeld des Zielfernrohres. Zu meinem Unglück aber war auch er ein paar Schritte weitergezogen und stand jetzt von einem dünnen Stamm in der Mitte gedeckt, Blatt und Hinterhand frei, das Haupt erneut hoch und mir zugewandt. Im Zielfernrohr, auch wenn dies noch so sehr wackelte, war der Ausdruck des ›Hoppla, jetzt hab' ich dich!‹ in Lichtern und Haltung des Hauptes deutlich wahrzunehmen, und der Umstand des Dies-Erkennens und des Schießenmüssens flossen in einem Sekundenbruchteil zusammen. Schnee, Baum, Absehen und Hirsch waren Bestandteile eines wabernden Kornfeldes, in dem die Spitze des schwarzen Stachels verzweifelt die rotbraune Decke zwischen Vorderlauf und Träger suchte. Diana, die Göttin der Jagd, muß mich in diesem Augenblick geliebt haben. Einen Atemzug lang schenkte sie mir, mir ganz allein, ihre kapriziöse Zuneigung. Vielleicht hatte es ihr, eitles Frauenzimmer, geschmeichelt, daß ich meiner Tochter ihren Namen gegeben hatte, vielleicht aber auch wurde sie schwach, weil sie die Glut meiner Leidenschaft spürte. Was immer – jedenfalls empfing ich von ihr, was meinen bebenden Händen nicht zukam, die Kugel im Leben des so sehr ersehnten reifen Hirsches.

Mit weiter Flucht riß es den Hirsch nach vorn, durch den Schnee und über den Grat. Während ich nachlud, glaubte ich die Fluchten schwerfälliger werden, ihn taumeln zu sehen.

Ich saß im Schnee und versuchte vergeblich, eine Zigarette aus der Schachtel zu schütteln, und als es dann doch gelang und diese brannte, die Sonne den Schnee um mich aufgleißen ließ in einer Fülle von Licht, die das Auge blendete, da durchströmte alles Glück der letzten Wochen, ausgelöst durch die Geburt der geliebten Tochter und kulminierend in der Erlegung des königlichen Wildes, mein noch immer wild pochendes Herz. Vielleicht sind wir in Augenblicken wie diesen auch ohne Wort und Gebet dem Schöpfer so nahe, wie ein Mensch nur sein kann.

Nach zwanzig Minuten hielt es mich nicht mehr, und langsam ging ich zum Anschuß. Karminrot leuchtete der helle Schweiß auf dem Schnee, stand in Spritzern links und rechts der Fährte. Vielleicht 100 Meter hing ich dieser nach, bis sie zeigte, daß der Hirsch begonnen hatte zu torkeln. Nun hatte ich erlösende Gewißheit, Schritt für Schritt pürschte ich vorsichtig weiter, dann sah ich ihn vor mir. Er saß im Wundbett, das Haupt erhoben und ruhig, ohne erkennbare Zeichen von Furcht, mir, seinem Gegner, zugewandt. Das Bild, das soviel Gelassenheit und Würde ausstrahlte, rührte mich an, und für einen Augenblick flogen meine Gedanken zurück zu jenem grauen Wintertag vor Kirovograd, als ich selbst blutend im Schnee gelegen hatte.

Es lag nicht in meiner Macht, die Gnade weiterzugeben, die mir damals zuteil geworden war, aber ich empfand sehr deutlich, was ich dem alten Kämpen schuldete, dessen Schicksal dem meinen in einer seltsamen Duplizität der Ereignisse so sehr zu gleichen schien und dessen Uhr abgelaufen war. Meine Hand war ruhig, als der Finger den Abzug krümmte, und der Hirsch vernahm nicht mehr den Knall des Schusses.

Es mag seltsam klingen, aber ich vermochte meinen ersten Schuß nicht zu finden. Der Fangschuß hatte auf dem langen Haar des Trägers Schnitthaar weggestanzt und war leicht zu erkennen. Ich suchte lange mit den Fingerspitzen, vergeblich. Auch beim Aufbrechen fand ich den Schuß nicht. Dann hielt mich eine seltsame Scheu ab, weiterzusuchen. So ist dieser Hirsch das einzige Stück Wild, von dem ich nicht weiß, wo es meine Kugel traf. Vielleicht wird für jeden von uns, dessen Leidenschaft wild genug ist, einmal im Leben eine Freikugel gegossen.

Im Chalet wurde ich mit Jubel begrüßt. Wie schön ist es doch, wenn wirkliche Jagdfreunde jenen allzu menschlichen, fast unvermeidlichen Anflug des Neides auf das jagdliche Erleben des anderen wegzuwischen vermögen, noch ehe er die Hülle des primitiven Urkerns in uns zu durchbrechen vermag, und an der eigenen Freude teilhaben.

Ich war so erfüllt von der Erlegung meines Hirsches, so beschäftigt damit, jede Einzelheit, jede Furche und Rille seines Geweihs zu ertasten, die tiefbraune Färbung seiner Stangen und das leuchtende Elfenbeingelb seiner Enden immer wieder neu auf mich wirken zu lassen, dem wunderbaren Ereignis nachzusinnen, Grandeln zu bergen und Fotos zu machen, daß ich es fast als Blasphemie empfand, mich von ihm trennen und am Nachmittag an einer Drückjagd teilnehmen zu müssen, bei der R. R. meine Anwesenheit als selbstverständlich voraussetzte.

Aber Gäste sind nun einmal nur bedingt Herr ihrer Entschlüsse, und so wackelte ich denn eher ab- als anwesend und innerlich recht widerwillig mit, als bei einem gegen Mittag einsetzenden leichten Schneetreiben der Hinterhang einer Fichtendickung am Schwarzenberg abgestellt wurde. Solch eine Einstellung zu jagdlichem Tun aber verzeiht die Göttin nicht, und so entzog sie mir auf eine besonders pikante Weise schlagartig das Wohlwollen, das sie mir am Morgen noch so überreichlich gewährt hatte. Mein Deputat an Freikugeln war aufgebraucht.

Die Dickungskante, die wir abstellten, zog sich einen Steilhang hinunter; an die Fichten grenzte Buchenaltholz. Ich hatte den dritten oder vierten Stand, vom oberen Teil des Hanges aus gesehen. Vor mir führte ein verschneiter Wechsel aus der Dickung ins hohe Holz. Mit der Zuteilung meines Platzes daher recht zufrieden, hatte ich mich gerade eingerichtet, als oben auf dem Weg eine Gestalt durch das Treiben der Schneeflocken heranhastete – Arthur Fuchs, Artür gesprochen und nicht zu Unrecht von der Vorsehung Fuchs benannt. Artür war Weinbauer, in den offenen Osthängen westlich des Rheins zu Hause, die an die großen Waldungen der Vogesen grenzen. Allgemein als Schlitzohr bekannt, sagten böse Zungen ihm jagdlich so manches nach, was man aus juristischen Erwägungen nicht so gerne wiederholen möchte. Auf jeden Fall war Artür mit allen Wassern gewaschen, jagdlich kompetent, ein guter Schütze und mit vorzüglichen Revierkenntnissen im Großraum Vordere Vogesen ausgestattet.

Artür krabbelte also, während die Treiber schon angingen, den Hang hinunter, schob sich rechts oberhalb von mir in die Schützenkette und begann alsbald einen Verdrängungsfeldzug nach links, der mich im Endeffekt zwanzig Meter tiefer im Hang und ihn an meinem alten Platze fand.

Wir standen vielleicht fünf Minuten, die Treiber waren noch weit, aber bereits deutlich zu hören, und das Schneetreiben wurde dichter und dichter, da sah ich, wie Artür plötzlich seinen Püster hob – einen Moment lang dachte ich, der will sich die Zehen abschießen – da erschien schon unmittelbar vor diesen eine schwarze Kugel beeindruckenden Ausmaßes, Artürs Donnerbüchse flüsterte schneegedämpft ›puff‹, und die schwarze Kugel wurde zum Strich.

Ich ahnte schon, was mir da durch die Lappen gegangen war, und tatsächlich, am Ende des Treibens, in dem weiter nichts vorkam, ergab sich, daß Artür mit gezirkeltem Schuß zwischen die Lichter unmittelbar vor seinen Füßen ein hauendes Schwein von gut 2 ½ Zentnern gestreckt hatte, eins von der Sorte, die ein jeder gern an seiner Wand sieht.

Man mag daran ermessen, wie glücklich mich mein Hirsch gemacht hatte, daß ich dieses Ereignis mit innerer und äußerer Würde zu ertragen vermochte. Daß die Erinnerung lebhaft und ein winziger Stachel dennoch geblieben ist, wird man verstehen. Man bedenke: einen jagdbaren Hirsch und ein hauendes Schwein am selben Tage – es wäre wohl zuviel des Guten gewesen (»Bist du da ganz sicher?« meldet sich aus dunklen Untiefen aufmüpfig die schwarze Seele). »Vielleicht«, so entgegne ich dieser dann, »hätte ich es auch nicht so vortrefflich gekonnt wie Artür, und die beachtliche Sau hätte vollendet, was ein russischer Scharfschütze einmal so vielversprechend begonnen hatte« (und die schwarze Seele erwidert: »Wir hätten's drauf ankommen lassen!«).

Geliebtes Kenia

Es muß um 1930 gewesen sein, jedenfalls war ich noch ein kleines Kind, als der Schlager ›Ich hab' mein Herz in Heidelberg verloren‹ aufkam. Wahrscheinlich sang ihn Richard Tauber, damals der Schwarm meiner Mutter. Ich erinnere mich noch deutlich, wie ich an einem Wintertag mit dem Schlitten den Hang an einem unserer Schönfelder Dorfteiche hinunterfuhr und dabei, ebenso laut wie mit großer Wahrscheinlichkeit falsch, diesen Schlager in den sonnendurchfluteten Morgen krähte.

Zwar hatte ich zu jener Zeit nicht den blassesten Schimmer, wo Heidelberg lag, und hätte mir wohl auch kaum träumen lassen, daß damals der Prophet aus mir sprach, denn über zwanzig Jahre später, vom Schicksal gebeutelt und vom Winde verweht, verlor ich tatsächlich mein Herz in Heidelberg.

Als Jäger aber habe ich es in Afrika verloren, um genauer zu sein, dort, wo die Sonne der Erde am nächsten ist, in Kenia, dem Land der Tag- und Nachtgleiche, die in ihrer Ausgewogenheit auch das Leben harmonisch und glücklich zu machen scheint.

Wie wohl die meisten unserer Jäger bin ich mit der Sehnsucht nach Kanada und mit dem Spruch aufgewachsen: Das Wild des Nordens ist unserem Jägerherzen näher als das afrikanische. Ich habe auch lange nach dieser Maxime gelebt, bis ich Ende der sechziger Jahre Robert Ruarks Bücher über den Mau-Mau-Aufstand in Kenia las, ›Something of Value‹ und ›Uhuru‹. In deutscher Sprache sind sie unter den Titeln ›Die schwarze Haut‹ und ›Uhuru‹ in leider recht unbefriedigenden Übersetzungen erschienen, unbefriedigend zumindest für das Ohr des Jägers. Von Stund an kannte ich nur noch eine Sehnsucht – Kenia. Wenn man etwas mit ganzer Leidenschaft anstrebt und will, dann erreicht man es fast immer!

Ich fand Freunde in Kenia, mit denen und bei denen ich zu für mich erschwinglichen Bedingungen lange Jahre hindurch während meiner Urlaube in fast völliger Freiheit jagen konnte, im Hochland, in Savanne und Steppe, in Jagdblocks, auf Farmen und im Niemandsland unerschlossenen Urwalds. Ich lernte das afrikanische Wild kennen, und je mehr ich darüber erfuhr, desto mehr nahm es mich gefangen. Und ich lernte begreifen, daß die wirkliche Faszination des Jagens erst dort beginnt, wo wir unser eigenes Leben in die Waagschale werfen.

Die große Liebe ist heute zu einer unglücklichen geworden, durch die Schuld der Umstände, durch meine eigene Schuld und durch die Zerstörung von etwas Kostbarem und Großartigem in der Gestalt des Tieres, das dieses Land symbolisierte wie kein anderes. Ich gehöre mit zu den Leuten, die den afrikanischen Elefanten noch in relativ friedlicher Umwelt in seiner ganzen Majestät erlebt haben, in einer Zeit, in der er bejagt wurde und gleichzeitig ebenso liebevoll wie wirksam beschützt, und in der niemand sich vorstellen mochte, daß er je wieder in seiner Existenz bedroht sein könnte. Seither habe ich gelernt, die Wanderprediger skeptisch zu sehen, die uns vorgaukelten, Schutzgebiete könnten erhalten, was so nicht zu erhalten war, mehr und mit wirklichem Zorn aber die Eiferer, die mit ihren Wahnideen von Tierschutz und in ihrem blinden Haß auf die Jagd die gräßliche Massenvernichtung des Elefanten durch Wilderer erst möglich machten.

Von allen Menschentypen haben die Eiferer seit jeher das meiste Unheil in die Welt gebracht, und wenn es noch eines Beweises bedurfte, daß geregelte, kontrollierte Jagd der einzige Weg ist, Wildbestände auf Dauer zu erhalten und zu schützen, so wurde er in Kenia erbracht. Jagen aber bedeutet neben der leidenschaftlichen Liebe zum Tier und der Bereitschaft, für diese Liebe Opfer zu bringen, auch die Leidenschaft Beute zu machen. In den nächsten Kapiteln werde ich versuchen zu erklären, warum der Elefant in Ostafrika jetzt vielleicht vor der Ausrottung steht, weil Besessene diesen Zusammenhang nicht zu begreifen und zu akzeptieren vermochten.

Meine Gefühle von heute ändern jedoch nichts daran, daß die Erinnerung an Kenia immer in mir leben und schwingen wird wie die an kein anderes Land. In all seiner Widersprüchlichkeit ist es so süß, so einschmeichelnd, so voller Heiterkeit, Klang und Farbe wie die Namen seiner Orte und Landschaften – Naivasha und Mau Narok, Nanyuki und Eldoret, Massai-Mara und Meru. Nächst der Heimat ist es das ›wirklichste‹ meiner Paradiese.

Auf Elefanten in Ostafrika

Der ostafrikanische Elefant gestern und heute

In der 1607 erschienenen ›Historie der vierbeinigen Thiere‹ schrieb Edward Topsell: »Unter allen wilden Thieren der Erde ist keines, in dem sich so großartig und umfassend die Macht und Weisheit des Allmächtigen offenbaret wie im Elephanten!« Dem ist vier Jahrhunderte später wenig hinzuzufügen. Heute wie damals stehen wir in Ehrfurcht und Ehrerbietung vor diesem Riesen der Tierwelt, sind beeindruckt von seiner Würde und Einfalt, seiner Behutsamkeit und seiner ungeheuren Kraft. Ehrfurcht und Ehrerbietung aber haben noch nie Menschen abgehalten, die zu zerstören, zu sich herabzuziehen und zu töten, denen sie entgegengebracht wurden, das gilt für die Beziehung des Menschen zum Menschen genauso wie für die des Menschen zum Tier.

Was Wunder also, daß die Jagd auf dieses majestätische Wesen seit jeher als die Krone des Waidwerks galt, die immer wieder neu gelebte Reinkarnation des ungleichen Kampfes zwischen David und Goliath. Wenige Zeichen verbinden Jäger in aller Welt so wie jenes von geschickten schwarzen Händen aus den Schwanzhaaren eines starken Elefantenbullen geflochtene schmucklose Armband, in dem für den wirklich Gläubigen die Weisheit des gewaltigen Tieres weiterlebt und sich über den Träger breitet wie ein schützender Mantel.

Wie dem anderen Wild in Afrika hat auch dem Elefanten die Entkolonialisierung nicht zum Vorteil gereicht, besonders dort nicht, wo kriegerische Auseinandersetzungen die Länder überzogen oder wo sich die neuen Herrscher genötigt sahen, die geregelte Bejagung unter der Führung erfahrener Berufsjäger zu verbieten, ein Umstand, der rücksichtsloser Wilderei Tür und Tor öffnete. Dabei wäre es sicher nicht richtig, diese Entwicklung allein den schwarzen Regierungen anzulasten. In Kenia beispielsweise waren schlecht beratene amerikanische Umweltschützer die eigentlich Verantwortlichen für die Schließung der Jagd. Über Beziehungen im US-Außenministerium übten sie Druck auf den Weltwährungsfond aus, Kenia eine dringend benötigte Anleihe solange vorzuenthalten, bis die Regierung die Jagdausübung verbieten würde. Kenia gab nach, und wie eine zuvor mühsam zurückgehaltene Sturmflut brandete von Norden her eine Wildererwelle bisher nicht gekannten Ausmaßes über das Land und richtete besonders im Bereich des Tsavo-Parkes verheerende

Schäden an. Das wohlmeinende Bestreben der Umweltschützer hatte sich für das afrikanische Wild auf entsetzliche Weise ins Gegenteil verkehrt.

Solange sich im ganzen Land in einem wohldurchdachten und überschaubaren System von Jagdblöcken fast ständig Berufsjäger mit ihren Klienten im Busch befanden, waren die Wilderer in ihrer Freizügigkeit gehemmt und verhältnismäßig gut unter Kontrolle zu halten. Schlingen und Fallgruben, Wildererverstecke und die Kadaver gewilderter Stücke wurden von den Berufsjägern und ihren Mannschaften gefunden und dem Wildschutz gemeldet. Erst als die Berufsjäger verschwanden, begann das geschäftsmäßige Wildern in wirklich großem Stil. Besonders Nashorn und Elefant leiden heute darunter.

Unter der Führung von Berufsjägern wurden fast ausschließlich ältere Bullen ab etwa 40 Jahren erlegt, in Kenia, um ein Beispiel zu nennen, nicht mehr als durchschnittlich 200 pro Jahr. Im Alter von rund 40 Jahren aber hört die zwischen dem 8. und 12. Lebensjahr beginnende Fortpflanzungsfähigkeit des Elefanten auf, der mit 15 Jahren etwa dreiviertel seiner endgültigen Größe erreicht hat und die Mutterherde verläßt, um sich mit anderen jungen und mittelalten Bullen in Junggesellenherden zusammenzufinden. Die mit Berufsjägern zur Strecke gebrachten älteren, zumeist einzeln oder in kleinen Trupps gehenden Bullen hatten Zahngewichte von kaum unter 40 kg pro Zahn, im Süden des Kontinents vielleicht geringfügig weniger. Heute wird von den Wilderern wahllos alles zusammengeschossen, was Elfenbein trägt, selbst wenn ein Stoßzahn nicht mehr wiegt als 10 oder 15 Pfund.

Noch sind die Bestände an Elefanten in Afrika sicher groß, stellenweise auch zu groß, und in ihrer Gesamtheit weder zähl- noch verläßlich schätzbar. Ganz sicher aber haben sich diese Bestände, besonders in klassischen Jagdgebieten wie Kenia oder Uganda, aber sicher auch in Mosambik, Tansania, dem Sudan und dem Kongo in den letzten Jahren zum Teil beängstigend verringert, vor allem aber auch qualitativ verschlechtert. In Uganda, der ehemaligen Elefanten-›Hochburg‹, stehen die grauen Riesen vor der Ausrottung. In Kenia wurde ihr Bestand 1977 auf etwa 75000 Tiere (gegenüber 150000 noch im Jahr 1972), in Tansania auf 200000 geschätzt. Einigermaßen verläßliche Zahlen liegen über den Bestandsrückgang im 8300 Quadratmeilen großen Tsavo-Nationalpark in Kenia vor. Bedingt durch eine anhaltende Trockenheit 1970/71 sank der Bestand dort um Tausende von Tieren auf etwa 36000 im Jahr 1974 ab. Bereits 1977 aber wurden im Tsavo nur noch 20000 Elefanten gezählt. Nach letzten Schätzungen aus 1989 ist mittlerweile der Gesamtbestand Kenias auf diese Zahl abgesunken und der Tansanias auf 100000.

Der Herr bewahre uns jedoch vor dem Hochmut, in den Wilderern, in marodierenden Soldatenhorden oder der Politik der schwarzen Regierungen allgemein die alleinige Ursache dieser Entwicklung zu sehen. Sie sind lediglich deren Werkzeug. Für den Afrikaner war das Wild, besonders aber der kaum besiegbare Elefant, seit jeher Nahrungskonkurrent und Feind. Erst langsam, und das vorwiegend in den Städten, beginnt sich in Schwarzafrika eine neue Beziehung des Menschen zum Tier zu entwikkeln. Für den Afrikaner im Busch ist die rücksichtslose Verfolgung des Elefanten auch heute noch die natürlichste Angelegenheit der Welt.

Die eigentliche Ursache für die heutige Misere sind wir, die Weißen, die Gelben, die Hellbraunen außerhalb des afrikanischen Kontinents. Solange wir noch glauben, mit Billardkugeln und auf Klaviertasten aus Elfenbein spielen zu müssen, solange die Elektronikindustrie zu einfallslos ist, synthetische Ersatzstoffe für das Elfenbein zu finden, und solange Elfenbeinschnitzereien und -schmuck in ihrer unbestreitbaren Schönheit noch gedankenlos zu hohen Preisen von uns gekauft werden, das heißt, solange Elfenbein am Weltmarkt noch Phantasiepreise erzielt, solange wird das Schlachten in Afrika nicht aufhören. Und es wird zweimal nicht aufhören, nachdem wir die dem Ursprünglichen noch nahen, nach unserer überheblichen Auffassung also ›unterentwickelten‹ Völker Afrikas so großzügig und umfassend mit modernsten Feuerwaffen versorgt haben. Sie nützen sie heute mit der gleichen Selbstverständlichkeit für ihre Interessen wie früher die weißen Siedler und Jäger.

Seit ich dies schrieb, ist 1989 der afrikanische Elefant in den Anhang I des Washingtoner Artenschutzabkommens aufgenommen worden. Das bedeutet automatisch ein Elfenbeinimportverbot für alle Länder, die sich diesem Abkommen angeschlossen haben, und, da hierzu die reichen Industrienationen Amerikas und Europas gehören, zumindest einen ersten Schritt, der dämpfend auf die gnadenlose Verfolgung der Dickhäuter einwirken könnte.

Wie so oft im Leben aber hat auch diese ›Medaille‹ leider eine Kehrseite. Finanzschwache Länder wie Botswana und Zimbabwe, die mit Südafrika zu den wenigen gehören, in denen heute über den Rahmen der Wildererbekämpfung hinaus ernsthaft etwas für Schutz und Erhaltung des Elefanten getan wird und in denen sich der Elefantenbestand in den letzten Jahren vermehrt hat, werden durch diese Handelsbeschränkungen empfindlich betroffen. Diese Länder nämlich verwendeten bisher den Erlös des aus legaler Jagd und notwendigen Maßnahmen zur Bestandsregulierung (culling) resultierenden Elfenbeins mit dafür, ihre Schutzmaßnahmen zu finanzieren, und werden jetzt sicher bei diesen Bemühungen Abstriche machen müssen. Wirklichen Anlaß zur Hoffnung und Zuversicht geben daher derzeit lediglich die weitflächigen Schutzmaßnahmen in Südafrika, unter der Voraussetzung allerdings, daß sich die Verhältnisse in diesem Land nicht destabilisieren.

Kenia und Tansania haben in letzter Zeit die Bekämpfung des Wildererunwesens intensiviert, und auch hier werden die nun bestehenden Handelsbeschränkungen sicher zumindest temporäre Erleichterung bringen. Doch damit ist das eigentliche Problem einer möglichen Ausrottung des Elefanten in weiteren seiner traditionellen Heimatländer nicht vom Tisch. Es ist aufgeschoben eher als aufgehoben. Denn solange der Elefant in Konkurrenz zu einer sich rapide vermehrenden Menschheit steht – und das wird er wohl immer –, wird er von dieser kontrolliert und in seinem Vorkommen innerhalb gewisser, wahrscheinlich zunehmend engerer Grenzen gehalten werden müssen. Räumliche Begrenzung aber widerspricht völlig der Natur und Lebensweise dieses großen, wanderlustigen Säugetieres.

Man muß sich in diesem Zusammenhang vor Augen halten, daß ein starker Elefantenbulle verläßlichen Schätzungen nach bis 300 kg an pflanzlicher Nahrung pro Tag aufnehmen kann, davon etwa die Hälfte Gras und die andere Hälfte Laubwerk, Zweige und Früchte. Entsprechend sind die Verwüstungen, die eine große Herde anrichtet. Anfang der siebziger Jahre sah ich in Kenia noch Herden von über 100 Tieren. Dort aber, wo eine große Herde Elefanten durchzieht, sind die Zerstörungen enorm. Selbst ein einzelner Elefant kann eine Eingeborenenplantage in einer Nacht zerstören.

Je mehr Land Agrar- und Weidewirtschaft beanspruchen, um so mehr werden daher an der Reibungsfläche Elefant–Mensch die Funken sprühen, und um so höher werden die hier auftretenden Schäden, sprich Verluste an Elefanten einerseits und an Agrarprodukten andererseits sein. Angesichts der Entwicklung der Menschheit im allgemeinen und der in Afrika im besonderen stimmt der Gedanke an die voraussichtliche Zukunft unseres größten Landsäugetieres traurig.

Als Weiße im 19. Jahrhundert erstmalig das Innere Afrikas betraten, verlor der Kontinent seine Unschuld und begann der grausame Prozeß des ›Paradise lost‹ erneut, der sich in unserem Jahrhundert zu vollenden scheint. Denn Weiße (und Gelbe) waren nicht nur die Hauptabnehmer von Elfenbein und damit Auslöser einer gewaltigen Großwildvernichtungsaktion, die sich nur mit der Verfolgung des Bisons in Nordamerika vergleichen läßt, sondern sie haben durch ihre unerbetenen ›Zivilisationsbemühungen‹ auch erst die Voraussetzungen geschaffen für die Bevölkerungsexplosion, die wir heute in Afrika erleben und die nun Tiere, Wälder und Steppen dieses herrlichen Kontinents auffressen wird, wie wir Weiße sie in unserem Teil der Erde schon weitgehend aufgefressen haben.

Starke Bullen

Es gab Zeiten, in denen ›Hundertpfünder‹, so nennt man einen Elefantenbullen, der auf jeder Seite wenigstens 100 (engl.) Pfund Elfenbein trägt, vergleichsweise nicht viel seltener waren als etwa ein 18- oder 20-Ender-Kronenhirsch in unseren Breiten. Heute sind starke alte Bullen rar geworden, und die wenigen wirklich starken sind weithin bekannt und werden in der Regel streng bewacht.

Der legendäre Achmed oder Ahmed, der in den Bergwäldern von Marsabit in Kenia lebte und unter dem persönlichen Schutz von Kenias damaligem Präsidenten Kenyatta stand, kam 1974 aus ungeklärten Gründen um. Man fand ihn, in einem Winkel von etwa 45 Grad an mehrere starke Bäume gelehnt, verendet mit einer schwärenden Wunde in der Flanke, deren Ursache nicht geklärt werden konnte, die man aber nicht für den Grund seines Eingehens hielt. Sein Magen war leer. An der Basis seiner Stoßzähne fand man zwei alte Kugeln.

Mit einer Schulterhöhe von knapp drei Metern war Ahmed nicht einmal ein besonders großer Elefant. Der im Körperbau gewaltigste Bulle, über den verläßliche Daten vorliegen, ist ein südwestafrikanischer Elefant mit der fast unglaublichen Schulterhöhe – beim Pferd würde man von Stockmaß sprechen – von 4,42 Metern. Der stärkste im Rowland-Ward-Buch der Rekorde verzeichnete Bulle ist mit einer Schulterhöhe von 3,80 Meter ausgewiesen.

Auch das Gewicht von Ahmeds Stoßzähnen lag mit 148/150 (engl.) Pfund (67/68 kg) erheblich unter dem Rekordgewicht von 226/214 Pfund (102/97 kg) des stärksten offiziell vermessenen Elefantenbullen. Dieser unseres Wissens weltbeste Elefant wurde 1898 von einem Sklaven namens Senoussi in den Bergwäldern am Fuß des Kilimandscharo erlegt. Senoussi arbeitete unter dem damals in Deutsch-Ostafrika tätigen, von der deutschen Kolonialverwaltung lizenzierten berühmtberüchtigten Elefantenjäger Shundi, selbst ein ehemaliger Sklave, der sich freigekauft hatte. Senoussi trug dem Bullen mit einer altertümlichen Steinschloßbüchse einen Herzschuß an, der ihn nach wenigen hundert Metern verenden ließ.

Senoussi zufolge war dieser Elefant ebenfalls nicht übermäßig groß, im Bereich der Schultern und vorderen Säulen jedoch wegen des hohen Elfenbeingewichts unverhältnismäßig stark entwickelt. Seine Stoßzähne reichten bis zum Erdboden. Ihr Schwung war edel, die Spitzen waren leicht nach innen gekrümmt, so daß sie sich fast berührten. In der Bewegung mußte der Bulle sein Haupt hoch tragen, um sich mit den Stoßzähnen nicht im Boden zu verhaken.

Auf allen möglichen Umwegen und nachdem sie mehrere Jahrzehnte getrennt waren, landeten beide Stoßzähne schließlich im Britischen Museum, werden jedoch dort seit 1982 nicht mehr öffentlich ausgestellt, angeblich wegen einer ablehnenden Haltung der Museumsleitung der Jagd gegenüber. Es steht wohl außer Zweifel, daß diese Stoßzähne mit ihrem unvergleichlichen Trophäenwert und einem geschätzten Auktionspreis von mindestens 1 Million Dollar auch Heilige in Versuchung führen könnten. Das mag als eine bedingte Rechtfertigung für den ansonsten unverständlichen Entschluß des Britischen Museums gelten.

Nach der Erlegung wurden die Stoßzähne mit 235 (engl.) Pfund links und 226 Pfund rechts verwogen, was einem Gesamtgewicht von 207,5 kg entspricht, in etwa also dem Gewicht eines Karpatenhirsches. Interessanterweise verloren sie bis zu einer neuerlichen (offiziellen) Verwiegung im Jahr 1962 erheblich an Gewicht und wogen nun 226 Pfund links und 214 Pfund rechts, zusammen also nur noch 198 kg. Ihre Länge beträgt links 3,10 m und rechts 3,12 m, ihr Umfang, jeweils an der stärksten Stelle gemessen, 60,5 cm links und 58 cm rechts.

Zahlreichen Gerüchten zufolge soll es noch erheblich stärkere Stoßzähne gegeben haben, in Berichten früherer Afrikaforscher ist von Stoßzahngewichten einzelner Zähne von 119 bzw. 117 kg die Rede, fast unvorstellbar. Über keinen dieser Zähne, wenn sie existiert haben, liegen jedoch verläßliche, überprüfbare Angaben vor. So dürfte Senoussis ›Zweihundertpfünder‹ für alle Zeiten der Rekord bleiben.

Doch zurück zu Ahmed. Trotz der gemachten Einschränkungen waren natürlich auch seine Stoßzähne gewaltig und reichten ebenfalls bis zur Erde. Sie waren besonders edel geschwungen und hatten schlanke Spitzen.

Wie beim Rotwild das Geweihgewicht, ist auch das Gewicht der Stoßzähne von Elefanten am lebenden Tier sehr schwer zuverlässig zu schätzen. Es hängt nicht nur von der Dichte des Elfenbeins ab – das gelbliche Elfenbein aus dem Norden von Kenia ist normalerweise schwerer als das weiße etwa aus dem Süden von Tansania –, sondern vor allem von der Länge des Zahnnervs. Die Nervenlänge kann von einem Drittel bis zur Hälfte der Zahnlänge ausmachen. Ist der Nerv kurz und dick, so ist der Stoßzahn schwer, ist er dünn und lang, so ist er leicht. Das ist deshalb nicht verwunderlich, weil die massiven Teile des Stoßzahns das Gewicht bestimmen und der Umfang der Zähne zur Basis hin zunimmt. Jedesmal nach der Erlegung eines Elefanten ist es daher ein besonders aufregender Augenblick, wenn der erste Stoßzahn, übrigens mit unsäglicher Mühe, aus dem Kiefer gelöst ist und der Nerv herausgezogen wird. Es ist der Augenblick, in dem Blütenträume reifen oder welken. Obwohl ich nirgends einen Hinweis darauf fand, hatte Ahmed mit großer Wahrscheinlichkeit lange, dünne Nerven in seinen achtunggebietenden Stoßzähnen.

Die Erwähnung der Nerven erinnert mich an eine andere Tatsache. Gelegentlich findet man am Nervenende vor allem wohl älterer Elefantenbullen eine kieselartige Verhärtung, die sich am besten mit dem Weidkorn, kleinen abgeschliffenen Kieselsteinen, vergleichen läßt, wie man sie aus dem Muskelmagen des Großen Hahns herausschärft. Ich erwähne diese Steinchen, da sie wie die Grandeln beim Rehbock einen gewissen Seltenheits- und damit Kuriositätswert besitzen. Obwohl ich immer danach suchte, habe ich solche Steine nur einmal bei einem sehr alten und starken Bullen gefunden, an dessen Erlegung ich beteiligt war und von dem ich noch berichten werde.

Nach allen verfügbaren Daten war Ahmed weit davon entfernt, ein Rekordbulle zu sein, und dennoch war er Anfang der siebziger Jahre der stärkste in Kenia bekannte Elefant, was aus den zuvor erwähnten und anderen Gründen nicht unbedingt heißen muß, daß er es tatsächlich war. Heute dürfte es sicherlich schwerfallen, auch nur einen annähernd gleich starken Bullen in Kenia, geschweige denn Uganda, zwei der klassischen Elefantenländer, zu finden.

Ahmed steht heute, von Wolfgang Schenk, dem ehemaligen Chef-Dermoplastiker von Zimmermann's Nairobi präpariert, in voller Lebensgröße vor dem Nationalmuseum dieser wunderschönen Stadt. Zimmermann's Nairobi war vormals der Welt wohl berühmtester und größter Taxidermy Shop, eine Sehenswürdigkeit, einem Museum gleich. Spitzentrophäen aus ganz Afrika kamen hier zusammen, und man konnte Stunden damit zubringen, sie zu betrachten. Als ich Wolfgang Schenk dort zum ersten Mal traf, waren er und seine geschickten schwarzen Gehilfen, die eine ihrer Natur eigene unendliche Geduld und besondere Fingerfertigkeit für diese Tätigkeit zu prädestinieren schien, gerade mit dem Ganzpräparat eines kapitalen Bongo beschäftigt. Ich war fasziniert von der Akribie, mit der jede Ader und Sehne, jeder Muskel am Modell nachgebildet wurden. Die Präparate aus Nairobi hatten bei hoher technischer Qualität einen Grad an Natürlichkeit und Lebensnähe erreicht, der ans Wunderbare grenzt und nicht mehr übertroffen werden kann. Mit der Schließung der Jagd in Kenia verlor Zimmermann's Nairobi seine Existenzgrundlage, auch das ein unwiederbringlicher Verlust.

Anfang der achtziger Jahre galt ein unter strenger Bewachung im Krüger-Nationalpark in Südafrika lebender Bulle als der stärkste damals bekannte afrikanische Elefant. Obwohl oder vielleicht auch weil er sehr heimlich war, als gefährlich galt und Parkbesuchern nie zu Gesicht kam, war er ähnlich populär und legendenumwoben wie Ahmed in Kenia. Man schätzte zu jener Zeit, daß dieser Bulle, Mafunyane (der Reizbare), etwa 55 Jahre alt sei und so unter normalen Verhältnissen noch etwa 15 Jahre zu leben gehabt hätte. Im Stockmaß brachte Mafunyane es auf etwa 3,30 Meter, sein Gewicht wurde auf sechs Tonnen geschätzt. Mafunyanes lange und sehr gerade Stoßzähne schienen etwa so dick wie die Oberschenkel eines kräftigen Mannes zu sein und bewegten sich mit einer geschätzten Länge von drei Metern, wie man damals glaubte und hoffte, nahe an der Grenze zum Rekord. Während sie in Schädelnähe dunkel wirkten, waren sie im unteren Teil vom ständigen Anstreifen am Gras hell und glänzend poliert. Ihre Spitzen hatten vom häufigen Schleifen auf dem Boden Meißelform angenommen.

Auf Grund der scheinbar außergewöhnlichen Länge (aber wohl doch eher wegen der ungewöhnlich geraden Form) seiner Stoßzähne trug Mafunyane, genau wie der von Senoussi erlegte Rekordbulle, sein Haupt sehr hoch und war schon daran leicht anzusprechen. Experten schätzten das Gewicht seiner Stoßzähne damals auf 75 bis 85 kg pro Zahn.

Wahrscheinlich führten die Haltung seines Hauptes und lange Stoßzahnnerven, dieses Geheimnis, das der Elefant ja bis zuletzt bewahrt, zu einer solchen, wie sich herausstellen sollte, doch erheblichen Überschätzung des Elfenbeins. Denn als Mafunyane im November 1983 auf natürliche Weise einging und kurze Zeit darauf von Hyänen und Geiern zerfetzt gefunden wurde, ergab die Vermessung, daß er mit einer Schulterhöhe von 3,27 Metern, ähnlich wie Ahmed, im Grunde kein exzeptionell starker Elefant war. Seine wunderbar ebenmäßigen Stoßzähne waren tatsächlich ›nur‹ 2,51 Meter lang und wogen ›lediglich‹ je 55,1 kg (122 engl. Pfund). Ihr Basisumfang betrug 48 cm.

Mafunyane hatte oberhalb der Lichter ein Loch von etwa 10 cm Durchmesser im Schädel! Dieses Loch – nach verläßlichen Untersuchungen keine Schuß- oder Speerwunde, sondern mit großer Wahrscheinlichkeit die Folge eines Brunftkampfes mit einem anderen Bullen – erstreckte sich bis zum Gaumen und erlaubte ihm, neben der normalen Atmung durch Äser und Rüssel zusätzlich wie ein Walfisch zu atmen.

Falls Mafunyane diese Wunde in der Jugend zugefügt wurde, wäre sie eventuell eine Erklärung für sein relativ geringes Wachstum, das im Vergleich mit der Entwicklung der Stoßzähne verzögert schien, denn sie führte zu einer verschleppten Infektion im Schädelbereich, an der dieser Elefant wahrscheinlich den größten Teil seines Lebens litt und die ihn sicher nicht zuletzt auch so reizbar und heimlich gemacht hatte. Da Elefanten bei ihren Brunftkämpfen sich hin und wieder einen Stoßzahn abbrechen, könnte diese Wunde unter Umständen auch eine Erklärung für sein ungewöhnlich ebenmäßiges, offensichtlich nie beschädigtes Elfenbein darstellen, wenn man annimmt, daß sie ihn schon frühzeitig veranlaßte, sich aus dem Brunftbetrieb zurückzuziehen und Brunftkämpfen auszuweichen.

J. J. van der Merwe im National Parks Board von Südafrika verdanke ich den Hinweis auf den, soweit bekannt, tatsächlich stärksten Elefanten, der in den letzten Jahren in Afrika sein Ende fand. In der Sammlung von Spitzentrophäen des National Parks Board sind seine Stoßzähne mit 71 kg (185 engl. Pfund) und 63,8 kg (141 engl. Pfund) sowie 2,77 bzw. 2,57 m Länge bei weitem die stärksten. Ihr Basisumfang beträgt 56 bzw. 54 cm. Bei so unterschiedlichen Stoßzähnen spricht man von dem Master Tusk und dem Servant Tusk, dem Herren- und dem Dienerzahn.

Leider fand dieser hochkapitale Elefantenbulle, Phelwana, ein recht unrühmliches Ende und mußte sich wochenlang auf schreckliche Weise quälen, bevor er von seinen Leiden erlöst wurde. Da er dazu neigte, immer wieder nach Westen in Richtung auf das Lowveld aus dem Krüger-Nationalpark auszubrechen, befand er sich in häufiger Gefährdung sowohl durch die Gäste von Berufsjägern als auch durch Wilderer, wenn auch die meisten der in diesem Teil des Lowveld tätigen Berufsjäger ein Gentleman's Agreement getroffen hatten, den kapitalen alten Bullen in jedem Fall zu schonen, und auch die meisten Großgrundbesitzer, deren Gebiet er kreuzte, sich dieser Vereinbarung angeschlossen hatten.

Dennoch tauchten Ende 1987 Gerüchte auf, daß dieser Elefant zur Strecke gekommen sei. Das wurde später widerrufen, nicht Phelwana, sondern einer seiner Askaris sei erlegt worden. Anfang Januar 1988 wurde der Bulle dann von einem Wildhüter wieder gesichtet, ohne daß diesem etwas Besonderes an ihm aufgefallen wäre. Als er ihn Ende Januar jedoch ein zweites Mal sah, war unverkennbar, daß das Tier krank war. Phelwana war stark abgekommen und konnte sich kaum noch bewegen. Es war ihm unmöglich, sein Haupt zu heben, so daß er gezwungen war, mit dem Maul zu schöpfen.

Als die Nachricht vom Zustand des alten Bullen das National Parks Board erreichte, wurde umgehend ein Hubschrauber mit einem Tierarzt und einem Veterinärtechniker losgeschickt, um seinen Zustand näher zu überprüfen. Arzt und Helfer bot sich ein erschütternder Anblick. Der Bulle war buchstäblich nur noch Haut und Knochen und quälte sich taumelnd schrittweise vorwärts. Auf der rechten Seite des Trägers war eine klaffende Wunde zu erkennen, aus der Eiter über Blatt und Vordersäule tropfte. Schweren Herzens entschloß sich der Tierarzt, den Bullen mit dem Narkosegewehr zu betäuben, um ihn näher zu untersuchen, obwohl er wegen dessen Zustands kaum noch Hoffnung hatte, ihn retten zu können.

Die Untersuchung der Wunde ergab, daß es sich um eine Schußverletzung, verursacht durch ein großkalibriges Geschoß, handelte, das direkt hinter dem Ohr eingetreten war und sich auf der anderen Seite im Oberkiefer aufgebraucht hatte. Durch diese Kieferverletzung behindert, konnte der Bulle sein Gebiß kaum noch verwenden und Nahrung nur mit größter Schwierigkeit aufnehmen und zerkleinern. Der Schuß hatte ihn zum langsamen, qualvollen Hungertod verurteilt. Da es keine Hoffnung mehr gab, den alten Bullen noch zu retten, schläferte ihn der Tierarzt endgültig ein.

Phelwana war nicht nur im Hinblick auf seine edel geschwungenen, schweren Stoßzähne ein bemerkenswerter, sondern auch physisch ein gewaltiger Bulle. 1,52 Meter Sohlenumfang an der Vordersäule vermitteln eine eindrucksvolle Vorstellung von der Fährte, die dieser kapitale Elefant, vielleicht schon bald eines der letzten Monumente seiner Art, in Afrika zog.

Obwohl der Wert seines Elfenbeins 150000,– DM weit überstieg, wurde dieses nicht verkauft, sondern sollte, meinen letzten Informationen nach, als symbolträchtiges Exponat im Krüger-Nationalpark ausgestellt werden, ein Hinweis auf Südafrikas Schutzbemühungen, die in den letzten Jahrzehnten eine Vielzahl hochkapitaler Bullen hervorgebracht und einen ganz wesentlichen Beitrag zur Erhaltung dieser großartigen Tierart auf dem schwarzen Kontinent geleistet haben.

Auf einen dieser Bullen, Shawu, möchte ich abschließend noch hinweisen. Er ging mit etwa 60 Jahren an Altersschwäche ein und trug lange, schlanke, nicht übermäßig schwere (52,6/50,8 kg) Stoßzähne von der für heutige Verhältnisse fast unglaublichen Länge von 3,17 bzw. 3,05 Metern.

Ein ›Hundertpfünder‹ und andere Elefanten

Aus vielem, was ich gesagt habe, mag deutlich geworden sein, warum Hundertpfünder seit jeher und sicher zu Recht zu den ganz großen Trophäen dieser Erde zählten. Viele haben ihnen, oft unter unsäglichen Mühen, nachgejagt wie einem Phantom, aber nur relativ wenigen war es vergönnt, sie zu finden und zu strecken. Es mutet mich deshalb noch heute fast wie ein Wunder an, daß ich, gemeinsam mit meinem Freund Adam Yakas, das Glück hatte, einen solchen Elefanten zu erlegen. Nie zuvor war er auch nur im Traum oder als Wunschvorstellung durch meine Gedankenwelt gezogen.

Als ich Adam Ende der sechziger Jahre kennenlernte, bewirtschaftete dieser gemeinsam mit seinem Bruder Andrew eine Sisal- und Kaffeeplantage im Großen Graben nicht weit von der kenianischen Stadt Nakuru. Nach der Erfindung der Kunstfasern war der Sisalpreis in den Keller gefallen, und die Farmer kämpften um ihre Existenz. Oft wußten die Brüder nicht mehr, wo sie die Löhne für ihre afrikanischen Arbeiter hernehmen sollten. Sie nützten deshalb im Rahmen der strengen jagdlichen Begrenzungen die Möglichkeit der Elefantenjagd, um durch den Verkauf des Elfenbeins die Kasse aufzufüllen. Solange es weiße Siedler in Afrika gibt, haben sie diese Quelle genützt, und manche bedrohte Existenz wurde im alten Afrika durch das ›weiße Gold‹ aus den Schädeln der gutmütigen Riesen gerettet.

Für Adam verband sich bei der Elefantenjagd das Nützliche mit dem Schönen, denn er war ein ebenso leidenschaftlicher wie geduldiger, unerschrockener und erfahrener Elefantenjäger. Dabei hatte er das Glück, als Fährtensucher und Gewehrträger einen Mann aus dem Jägerstamm der Kamba an seiner Seite zu haben, der das Wissen um Elefanten mit der Muttermilch eingesogen hatte. Matuko war ebenso unerschrocken wie Adam, dabei passioniert bis in die Fingerspitzen und mit Augen und einem Jagdinstinkt gesegnet, die für europäische Begriffe ans Wunderbare grenzten. Was ihn jedoch mehr als alles andere über die meisten Jäger seiner Hautfarbe erhob, waren seine große Besonnenheit und seine unermüdliche Ausdauer.

Von Gestalt war Matuko mittelgroß. Unter seiner glänzenden, kohlschwarzen Haut spielten Muskeln und Sehnen. Nirgends schien sie auch nur ein Gramm von Fett zu überdecken, obwohl er sagenhafte Mengen von Posho, dem Maisbrei der Schwarzen, und Biltong, an der Luft getrocknetes Wildbret, wegzuputzen vermochte und in Sachen Speise oder Trank stets ansprechbar war. Wie schwarze Nattern, die sich in der Sonne räkeln, zogen sich über seine Unterarme und Handrücken gewundene Adern. Ein Spinngewebe von Narben hob sich weißlich grau vom Dunkel seiner Haut ab.

Matuko hatte die Flexibilität einer Raubkatze (und auch ihre sich müde räkelnde Faulheit), den Charme eines Grandseigneurs und die Liebenswürdigkeit eines Kindes. Sein Lachen, das kräftige, schneeweiße Zähne aufblitzen ließ, war ansteckend, und selten habe ich so ausdrucksvolle Augen gesehen, in denen sich Freude, Enttäuschung, Dankbarkeit oder Trauer so deutlich zu spiegeln vermochten wie in den seinen. Wie bei einer Antilope füllte das schimmernde Schwarzbraun von Iris und Pupille fast die gesamte Augenöffnung, und nur ganz selten, wenn er die Augen verdrehte, blitzte daneben das Weiß des Augapfels auf und erzeugte besondere Effekte, die Heiterkeit zu vertiefen, Erschrecken grell zu akzentuieren schienen. Seine prachtvollen Zähne pflegte Matuko gewissenhaft mit Hölzchen, die von einem bestimmten Baum geschnitten und an einem Ende vielfasrig aufgesplittert wurden. Die Elastizität der Fasern machte das Holz zu einer vorzüglichen Zahnbürste, und wir nannten den nicht sehr häufig vorkommenden Baum – ich erinnere mich nicht mehr an seinen richtigen Namen – deshalb Toothbrush tree, Zahnbürstenbaum.

Vom dauernden Kriechen durch Dornbusch und Unterholz bestand Matukos Kleidung stets bald mehr aus Löchern denn aus Stoff. Ich glaube, daß seine Haut von innen her an diesem schnellen Verschleiß mitwirkte, um wieder zu Licht und Luft zu finden, denen sie auf natürliche Weise verbunden war.

Auf die Gefahr hin, meine Leser zu langweilen, habe ich Matuko deshalb so ausführlich beschrieben, weil er von allen Menschen schwarzer Hautfarbe, denen ich in Afrika, Amerika und Europa begegnete, derjenige ist, dem mein Herz am meisten zugetan war und dem ich viele, viele Stunden ursprünglicher, unmittelbarer und für immer unvergeßlicher Jagd verdanke. Ihm, neben vielen anderen, die ich traf, verdanke ich auch die Einsicht in die menschlichen Qualitäten und Lebensweisen einer Rasse, der sich manche von uns heute noch und in vielfacher Hinsicht zu Unrecht überlegen glauben. Er genoß nicht nur unter seinesgleichen selbstverständliche Autorität.

Für Adam, den ersten meiner weißen Freunde in Kenia und Matukos Herrn und Meister, gab es nur ein Wild, das ihn fesselte und das jede Mühe bis an den Rand der Selbstaufopferung lohnte: den Elefanten. Ein für mich glücklicher Umstand, denn unser Arrangement war folglich sehr einfach: Ich durfte ihn auf seinen Safaris begleiten und hatte, entsprechend den zuvor erworbenen Lizenzen, freie Büchse auf alles jagdbare Wild mit Ausnahme des Elefanten. Schon deshalb beschäftigte ich mich lange Zeit in meinen eigenen Wunschvorstellungen so gut wie gar nicht mit den grauen Riesen. Wie es sich ergab, blieb es dennoch nicht aus, daß ich immer öfter auf Adams Elefantenpürschen mit von der Partie war, zuerst nur als Beobachter im Hintergrund, später dann, nachdem ich meine Bewährungsprobe bestanden hatte, als ›second gun‹, zweiter Schütze. Elefanten bejagt man aus Sicherheitsgründen häufig zu zweit, und das ›second gun‹ ist gelegentlich lebenswichtig.

Adam und Matuko suchten stets unermüdlich, bis sie einen Bullen mit einem Stoßzahngewicht von wenigstens 70 Pfund pro Zahn gefunden hatten, und Adam wäre eher mit blanken Läufen von einer Safari zurückgekehrt, als einen geringeren Bullen zu strecken.

Der erste Elefant, dessen Erlegung ich miterlebte, war ein solcher Siebzigpfünder. Er hatte eine Spur Wind von uns bekommen, konnte uns aber nicht genau lokalisieren. Mit wütendem Trompeten zog er hin und her und schließlich mit eingerolltem Rüssel und abgewinkelten Ohren auf Adam zu. Bei einem ernstgemeinten Angriff trägt der Elefant den Kopf tief und die Ohren halb aufgestellt. Der Rüssel ist hierbei fast immer unter der Brust versteckt. Nur manchmal trägt er den Rüssel bei einem solchen Angriff hoch, wenn er Wind zu holen versucht, und läßt dabei dann oft auch ein grelles, kreischendes Trompeten hören. Auch beim Scheinangriff trompetet er zumeist, die Ohren sind jedoch dabei nicht angestellt, sondern flappen wild vor und zurück, so, als ob sie dem Gegner zusätzlich Angst einflößen sollten.

Im Schuß brach das riesige Tier schlagartig zusammen. Das einzige Bild, das sich in unserer zivilisierten Welt als annähernder optischer und akustischer Vergleich für das Zusammenbrechen eines Elefanten finden ließe, wäre die Sprengung eines Wohnblocks, dieses für Sekundenbruchteile leichte Anheben des gesamten Komplexes und das unmittelbar darauf erfolgende dröhnende In-sich-Zusammenfallen. Wenn ein Elefant mit tödlicher Kugel kurz vor einem fällt, dann meint man wirklich und ohne Übertreibung, die Erde bebe.

Natürlich fotografierte ich den grauen Koloß von allen Seiten, und als ich mich selbst, an eins der großen Ohren gelehnt, von Adam fotografieren lassen wollte, hob dieser plötzlich mit einem Ausdruck des Erschreckens den Kopf vom Sucher und schrie: »Weg! Der Elefant lebt noch!« Mit einem Riesensatz sprang ich zur Seite und sah im Umdrehen, wie sich das Auge des Tieres ganz langsam öffnete, schloß und wieder öffnete.

Unsere schwarze Crew war verschwunden, als hätte sie der Boden verschluckt. Anscheinend hatte Adams Kugel das Gehirn nur gestreift. Der Elefant war paralysiert, aber ganz offensichtlich noch am Leben. Aus ähnlichen Situationen heraus sind schon entsetzliche Unglücke passiert, wenn das getroffene Tier sich überraschend erholt hatte und wieder auf die Säulen gekommen war. Deshalb schießen viele gerade der erfahreneren Großwildjäger auf Elefant und Büffel sofort noch einmal aus kürzester Entfernung nach, selbst wenn das Stück verendet scheint. Das Gehirn des Elefanten ist im Vergleich zu dessen Größe sehr klein. Aus jeder Schußposition muß seine Lage erneut und gewissenhaft berechnet werden. Und dennoch kommt es immer wieder einmal vor, daß man sich bei dieser Berechnung vertut, zumal bei Frontalschüssen. Verfehlt die Kugel aber das Gehirn, verliert sie sich ohne sonderliche Wirkung in dem bienenwabenartigen Aufbau des riesigen Schädels. Der Elefant verendet an solch einer Wunde, wenn überhaupt, erst sehr viel später nach Einsetzen der Wundinfektion und ist, wenn nicht nachgeschossen werden kann, für den Schützen zumeist verloren.

Auch wenn ein solcher Schuß weniger elegant ist als der ins Gehirn, dürfte für den vom Jagdfieber geplagten Anfänger der Schuß auf das sehr große, im unteren Drittel des Wildkörpers halb hinter der vorderen Säule (Ellenbogengelenk) liegende Herz, die Blattschaufel oder den Hammer die bessere Wahl sein. Oft machen auch die Umstände – Deckung, Entfernung, Schußwinkel – einen solchen Schuß erforderlich, der jedoch nicht schlagartig tötet, vom Herzschuß abgesehen den Elefanten aber fast immer zusammenbrechen läßt und so reichlich Zeit zum Nachschießen gewährt. Über Schüsse in Notsituationen werde ich später noch sprechen, ebenso wie über eine von zwei Leuten gleichzeitig angestellte, also zweifache Fehlberechnung beim Schuß auf das Hirn.

Zurück zu dem paralysierten Elefanten. Adam hatte die .458 entsichert und schoß, sobald ich weit genug von diesem entfernt war. Das kleine Auge wurde starr, der Elefant war nun wirklich verendet.

Ich hatte Adam einmal gesagt: »Ich kann mir einfach nicht vorstellen, daß ein schweres Teilmantel-Geschoß aus einer Hochrasanzwaffe nicht in den Elefantenkörper eindringen soll!« Ich führte damals Adams .338, ein Kaliber, das, grob gesagt, unserer 8×68S entspricht. Aus dieser Büchse verschoß ich die Silvertip-Geschosse von Winchester mit, wenn ich mich recht erinnere, 250 und 300 grains (wobei 1 grain 0,0648 Gramm entspricht). Diese Geschosse zeigten auf Großantilopen hervorragende Wirkung.

Die Gelegenheit für eine Probe aufs Exempel war günstig und schon deshalb nicht uninteressant, weil ich ja mittlerweile mit meiner .338 in der Gegend herumhampelte, wenn Adam einem Elefanten die Kugel antrug. Ich schoß dem Elefanten also aus nächster Nähe auf den Träger und mußte nicht ohne Erschrecken feststellen, daß die hohe Energie des Geschosses sich schon wenige Zentimeter unter oder, wohl besser, in dessen dicker Haut aufgebraucht hatte. Man hätte ebensogut mit einem Stein nach dem Elefanten werfen können. Eine Warnung für alle, die geneigt sein könnten, die Leistung ihrer Hochrasanzwaffe auf Dickhäuter mit der TM-Patrone zu überschätzen. Sie ist gleich Null!

Auf Grund dieser Erfahrung entschied ich mich später auch beim Büffel für den ersten Schuß mit dem Vollmantelgeschoß, obwohl die Verhältnisse hier sicher anders liegen. Auch das Brenneke TUG, 19 g, zum Beispiel, durchschlägt beide Blätter eines Büffels und braucht sich erst (wie das Vollmantelgeschoß) auf der anderen Seite unter der Decke auf. Im Büffel-Kapitel werde ich darüber mehr sagen.

Auf jeden Fall vermochte ich nach diesem Erlebnis die Büchse mit dem Kaliber .338, für die ich keine Vollmantelpatronen besaß, auf der Elefantenjagd nicht mehr als Schutz anzusehen. Ich ließ sie deshalb das nächste

Mal, schon um beweglicher zu sein, im Zelt zurück. Zumal auch deshalb, weil man auf anderes Wild eh nicht schießen kann, wenn man der Fährte des empfindlichen, scheuen Elefanten nachhängt oder Elefanten, die man bejagen will, in der Nähe weiß. Im Gegensatz zu unserem und auch dem meisten anderen afrikanischen Wild weiß der Elefant den Bezug zwischen Schußknall und Gefahr sehr wohl herzustellen oder verbindet diesen zumindest mit seinem einzigen Feind, dem Menschen, was ihn veranlaßt, so weit wie möglich fortzuwechseln.

Bei dieser nächsten Gelegenheit also pürschte ich mit Adam, Matuko und einigen Somali-Kundschaftern, die wir im Norden Kenias angeheuert hatten, drei im niedrigen Buschwerk stehende Elefantenbullen an. Adam verfuhr bei der Jagd auf Großwild stets nach der Maxime: So dicht heran, wie es irgend geht, und dann nochmal zehn Meter! So rückten wir den drei nach der Morgenäsung sorglos vor sich hin dösenden Kolossen so dicht auf, daß wir buchstäblich in ihrem Schatten standen und schräg zu ihnen aufsehen mußten. Die sehr vorsichtigen Somalis waren schon lange zurückgeblieben.

Während ich als letzter hinter Adam und Matuko herkroch, verhielt ich auf dem Wechsel, auf dem wir pürschten, die Elefanten vor mir, Adam und Matuko zu meiner Linken. Mit einer sehr bestimmten Handbewegung winkte Adam mich zu sich heran, zu meinem Glück, wie wir noch sehen werden. Unmittelbar vor uns standen die drei grauen Berge und klappten im Halbschlaf langsam und rhythmisch mit ihren großen Ohren. In ihren Mägen rumpelte und pumpelte die Verdauung. Ihr Stallgeruch schlug uns schwer in die Nase. Sie waren völlig vertraut und ohne jegliche Vorahnung.

Ich sah aus dem Augenwinkel Adam unendlich behutsam einen Schritt vor, dann wieder zurück und zur Seite treten, sah, wie er den Schußwinkel kalkulierte und schließlich ganz langsam die schwere Büchse hob. In solchen Augenblicken, angesichts einer in ihrem Ausmaß kaum noch kalkulierbaren Gefahr, hilft allein Fatalismus und die Hoffnung, daß man im entscheidenden Augenblick schnell genug rennen und Haken schlagen kann. Ohne Haken hätte man bei einer Laufgeschwindigkeit des Elefanten von etwa 38 km/h sowieso keine Chance zu entkommen. Am wichtigsten in solchen Augenblicken aber ist, daß man unter Wind bleibt oder wieder unter Wind kommt und möglichst kein Geräusch macht. Der Elefant ist kurzsichtig und auf Grund seiner sehr weit seitlich im Haupt stehenden Lichter auch nicht in der Lage, seinen Blick auf ein direkt vor ihm befindliches Objekt einzustellen. Er äugt so unglaublich schlecht – selbst bei hellem Sonnenlicht vermag er einen Menschen auf über 20 Meter Entfernung nicht mehr als solchen zu erkennen –, daß ihm sein Auge bei der

Verfolgung eines Gegners kaum eine Hilfe ist. Rüssel und Ohren sind es jedoch um so mehr.

Meine Nerven waren zum Zerreißen angespannt, jeder Muskel war auf sofortige Flucht programmiert. Ich kam mir nackt vor ohne Waffe. Da brach der Schuß, und mit dumpfem Dröhnen krachte einer der drei Bullen, im letzten Sekundenbruchteil des Stehens schon verendet, unmittelbar vor uns zu Boden. Im selben Augenblick riß es die beiden anderen nach rechts, genau dorthin, wo ich Minuten zuvor, vor Adams energischem Wink, mein Standquartier hatte aufschlagen wollen. Alles lief so blitzartig ab, soviel schneller, als ich es mir hatte vorstellen können, daß ich mit einiger Wahrscheinlichkeit überrannt und in den Boden gestampft worden wäre, hätte ich den kritischen Platz nicht rechtzeitig verlassen. Der erlegte Bulle trug ebenmäßige Stoßzähne von um die 80 Pfund auf beiden Seiten. –

Adams Kundschafter hatten die Nachricht nach Nairobi in seine Stadtwohnung gebracht, daß sich auf dem Nordufer des Tana, nordwestlich von Garissa, ein gewaltiger Bulle fährtete. Der Tritt eines starken Elefantenbullen mißt etwa 45 bis 50 cm im Durchmesser und zeichnet sich dadurch aus, daß er ›verwaschen‹ wirkt. Je älter ein Elefant nämlich wird, desto mehr schleifen sich die runzligen Fettpolster seiner Sohlen ab und hinterlassen dann statt deutlich ausgeprägter Abdrücke ein nahezu konturloses Bild. Um das auf dem zumeist harten Boden Afrikas in Einzelheiten und Feinheiten zu erkennen, bedarf es allerdings des geübten Auges afrikanischer Fährtensucher. Der Europäer nimmt oft nicht viel mehr wahr als den beeindruckenden Umfang der abgedrückten Sohle.

Das Ziel für unsere nächste Safari, bei der ich erstmals als ›second gun‹ an der Elefantenjagd teilnehmen sollte, stand also fest, und am Tag nach dem Eintreffen der günstigen Nachricht verließen wir Nairobi.

Vom ersten Morgengrauen bis zum Mittag, in die Gluthitze der Tagesmitte hinein, suchten wir tagein, tagaus im trostlosen grauen Dornbusch auf dem staubartigen roten Sand nach der Fährte des gewaltigen Bullen. Es war dies das trostloseste Gebiet Kenias, in dem ich je gejagt hatte, aber gerade deshalb Elefantenland.

Einmal hatten wir mehrere Bullen vor uns, die wir nicht genau anzusprechen vermochten. So schnell wir konnten, liefen wir mit dreiviertel Wind neben ihnen her, um sie zu überholen und ihnen den Wechsel abzuschneiden – to cross the T, den Querstrich des T ziehen, sagen die Jäger in Afrika dazu. Es gelang, und plötzlich wechselten die Bullen, es waren vier, in dem jetzt offenen Gelände direkt auf uns zu. Hastig drückte ich mich in einen einzeln stehenden, niedrigen Busch. Dornen bohrten sich schmerzhaft in Rücken und Spiegel, und mein Herz schlug im Hals, als die vier Riesen in ihrem langsamen, aber zügigen Troll direkt auf mich zuwechselten. Zwei der Bullen schienen überdurchschnittlich, der Alte aber war mit Sicherheit nicht unter ihnen.

Vorsintflutlich in ihrer massiven Urgewalt, wie plötzlich aufziehende graublaue Gewitterwolken, die sich für Sekunden vor das tiefe leuchtende Azur des afrikanischen Himmels schoben, wuchteten die vier Kolosse näher und näher, dann wichen sie mit der ziehendem Wild eigenen Selbstverständlichkeit dem Hindernis Busch in ihrem Wechsel aus und trollten auf wenige Meter rechts an mir vorbei. Ich weiß nicht, was in dieser Situation geschehen wäre, wenn sie mir auf die gleiche kurze Entfernung links des Busches unter Wind gekommen wären. Auf jeden Fall hatte ich mich für Sekunden verdammt klein gefühlt und wirkliche Angst gespürt, um so mehr, als ich bei dem beschriebenen Manöver aus irgendeinem Grunde die Waffe im Wagen gelassen hatte.

Die Engländer, oder sind es die Amerikaner, charakterisieren eine solche Situation sehr treffend: To be caught with one's pants down – mit heruntergelassenen Hosen überrascht werden. In der Tat, das war es. Adam und Matuko hatten weiter abseits Deckung gefunden und mit etwas gemischten Gefühlen den Vormarsch auf mich betrachtet. »Wir hätten dich gerächt«, versicherte mir Adam treuherzig.

Dann kam der Morgen, als im ersten Dämmergrau des Tages Matuko tief auf die Knie sank und in dem Wirrwarr von Fährten einer vor kurzem hier durchgezogenen Herde ehrfurchtsvoll auf einen Abdruck wies, der alle anderen neben ihr fast zwergenhaft erscheinen ließ – Mzee, der Alte. Wir hatten seine warme Fährte gefunden!

Die Herde war in den Wind gezogen, und so nahmen wir umgehend die Verfolgung auf. Kilometerweit war der Verband ohne zu halten zügig gewechselt, kaum daß ab und zu Losung in der Fährte lag. Durch Hineingreifen in den noch warmen Dung versuchten Matuko und unsere anderen Kamba immer wieder seine Liegedauer und den Abstand zur Herde zu bestimmen. Aber obwohl wir im Eilschritt marschierten und streckenweise trabten, kamen wir dieser keinen Schritt näher. Die Sache wurde zum Vabanquespiel, denn wenn die Herde auf der Wanderung sein sollte, konnte es durchaus sein, daß sie bis zur Dämmerung unaufhaltsam viele, viele Kilometer wechseln würde. Dies befürchteten wir auch deshalb, weil das Gelände, durch das sie zog, offen war, keine Deckung und kaum Äsung bot.

Gegen Mittag, die Hitze war inzwischen unerträglich geworden, waren die Elefanten eine Zeitlang hin und her getreten und hatten an vereinzelt stehenden Baobabbäumen und von dem niedrigen Strauchwerk geäst. Vorübergehend hatte sich der starke Bulle, anscheinend begleitet von einigen schwächeren, auch von der Herde getrennt, war später aber wieder zu ihr gestoßen. All dies festzustellen, hielt uns natürlich zusätzlich auf, so daß wir es einfach nicht schafften, über Tage zu den Elefanten aufzuschließen.

Inzwischen hing uns die Zunge zum Halse heraus. Die Lippen waren rissig, der Körper brannte vom Salz des Schweißes, und das mitgeführte Trinkwasser war widerlich lauwarm und muffig geworden. Die Strapazen des Eilmarsches durch die Hitze begannen an die Substanz zu gehen. Bis zum Nachmittag waren wir 25, vielleicht auch 30 Kilometer gelaufen, ich war in Stumpfsinn verfallen und trottete nur noch meinen Fußspitzen nach. Die Schulter war wundgescheuert vom Gewehrriemen, und der Rücken schmerzte. Immer wieder aber gab uns der gelegentliche Anblick der starken Fährte, einmal auch die überdimensionale Losung des alten Bullen neuen Auftrieb und riß uns weiter nach vorn.

Am späten Nachmittag sahen wir vor uns am Horizont dichten, hohen Busch, wie er entlang der trockenen Flußbetten zu finden ist, in denen die Elefanten nach Wasser graben. Adam und Matuko blickten sich an und nickten sich mit einem in ihren staubverkrusteten Gesichtern grimassenhaft wirkenden Grinsen zu. Es schien, als sollten wir doch noch ans Ziel kommen. Nun aber begann ein Wettlauf mit der Zeit, denn bis zu dem vor uns liegenden Buschwald war es noch weit. In wenigen Stunden aber würde sich die Dämmerung über das Land senken. Wir mobilisierten die letzten Reserven, und mehr laufend als gehend näherten wir uns der Dekkung. Bald konnten wir schon die Stämme der weit ausladenden Schirmakazien erkennen, und kurze Zeit später wehte von dort auch das Trompeten von Elefanten zu uns herüber. Noch einmal prüften wir den Wind, holten vom Wechsel weg etwas nach links aus und erreichten vielleicht zwei Stunden vor Einbruch der Dunkelheit die ersten Bäume.

Knapp dort angelangt, hörten wir auf breiter Front vor uns die vertraut äsende Herde, das Krachen heruntergerissener Zweige, das Rascheln der Blätter und das Grummeln aus vielen großen Mägen. Dazwischen tönte das Quietschen von Jungtieren und das gelegentliche fröhliche Trompeten älterer Tiere. Deutlich war jetzt auch die warme Witterung der Elefanten wahrzunehmen.

Mit dem Eifer von Kindern, die ein schwieriges Wort buchstabieren, untersuchte unsere Mannschaft den staubtrockenen Boden, um die Fährte des starken Bullen wiederzufinden. Es gelang. Während der Rest der Crew zurückblieb, trat ich gemeinsam mit Adam, Matuko und einem jungen, uns begleitenden Griechen, der Elefanten fotografieren wollte und sich weisungsgemäß etwa 30 Schritte hinter uns hielt, auf der Fährte des alten Bullen in den Schatten des Bestandes.

Diana war mit uns. Ich konnte auf dem harten Boden schon längst keine Fährten mehr erkennen, und so glaubte ich eine Erscheinung zu haben, als wir plötzlich und für mich völlig überraschend auf kurze Entfernung dem Bullen gegenüberstanden.

Nie zuvor und nie wieder hat ein Tier einen so gewaltigen, so überwältigenden Eindruck auf mich gemacht. Vor uns stand, spitz zu uns und abseits der Herde, groß wie das sprichwörtliche Scheunentor, auf seine wuchtigen, weit geschwungenen und bis zur Erde reichenden gelblichen Stoßzähne gestützt, vor sich hin dösend der alte Bulle. Seine riesigen grauen Ohren, seitlich abgestellt und in kaum merklicher Bewegung, ließen ihn noch gewaltiger erscheinen. In den Runzeln und Runen seines grauen Schädels offenbarte sich die Würde des Greises. Rechts des Alten und hinter ihm rumorten seine Askaris im Busch und rissen krachend Zweige aus den Kronen der Bäume, ohne daß ihn dieses Geräusch in seiner majestätischen Ruhe irgendwie gestört hätte.

Immer wenn ich seither an diesen Elefanten gedacht habe, dann sprengt sein Bild jeden Rahmen. Er türmte sich über uns, nach oben und zu den Seiten hin, ein Bild alles beherrschender Urkraft und unangefochtener Souveränität.

Matuko war zu Boden geglitten, Adam und ich aber näherten uns geräuschlos, mit fließenden Bewegungen dem schlafenden Bullen. Etwa 15 Schritte vor ihm setzten wir uns Schulter an Schulter nieder. Adam führte seinen alten Winchester-Repetierer im Kaliber .458, ich eine Doppelbüchse gleichen Kalibers, ein bildschönes Gewehr, das ich im Auftrag von Adams Bruder Andrew bei Fanzoi in Ferlach hatte anfertigen lassen. Wir hatten abgesprochen, auf Adams Zeichen gemeinsam zu schießen.

Fest lagen die schweren Gewehre in der Schulter, die Läufe zeigten im Winkel von etwa 45 Grad nach oben, die Ellenbogen waren auf den Knien abgestützt. Auf Adams leise gemurmeltes »Now!« brach donnernd unser beider Schuß wie einer.

Das schwere Haupt des Elefantenbullen flog wie von einem Dampfhammer getroffen nach hinten zurück, der Rüssel peitschte in die Luft, und die gewaltigen Stoßzähne ragten einen Augenblick lang in den Himmel. Um uns brach die Hölle los. Den Elefanten vor uns aber riß es nach rechts, und als hätten wir lediglich mit Mottenkugeln nach ihm geworfen, jagte er in wilder Flucht davon.

Unmittelbar nach der Schußabgabe waren Adam und ich aufgesprungen. Von den Ereignissen überrascht – ich hatte sicher mit dem schlagartigen Zusammenbrechen des Bullen gerechnet –, warf ich diesem überhastet und mehr instinktiv als gezielt meinen zweiten Schuß nach und faßte ihn auf dem Träger, während neben mir Adams Büchse zweimal in schneller Folge dröhnte und seine Kugeln den davonstürmenden Bullen im Brustraum trafen, eine davon, wie wir später feststellten, das Herz.

Vielleicht 150 Meter vor uns und für uns unsichtbar, krachte der Bulle zu Boden. Unmittelbar darauf klang von dort das gellende Trompeten eines seiner Askaris zu uns herüber. Gleichzeitig ließen rings um uns die trommelnden Säulen der davonstürmenden Herde den Boden erzittern. Es war ein Inferno. Jeden Augenblick erwarteten wir von einem der in Panik durch den Busch rasenden Tiere zu Boden gerissen zu werden. Es dauerte Minuten, bis Ruhe eintrat.

Dann endlich konnten wir mit nachgeladenen Gewehren nach dem Bullen sehen. Knapp aber hatten wir uns diesem auf vielleicht 80 Gänge genähert, als uns der Askari mit wütendem Trompeten annahm. Fast gleichzeitig schossen wir über sein Haupt hinweg in die Kronen der Akazien. Der junge Bulle drehte ab, aber nur, um zu dem gefallenen Alten zurückzukehren. Als wir noch einmal versuchten, uns diesem zu nähern, griff er erneut an, gab jedoch seinen Angriff auf, sobald wir davonrannten.

Das Spiel wurde ermüdend, die Zeit knapp. In etwa einer Stunde mußte es dunkel sein. Der junge Bulle aber wich nicht von der Seite des Alten. Da kam Matuko, wie so oft, die rettende Idee. Wir zündeten ein Feuer an, und was unser Schießen und Schreien nicht vermocht hatten, der Geruch des Rauches, das Feuer, vor dem Elefanten panische Angst haben, trieb den treuen, tapferen Askari endlich in die Flucht.

Minuten später standen wir vor dem verendeten Alten. Es ist müßig, die Gefühle beschreiben zu wollen, die den Jäger in einem solchen Augenblick bewegen. Bei allem Jubel kam ich mir klein vor, sehr, sehr klein.

Unsere beiden ersten Kugeln saßen eine Daumenbreite auseinander in der Mitte des Schädels zwischen den Lichtern. Beide hatten wir auf Grund der steilen Stellung des Hauptes den Schußwinkel falsch berechnet und das Gehirn mit großer Wahrscheinlichkeit unterschossen, ein Fehler, der tödlich hätte sein können. Die doppelte Wucht der 30-Gramm-Geschosse aber hatte genügt, den Elefanten zur Seite und von uns wegzureißen.

Wir sahen uns nach unserem tapferen Fotografen um. Er war fluchtartig in die offene Savanne zurückgekehrt, nachdem er den ersten Blick auf den riesigen Elefanten geworfen hatte. Was für eine vertane Chance! Ich werde ihm nie verzeihen, daß sein Mut nicht wenigstens für ein schnelles ›Klick‹ gereicht hatte, aber, wenn ich's recht überlege, vielleicht wäre dieses eine ›Klick‹ für das feine Ohr des Elefanten ein ›Klick‹ zuviel gewesen und hätte uns alles verdorben.

Nach den Strapazen der Verfolgung und der Hochspannung der Jagd kam jetzt, fast mit der Wucht eines Hammerschlages, das Entsetzen beim

Jagdbarer Defassa-Wasserbock, in Färbung, Größe und Körperbau unserem Rotwild ähnlich

Mit dem Berufsjäger Saidi Kawana an dem alten Büffel aus der Selous

›Bushbuck Corner‹ in meinem Afrikazimmer

Gedanken an den endlosen Weg zurück. Das Wasser war aufgebraucht, gegessen hatten wir den Tag über auch nichts, und die Beine waren schwer wie Blei. Aber, was half's, wir mußten zurück.

Gerade hatten wir uns im letzten Licht über einen an den Wald grenzenden Hügel geschleppt, da schnurchelte vor uns aus dem Dämmer wie Sphärenklang der Motor unseres Toyota. Ich hätte Abdullah, unseren Fahrer, küssen können. Der Gute war uns im Abstand von einigen Kilometern den Tag über gefolgt und hatte, nachdem der Hall unserer Schüsse an sein Ohr gedrungen war, den Motor angeworfen, um schnurstracks in deren Richtung aufzubrechen. Weiter als einen Kilometer aber hatte er sich nicht an den Wald herangewagt, aus Furcht, etwas falsch zu machen.

Selten hat mir ein Sundowner, der erste Drink nach Sonnenuntergang, in Afrika so gut geschmeckt wie an diesem Abend, und nie leuchteten ›Gottes Kühe‹, wie unsere afrikanischen Freunde die Sterne nennen, so strahlend auf ihrer samtdunklen Weide wie in dieser Nacht.

Am nächsten Tag holten wir die Stoßzähne unseres Bullen, und ich sah in der Anspannung seiner Kiefermuskeln, wie unter Adams stoischer Ruhe die Spannung brannte, bis der erste Zahn heraus war und aus diesem der Nerv. Kurz und dick war er, und nun gab es keinen Zweifel mehr – wir hatten einen ›Hundertpfünder‹ gestreckt, den Traum eines jeden europäischen Jägers in Afrika. 105 Pfund brachte der eine Stoßzahn auf die Waage, 103 der andere.

Heute noch bedrückt mich, daß ich diese Stoßzähne, damals noch für vergleichsweise lächerlich wenig Geld, in die Dukka eines indischen Händlers wandern ließ. Adam jedoch brauchte dringend das Geld für die nächste Lohnzahlung, und ich hatte weder die Entschlußkraft noch die Möglichkeit, in einer Bank in Nairobi eine schnelle Anleihe aufzunehmen. Auch war es ja nur zu 50 % mein Elefant. Im Augenblick des Erlebens weiß man nicht, wann ein Film zu Ende ist, immer meint man, er ginge weiter, es käme noch anderes, Gleichwertiges, Besseres (?) nach. Und plötzlich ist er zu Ende, und es ist zu spät. Mitnehmen aber können wir sowieso nichts, außer dem, was in die Seele gebrannt ist als unauslöschliche Erinnerung. Alles, was mir von diesem Elefanten blieb, sind ein paar Fotos und das Armband aus den dicken Haaren seines Wedels, von Matuko geflochten. Es wird immer bei mir sein.

Es fiele nicht schwer, an Voodoo, den Zauber des afrikanischen Busches, oder an einen Shauri a Mungu, den Akt schwarzer Götter, zu glauben, wir jedoch nennen nüchtern das, was kurze Zeit später geschah, Duplizität der Ereignisse, auch wenn solche Duplizität, in den knappen Zeitraum weniger Wochen gedrängt, das Mühen zweier ganzer Menschenleben widerspiegelt.

Nur wenige Wochen nach der Erlegung unseres Bullen nämlich schoß Andrew, ebenfalls von Matuko geführt, bei Sosoma, etwa 90 Meilen westlich von Garissa (damals Jagdblock 34), einen noch weitaus gewaltigeren Elefanten mit langen, ebenmäßigen Stoßzähnen von 126 und 131 Pfund, Längen von 2,74 Meter und 2,82 Meter und einem Umfang an der Zahnbasis von 54,9 cm, eine wirkliche Spitzentrophäe wie sie heute kaum noch irgendwo erbeutet werden dürfte. Diese Zähne existieren noch und werden im Keller einer Bank in Nairobi aufbewahrt.

Oft hatten wir beim Angehen der Herden Begegnungen mit Elefantenkühen. Außer in der Brunft sind Kühe gemeinhin gefährlicher als Bullen, besonders wenn sie Kälber führen. Nach einer Tragzeit von 22 bis 24 Monaten, der längsten aller Säugetiere, ist die Bindung der Elefantenkuh an ihr Kalb, das vergleichsweise winzig, etwa 90 kg schwer, gesetzt und zwei Jahre lang gesäugt wird, ungewöhnlich innig. Eine Elefantenkuh würde wohl nie ihr Kalb aufgeben, und sie verteidigt es in Gefahr mit der gleichen Wildheit und Heftigkeit, die wir bei uns von den Bachen kennen, wenn sie sich vor ihre Frischlinge stellen.

Dennoch gehen Begegnungen mit Elefantenmüttern zumeist glimpflich ab. Der Elefant ist ein weises, im Grunde sehr furchtsames Tier, das in der Regel Gefahren sorgfältig abzuwägen und ihnen aus dem Wege zu gehen weiß. Verhält man sich ruhig und zieht sich geräuschlos zurück, dann beläßt es auch die gereizte Kuh zumeist bei Scheinangriffen, mögen diese auch furchterregend genug sein. Notfalls hilft eine knapp über das Haupt geschossene Kugel, die aufgeregte Mutter zur Besinnung zu bringen.

Aber es gibt Ausnahmen von der Regel, zumal in Gebieten, in denen die Elefanten durch Wilderer fortwährend beunruhigt oder auch verletzt werden. Eine davon erlebten Adam und Matuko auf einer unserer gemeinsamen Safaris. Ich bin aus mehreren Gründen dankbar, daß ich an diesem Nachmittag nicht dabei war, sondern allein einem Kleinen Kudu nachstellte, wobei der unwichtigste Grund wohl noch ist, daß ich diesen Kudu tatsächlich erlegte.

Adam und Matuko gerieten an besagtem Nachmittag an eine kleine Herde von Kühen und Kälbern, die Wind von ihnen bekamen. Alles lief ab wie gewöhnlich, wildes Trompeten, Rüsselschlagen, dicke Staubwolken, Scheinangriffe. Die beiden zogen sich vorsichtig zurück. Eine Kuh mit einem winzigen Kalb jedoch gebärdete sich besonders wild und prellte immer wieder vor. Adam schoß über ihr Haupt. Aber auch das half nichts. Mit gellendem Trompeten und der Wut des Wahnsinns in ihren kleinen Lichtern griff die Kuh an, und instinktiv wußten die beiden: Diesmal ist es Ernst! Sie versuchten zu fliehen. Im Umdrehen sah Adam, daß die Kuh nur noch wenige Meter entfernt war. In der nächsten Sekunde war sie über ihm. Zurückspringend warf er sich auf den Boden und schoß im selben Augenblick fast senkrecht nach oben. Die Kugel schlug durch die Kinnpartie der Kuh ins Hirn. Im Zusammenbrechen streifte ihr peitschender Rüsselschlag Matuko und warf ihn neben Adam betäubt zu Boden.

Es war das einzige Mal, daß ich meinen Freund noch Stunden nach einem aufregenden Ereignis, bildlich gesprochen, mit weißer Nasenspitze sah und einen schweigend am Feuer sitzenden Matuko. Man muß dazu wissen, daß kein weißer Jäger in jenen Zeiten ohne wirkliche Not auf eine Kuh, geschweige denn auf eine führende, geschossen hätte. Allein schon das Nachspiel eines solchen Ereignisses bei dem sehr strengen damaligen Chief Game Warden von Kenia, einem Engländer, hätte jeden von ihnen das Fürchten gelehrt. Dazu war auch die Lizenz verspielt, denn diesbezüglich war Elefant Elefant, 100 Pfund Elfenbein oder fünf Pfund. Heutzutage muß man bei der Lizenzabrechnung für jedes Kilogramm Elfenbein zusätzlich zahlen. So gesehen sind auch die sechziger und siebziger Jahre schon wieder die ›gute alte Zeit‹, ein Phänomen, das den Prozeß ständigen Wandels in unserer Welt deutlich macht. Am schlimmsten aber war für einen anständigen Jäger wie Adam das Gefühl, die Mutter vom Kalb weggeschossen zu haben. Denn diese leidenschaftlichen, allein auf Elefanten geprägten Jäger liebten ›ihr‹ Wild wie ihre Kinder.

Wenige Tage nach unserer Rückkehr konnten wir damals in Nairobi der Tagespresse entnehmen, wie ein solches Ereignis auch ausgehen kann. In einem Safaripark vor den Toren der Stadt hatte sich ein Matrose allein einer scheinbar friedlich dastehenden führenden Kuh genähert. Ohne Warnzeichen griff die Kuh unvermittelt und lautlos an, schleuderte den Mann zu Boden, kniete sich auf ihn und riß ihn mit dem Rüssel regelrecht in Stücke. Stumm vor Entsetzen sahen andere Parkbesucher dem Geschehen zu, ohne helfen zu können.

Europäer und Amerikaner sind gewöhnt, erlegtes Wild zu bergen und als Nahrung zu nutzen. Da eine solche Bergung beim Elefanten schwierig, wenn nicht unmöglich erscheint, mag sich der eine oder andere meiner Leser fragen, was eigentlich mit den riesigen Elefantenkadavern nach der Erlegung geschieht, ob oder wie sie der Verwertung zugeführt werden. Das ist unterschiedlich. In den von Mohammedanern besiedelten Gebieten fallen die Kadaver den Hyänen und Geiern zum Fraß. Es ist dabei kaum vorstellbar, wie schnell nach der Erlegung sich Unmengen von Geiern bei den Kadavern einfinden, obwohl zuvor weit und breit kein solcher Vogel zu sehen war.

Man sagt, daß die Geier tagsüber, dem menschlichen Auge kaum noch sichtbar, als winzige Punkte hoch oben im Blau des Himmels kreisen. Hierbei sollen sie wie die Knotenpunkte in einem Koordinatensystem weitflächig, aber in Sichtweite zueinander, über das Land verteilt sein. Nimmt nun einer der Vögel mit seinen unvorstellbar scharfen Augen in seinem ›Planquadrat‹ Fraß wahr, so stößt er nach unten. Wie Wasser, das von allen Seiten über den Rand in ein Gefäß quillt, wenn man dieses unter die Oberfläche drückt, folgen ihm sämtliche in Sichtweite befindlichen Vögel. Ihr Sog zieht wiederum die in Sichtweite zu ihnen kreisenden nach, usw., usw., so daß der in kürzester Zeit erfolgende Massenaufmarsch erklärlich wird. In keinem Fall kreisen die Geier also, wie man annehmen würde, in Schwärmen, die dann als geschlossener Pulk einfallen. Erst über und am Kadaver wird aus ›Individualisten‹ Masse.

Dort aber, wo Stämme leben, deren Religion im Gegensatz zum Islam den Genuß nicht geschächteter Tiere erlaubt, bedeutet das Ende eines Elefanten ein Volksfest mit unvorstellbarer Völlerei. Nach einem ähnlichen System wie bei den Geiern muß sich hierbei die Nachricht von der Erlegung eines Elefanten weiträumig und unwahrscheinlich schnell über das Land verbreiten. Die Afrikanern sonst nicht eigene Hast und Unruhe, die durch das freudige Ereignis alsbald in dessen Umgebung ausgelöst werden, verursachen nach dem Prinzip des ins Wasser geworfenen Steines weitere und weitere Kreise, und über Stunden hinweg wandern wie Prozessionen zum Wallfahrtsort Schlangen von mit Äxten, Pangas (Macheten) und Kisus (Messern) bewaffneter, oft in leuchtend bunte Gewänder gekleideter Menschen eilenden Schrittes zu dem grauen Fleischberg.

Ich hatte wiederholt Gelegenheit, solche Volksspeisungen zu beobachten, und es gibt in unserer Zeit sicher nur noch wenig vergleichbare Massaker dieser Größenordnung. In der Regel sind Afrikaner großzügig bei der Verteilung von Speis und Trank, Elefanten aber scheinen besondere, einmalige Leckerbissen zu bergen, die selbst den Friedfertigsten die guten Tischsitten vergessen lassen. Zu diesen Leckerbissen zählen in erster Linie des Elefantenbullen ›edlere Teile‹. Der Glückliche, der sie erbeutet, erinnert an den großen Hund am Futternapf, von den herumstehenden Kleineren mit traurigen Augen und triefender Lefze neidvoll betrachtet.

Termitengleich wimmelt bald der gesamte graue, mittlerweile zu Ballonform aufgeblasene Kadaver von Menschen, die von allen Seiten versuchen, durch dessen scheinbar aus zähestem Gummi bestehende, runzlige Haut zu den unter dieser verborgenen Köstlichkeiten vorzudringen.

Schließlich hat irgend jemand seine Bohrung erfolgreich beendet und dabei Pansen oder Gescheide gleich mit angestochen. Mit einem schaurigen Knall entweicht die Luft aus dem aufgeblähten Leib. In Windeseile ist das Loch erweitert, und Menschentrauben hängen an den nun herausquellenden Därmen, um möglichst viel des besonders begehrten Darmfetts zur Seite zu schaffen oder an Ort und Stelle in sich hineinzustopfen.

Kaum türmt sich das Gescheide neben dem Elefanten auf, verschwinden schon die ersten Kundschafter in der so entstandenen Höhle, um blutbefleckt, aber fröhlich grinsend mit irgendeiner schlabbernden, wabbernden Delikatesse wieder aufzutauchen. Sofort übernimmt eine der draußen wartenden Manamukis die wertvolle Fracht, und Vater taucht zurück in die Räume, von denen Schiller gesagt hätte: »Da unten aber ist's fürchterlich, und der Mensch versuche die Götter nicht.« Die ›unter Tage‹ in fast völliger Dunkelheit wild mit ihren Kisus vor sich hin werkelnden Pfadfinder aber versuchen sie in der Tat, und es soll, auch wenn ich das selbst nicht erlebte, nicht selten vorkommen, daß einer versehentlich aus dem anderen ein Stück Fleisch heraussäbelt oder diesen zumindest verletzt.

Ein alter Afrikajäger, C.J.P. Ionides, berichtet von einem Fall, in dem ein Mann, unbemerkt von einem anderen, sich irgendwo in den oberen Teil des Elefanten verstiegen hatte. Plötzlich ertastete der Untenstehende über sich im Dunkel etwas, das er für einen besonders leckeren kleinen Appetithappen zu halten schien, der da in der Gegend herumbaumelte, und da Eile mit Weile in solchen Fällen keinen Blumentopf gewinnen kann, hatte er diesen schon mit dem Kisu abgesäbelt, kaum daß die Nervenbahnen die frohe Botschaft zum Hirn geleitet hatten. Sehr zum Mißfallen allerdings des mit lautem Wehklagen herabpurzelnden Bergsteigers und mehr noch, wie Ionides versichert, seiner draußen wartenden Bibis.

In Windeseile ist der Kadaver von innen ausgeräumt, und die faltige Bauchhaut hängt schlaff über die Rippen nach unten, bis auch diese herausgehackt sind und der graue Berg endgültig in sich zusammensackt. Was für Hyäne und Geier bleibt, sind zähe Haut und Knochen. Alles Verwertbare jedoch ist auf den Häuptern der Manamukis und M'totos in alle Richtungen im Busch verschwunden und wird über Wochen hinweg die Bäuche zahlloser Glücklicher füllen. Ich habe am Lagerfeuer unserer Begleiter auch einmal einen Happen Elefant probiert, aber er war, wie Pferdefleisch im Kriege, nicht mein ›cup of tea‹.

Auch im Süden Tansanias hatte ich Gelegenheit, auf Elefanten zu jagen. Mit meinem amerikanischen Freund Ian A. durfte ich damals – leider nur für fünf Tage – als erster Europäer wieder einen Jagdblock in der berühmten Selous-Steppe betreten, die lange Zeit für die Jagd gesperrt gewesen war. Die Selous war ein Wildparadies. Obwohl auch hier, wie wir selbst in den wenigen Tagen unzweifelhaft feststellen konnten, gewildert wurde, offensichtlich jedoch mit Schlinge und Fallgrube und nicht mit der Schußwaffe, war das Wild so vertraut, wie ich es in anderen Jagdblocks nie erlebt hatte.

Der Durchschnittseuropäer macht sich von der Jagd in Afrika in der Regel völlig falsche Vorstellungen. Er kennt das afrikanische Wild nur aus zumeist in den Reservaten gedrehten Tierfilmen, bestenfalls aus den Reservaten selbst, wo es geschützt und vertraut ist. Folglich meint er, daß seine Bejagung ein Kinderspiel und eine im Grunde unwürdige Betätigung sei.

Die Wirklichkeit sieht anders aus. Genau wie bei uns, paßt sich das Wild auch in Afrika sehr schnell wechselnden Bedingungen an, Druck oder Schonung. Ein sehr treffendes Beispiel hierfür erlebte ich wiederholt an der Grenze des Meru-Parks in Kenia. Büffelherden, die wir hier außerhalb des Parks anpürschten, gingen in wilder Flucht in Richtung Park ab, wenn sie uns bemerkten. Knapp hatten sie dessen Grenze überschritten, verhielten sie und begannen friedlich zu äsen oder zogen langsam, nun ohne Anzeichen von Scheu, weiter. Die Pürsch in den Jagdblocks ist also keineswegs einfach, auch wenn sie zumeist auf Grund der höheren Wildbestände und des oft deckungsarmen Geländes schneller zu Erfolg führen mag als bei uns zu Hause. Hinzu kommt, daß es, wie bei uns ja auch, leichter und schwerer zu bejagende Wildarten gibt. Bongo, Riesenwaldschwein, Gelbrückenducker oder Sitatunga zum Beispiel gehören sicher mit zu dem am schwierigsten zu erbeutenden Wild der Welt, und auch einige weitere Antilopen- und Gazellenarten, Büffel, Elefant und die Katzen sind nicht leicht zu bejagen. Relativ leicht ist die Jagd auf die in großen Herden in der offenen Savanne oder Steppe lebenden Antilopen und Gazellen, auf Warzenschwein und Zebra.

Schon bei der Anfahrt von der staubigen Landepiste im Busch zum Jagdlager begegneten wir einem einzelnen mittelalten Elefantenbullen. Vielleicht 100 Meter von der Pad äste er genüßlich von einer Akazie, ohne das Geräusch unseres Wagens im geringsten zu beachten. Wegen der Kürze unseres Aufenthaltes hatten wir nur eine Elefantenlizenz erhalten – heute muß man dafür 14 bis 21 Tage buchen –, und die war mir zugesprochen worden. Vielleicht hat der Leser aus meinen bisherigen Zeilen schon entnehmen können, daß der Elefant nie wirklich eine ›meiner‹ Wildarten war. Er war mir zu groß, zu ehrfurchtgebietend, zu liebenswert und nicht nur in bezug auf die Kosten, die seine Bejagung erforderte, meinen rationalen Denkschemata und finanziellen Möglichkeiten zu weit entrückt, um ihn je wirklich brennend zu begehren. So bin ich auch nie ganz das schlechte Gewissen losgeworden, wenn ich auf einen Elefanten schoß, zumindest galt das für die Zeit nach dem Schuß.

Dennoch bereue ich heute, daß ich damals, ohne zu zögern, meine Lizenz an Ian abtrat. Ich vergab damit nicht nur die einzige Möglichkeit, die ich je hatte, allein einen Elefanten zu erlegen, sondern das, angesichts der späteren Entwicklung, auch noch zu unvergleichlich günstigen Bedingungen. Aber, wie gesagt, wenn das Feuer wirklich gebrannt und ich damals nicht die Hoffnung gehabt hätte, ›ewig, ewig, ewig‹, auch auf Elefanten, weiterjagen zu können, dann hätte ich's wohl nicht getan. Kismet. Mein Wild war der Büffel, und auch in der Selous galt ihm mein Sinnen und Trachten.

Am dritten oder vierten Tag unseres Aufenthalts waren wir in einem Talkessel ein kurzes Stück der frischen Fährte einer kleinen Elefantenherde gefolgt, in deren Wechsel einige achtungsgebietende Sohlenabdrücke standen. Während wir am Hang des Kessels auf dem Boden herumbuchstabierten, zogen die Elefanten im Halbkreis um uns herum und plötzlich in breiter Front auf uns zu. Wunderbarerweise hielt der Wind, vielleicht auf Grund der besonderen Verhältnisse im Kessel. Jedenfalls waren die zwei oder drei Elefanten, die wir im lückigen Bestand ausmachen konnten, völlig vertraut.

An der Spitze des Trupps zog ein alter Bulle, und wir brauchten nicht zweimal zu schauen, um zu wissen: Das ist er! Die langen, nur ganz leicht geschwungenen Stoßzähne streiften vor den Vordersäulen durch das niedrige Gras und strahlten leuchtendweiß in der Nachmittagssonne.

Die Umstände erzwangen die schnelle Entscheidung. Ian pürschte mit Saidi Kawawa, unserem schwarzen Berufsjäger, auf die Elefanten zu, während ich mich am Hang vielleicht 30 Meter hinter und über ihnen hielt. Es war abgesprochen, daß ich nachschießen sollte, falls der Elefant nicht im Feuer läge. Als der Bulle mit den leuchtenden Stoßzähnen breit zog, schoß Ian aufs Haupt. Die tödliche Stelle liegt bei einem solchen Schuß etwa auf halber Strecke zwischen Ohröffnung und Licht und ein wenig über dieser gedachten Linie, abhängig natürlich wiederum vom steileren oder flacheren Schußwinkel, den man einkalkulieren muß. In vielen Naturkundemuseen, so auch im Nationalmuseum in Nairobi, findet man Elefantenschädel, an denen man die Lage des Gehirns näher studieren kann.

Ian hatte sich mit der wie ein Maultier kickenden .458iger Büchse das Mucken angewöhnt und verriß auch diesmal in letzter Sekunde den Schuß nach unten. Saidi Kawawa schoß nach, aber auch sein Schuß zeigte keinerlei Wirkung. In voller Flucht brach der Bulle nach rechts weg und kam dabei auf vielleicht 60 Meter breit an mir vorbei. Adam hatte mir für solche Fälle einen bestimmten Schuß angeraten, den auf das sich gratartig unter der faltigen grauen Haut abzeichnende Rückgrat. Sicher ist ein solcher Schuß nicht schön, ebenso wenig schön wie die Nachsuche eines angeschweißten Elefanten, aber wohl doch dem anderen auf das Kurzwildbret vorzuziehen, auf den Kawawa in solch einem Falle damals schwor und von dem er behauptete, er brächte den Elefanten hinten schlagartig zu Boden. Ein solcher Schuß erscheint mir jedoch aus unserer Sicht genausowenig vertretbar wie der beim Büffel von unseren amerikanischen Freunden gelegentlich empfohlene gezielte Schuß auf die Nieren, es sei denn in einer Situation, in der es um Leben oder Tod geht.

Jedenfalls zog ich mit, kam gut ab und faßte, sicher mit etwas Glück, tatsächlich das Rückgrat des davonrasenden Bullen. In einer riesigen Staubwolke dröhnte dieser zu Boden. Der Rest war Routine. In Ians Fangschuß neigte sich das gewaltige Haupt auf die ausgestreckten Vordersäulen.

Die Stoßzähne des Bullen waren von schönem Ebenmaß, nicht sehr schwer, so etwa 50 bis 60 Pfund pro Zahn, auch nicht sehr dick, aber mit knapp 2,30 Meter von imponierender Länge. Die typischen Trophäenzähne, die sich links und rechts der Eingangstür zum Jagdzimmer so vortrefflich ausnehmen. Ich behielt von diesem Bullen einen seiner tiefbraunen, bis zum Kiefer abgeschliffenen Molaren.

Von Tansania aus kehrten wir zu Adam nach Nairobi zurück, um kurze Zeit später zu einer Elefanten-Safari in das Meru-Gebiet aufzubrechen. Dieses hüglige, parkähnliche Gebiet nördlich des Äquators ist landschaftlich und klimatisch besonders reizvoll und war damals reich an Wild, das aus dem Reservat in die angrenzenden Wälder auswechselte. Der Schwede Adamson hatte hier seine berühmten zahmen Löwen Boy, Girl, Ugas und die ›vier S‹, Susua, Suki, Salli und Shaitani, in die Freiheit entlassen, und wir sahen wiederholt einige von ihnen gähnend am Trail liegen oder diesen unmittelbar vor unserem Wagen kreuzen; herrliche, unvergeßliche Bilder.

Da Ian einen Elefanten schießen und die Zähne natürlich auch legal exportieren wollte, hatte Adam einen ihm bekannten dänischen Berufsjäger verpflichtet, der im Camp schon auf uns wartete. Sven ahnte wohl die bevorstehende Götterdämmerung in Kenia und hatte sich, wie einige andere Berufsjäger damals leider auch, für die ›große Abstaube‹ in Sachen Elfenbein entschieden. So war auch unser ›Deal‹ mit ihm, daß er meine Lizenz für sich übernehmen und lediglich Ian führen würde. Mir war das recht, zumal ich nur halb mitbekam und mitbekommen wollte, was lief.

Als wir im Camp ankamen, trockneten im Schatten bereits die Stoßzähne eines 90- und eines 80-Pfünders, von Sven auf Klientenlizenzen erlegt, nicht gerade ein ermutigender Anblick für den zu führenden Gast. Meine damals dreizehnjährige Tochter Diana begleitete uns auf dieser Safari, und ich konnte der Versuchung nicht widerstehen, ein höchst ›eindrucksvolles‹ Foto im Stil der Jahrhundertwende von ihr zu machen, die Memsahib Kidogo eingerahmt von diesen starken Stoßzähnen.

Meru war ein gesegneter Flecken – sanfte Hügel und sattgrüne Täler, lichte Wälder, Wasser und Fels – ein Platz, der dem Paradies hätte nachempfunden sein können. Nachdem wir einige Tage vergeblich in der falschen Richtung gesucht hatten, fanden wir schließlich das Land der Elefanten und hätten darin tatsächlich fast noch einmal einen hochkapitalen Bullen erlegt.

Die Herde, zu der dieser Bulle gehörte, stand auf einem von hohen Bäumen bedeckten Hügel. Die Hänge jedoch waren so dicht mit Buschwerk bewachsen, daß man nur auf Wildwechseln vordringen konnte. Dreimal trieb uns hier ein Nashorn in die Flucht, sobald wir über Wind kamen. Die beste Beschreibung eines angreifenden Nashorns, von der ich je gehört habe, ist der Vergleich mit einem Jeep, dessen Fahrer mit Fleiß versucht, einen immer wieder ausweichenden, verzweifelt hin und her hüpfenden Fußgänger zu überfahren. Die alten White Hunters sollen ihre Klienten gelegentlich so trainiert haben, um sie auf das früher fast unvermeidliche Erlebnis im Busch vorzubereiten. Heute sind Begegnungen mit Rhinos rar geworden. Wilderer und ihre Auftraggeber, orientalische Potentaten, die an das gemahlene Rhinohorn als Aphrodisiakum glauben, haben dafür gesorgt.

Solange man nicht die Nerven verliert, verlaufen Begegnungen mit Nashörnern normalerweise harmlos, die schnaufenden Tanks rollen ins Leere, und ihre Wut legt sich schnell, sobald sie keine Witterung mehr vom Menschen haben oder keine störenden Geräusche mehr vernehmen. Dennoch geht der Warnruf ›Faru, Faru!‹ besonders im dichten, tunneldurchzogenen Unterholz immer etwas aufs Gemüt und weckt urplötzlich schlummernde Sprinterqualitäten. Die Nashörner sollen übrigens deshalb ständig so gereizt und angriffslustig sein, weil sie an notorisch schlechter Verdauung leiden.

Nach einigem Hin und Her waren wir schließlich diesem Hammel von Nashorn weit genug ausgewichen, um auf den Hügel und an die Elefantenherde zu kommen. Es handelte sich bei dieser um 30 bis 40 junge und mittelalte Bullen, die mit dem Haupt nach außen in einem Pulk zusammengedrängt standen, ähnlich wie Moschusochsen, wenn sie sich einem Gegner stellen. In ihrer Mitte aber befand sich ein einzelner Bulle, der die anderen um Haupteslänge überragte. Hin und wieder sahen wir den Ansatz starker Stoßzähne im Haupt dieses Elefanten aufblitzen, aber es war unmöglich, die Zähne in ganzer Länge zu sehen, ständig war er von den anderen gedeckt.

Schließlich schickten wir Matuko auf einen Baum, und mit Gesten machte er uns klar, was seine Lippen so dicht vor den Elefanten nur lautlos zu formen wagten: »Ndofu mkubwa, mkubwa kabissa!« – »Ein sehr, sehr starker Elefant!«

Anscheinend hatten einige der Tiere die Bewegung vor ihnen doch mitbekommen, wußten sie jedoch nicht genau zu deuten. Dennoch be-

gannen sie unruhig hin und her zu treten, schwenkten aufgeregt die großen Ohren und versuchten mit dem Rüssel nach allen Seiten Wind zu holen. Vorsichtig traten wir ein paar Meter zurück. Matuko hatte inzwischen
Adam ins Ohr geflüstert, daß er glaube, der starke Elefant trage über 100
Pfund Elfenbein auf jeder Seite, und unsere Aufregung wuchs.

Einem entschlossenen Schützen wäre es möglich gewesen, dem starken Bullen die Kugel zwischen Ohröffnung und Licht anzutragen, denn
sein Haupt stand praktisch frei über der ihn umgebenden grauen Mauer
und bot sich wiederholt von der Seite in optimaler Schußposition an. Ian
aber konnte sich nicht zum Schuß entschließen, vielleicht dachte er an seinen Bullen in Tansania, vielleicht auch daran, wie sehr sich ein Gehirn von
nur 30 cm Länge und 17 cm Dicke als vergleichsweise winzige Insel in den
drei Dimensionen des riesigen Elefantenschädels verliert. Möglicher-
weise war es besser so, denn auf die zu erwartende Stampede nach dem
Schuß konnten wir gut verzichten, zumal jüngere Bullen zumeist angriffs-
lustiger sind als alte. Der zusammenbrechende Elefant hätte zudem in der
dichtgedrängten Masse sicher wie eine Sprengbombe gewirkt und diese
fast zwangsläufig nach allen Seiten auseinanderkatapultiert. Dennoch...

Kurze Zeit später enthoben uns die Elefanten jeglicher Versuchung.
Ihre Unruhe hatte sich zunehmend gesteigert, und plötzlich begannen sie,
sich auf uns zu in Bewegung zu setzen. Wir wendeten uns zur Flucht. Einer oder mehrere kamen jedoch sogleich auf unsere Fährte und gingen mit
wütendem Trompeten zum Angriff über. Sven blieb nichts anderes übrig,
als mehrmals über ihre Häupter zu schießen. In panischer Angst wendeten
sie und prasselten davon. Den starken Bullen hatte keiner von uns mehr
gesehen. Eine seltene Chance war vertan.

Gegen Mittag stießen wir auf eine weitere Herde von Bullen, die unter
einer Schirmakazie rasteten. Sie hatten sich im kümmerlichen Schatten
des Baumes, wiederum mit den Häuptern nach außen, im Kreis aufgestellt, und ihre großen Ohren bewegten sich mit der Rhythmik eines Uhr-
pendels völlig gleichmäßig vor und zurück, vor und zurück. Ein unge-
wöhnlicher Anblick, ein Bild absoluten Friedens. Damals wußte ich noch
nicht, daß Elefanten keine Schweißdrüsen haben. Durch das rhythmische
Klappen der von großen Gefäßen durchzogenen Ohren erreichen sie jedoch eine Abkühlung ihres Blutes um rund 6 Grad Celsius. Auch wenn sie
sich mit Wasser bespritzen, werden immer vorrangig die Ohren be-
sprüht, um hier durch schnelle Verdunstung Kühlung des Blutes zu bewir-
ken und diese Kühlung an den Rest des Körpers weiterzugeben.

Alle Bullen waren jung bis mittelalt. Nachdem wir das friedliche Bild
lange genug genossen hatten, zogen wir uns lautlos zurück.

Es war unglaublich, aber am Nachmittag standen wir vor der dritten

Herde männlicher Tiere. Wir schienen das Junggesellenquartier der Elefanten Kenias entdeckt zu haben. Diesmal wurde es ernst, denn unter den etwa 40 befanden sich eine ganze Anzahl älterer Bullen mit Stoßzahngewichten von sicher 80 bis 90 Pfund.

Sven packte das Elfenbeinfieber, und er machte uns flüsternd klar, daß er auf eine seiner Lizenzen mitschießen wolle. Auch Adam wollte unter den ungewöhnlichen Umständen nicht passen. So suchten wir drei Bullen aus, die uns stark genug schienen und ausreichend frei standen. Sie im Auge zu behalten war dennoch nicht ganz leicht, da sich einzelne Tiere der Herde dauernd hin und her schoben und auch die drei Bullen selbst sich bewegten. Die Bullen standen im lichten Hochwald auf der ebenen Fläche eines terrassenförmig sanft abfallenden Hügels. Wir standen im Abstand von etwa 20 Metern voneinander und in etwa gleichem Abstand von der Herde im Gegenhang, etwa in Haupthöhe der Elefanten. Jeder versuchte krampfhaft seinen Bullen im Auge zu behalten und eine Position zu finden, von der aus er freies Schußfeld hatte. Ich stand neben Ian, und wir hatten verabredet, daß er auf das Haupt seines Bullen schießen sollte, während ich gleichzeitig hochblatt schießen würde.

Noch heute wundere ich mich, daß dieses abenteuerliche Unternehmen nicht in einem Fiasko endete. Es hatte auf makabre Weise die Merkmale einer Kontrolljagd, bei der bekanntlich ganze Herden in wenigen Minuten zusammengeschossen werden. Im Rückblick erscheint es mir unerfreulich, und jedesmal, wenn ich daran denke, plagt mich das schlechte Gewissen. Aber damals diktierten die Ereignisse das Geschehen, und keiner konnte sich ihm entziehen, ohne die anderen zu gefährden.

Auf Blickkontakt und ein verabredetes Zeichen hin zählte jeder von uns, während er in Anschlag ging, auf drei, dann begann die Kanonade. Ians Bulle brach nach wenigen taumelnden Schritten zusammen und verendete kurz darauf im Fangschuß, Svens und Adams Bullen gingen mit der Herde den Hang hinunter ab. Den einen fanden wir 80 Metern vom Anschuß, den anderen, zu dem uns die Geier den Weg wiesen, erst am nächsten Morgen. Das Ganze war, wie gesagt, weder schön noch besonders erfreulich gewesen, lediglich symptomatisch für eine Zeit, in der das Afrika von Hemingway und Ruark aufhörte zu sein und das neue begann, ausgerichtet nach den Grundsätzen der Nützlichkeit wie der Rest der Welt. Vielleicht ist man als nur mittelbar an einem Geschehen Beteiligter auch besonders kritisch. Mir jedenfalls hatte das Erlebnis die Freude an der Elefantenjagd verdorben.

Dennoch gehört sie zum Spannendsten und Aufregendsten, was man mit der Büchse in der Hand erleben kann, und eigentlich bin ich froh, daß mich das Fieber nie wirklich packte. Ein Waldelefant, einer dieser tückischen kleinen Faune, die so angriffslustig und schwer zu bejagen sind, hätte mich noch gereizt. Wir hatten ihn immer auf dem Programm, so lange, bis Kenyatta, der Programmgestalter, der uns so viele glückliche Stunden geschenkt hatte, starb, und sein Nachfolger das Stück ›Großwildjagd‹ aus den bereits erwähnten Gründen kurzfristig aus dem Programm nahm.

Leider bedeutete das Absetzen des Stückes – ich sagte es schon – nicht die Rettung des Elefanten, sondern seine eigentliche Preisgabe. Nach dem Wüten der Buren in Südafrika und der rücksichtslosen Elfenbeinjagd der Araber wie auch der alten Kolonialvölker in anderen Teilen des Kontinents mag Altvater Brehm anno 1877 das empfunden haben, was heute, 110 Jahre danach, mit mir sicher viele erneut empfinden, die diesem großartigen, unser Gemüt anrührenden Wild in Savanne und Steppe gegenübergestanden haben, die es zu bewundern und lieben lernten und es nun fast schutzlos einem ungewissen Schicksal ausgeliefert sehen:

»Noch durchziehen zahlreiche Herden der stattlichen Thiere die Wälder Afrikas, aber mehr und mehr lichtet sie der verfolgende Mensch. Wie im Norden und Süden, steht ihnen auch in den Küstenländern des Ostens und Westens und selbst im Inneren von Afrika das Schicksal bevor: ausgestrichen zu werden in der Liste der Lebendigen. «

Mir erscheint es ein Trost, daß die Weisheit und Lebenskraft der grauen Riesen Brehms düstere Prophezeiung so lange überlebte, denn dieser Umstand gibt der Hoffnung Raum, daß ihnen dies auch weiterhin, wenn auch gegen noch geringere Wahrscheinlichkeit als damals, gelingen mag. Denn wenn einmal der Elefant ›ausgestrichen wird in der Liste der Lebendigen‹, dann hat der Mensch den Anspruch verwirkt, Hüter und Wahrer der Schöpfung zu sein.

Buschböcke – eine Liebeserklärung

Als ich ›Out of Africa‹ las, das einfühlsame Buch von Karen Blixen, bei uns bekanntgeworden durch den Film ›Jenseits von Afrika‹, da stellte ich fest, daß vor mir ein anderer bei der Betrachtung eines bestimmten Wildes dasselbe empfunden hatte wie ich. In ihrem Buch schildert Baronin Blixen eine Busch-(Schirrantilopen-)Geiß, die sie Lulu taufte. Lulu wurde ihr als Kitz von Kikuyu-Kindern ins Haus gebracht und erinnerte sie, in ihrer Obhut aufgewachsen, später an die ›weisen, zarten Gazellen am Ufer des Ganges‹, die Heine einmal besang. Ihre Beschreibung dieses kapriziösen, elfengleichen, an die Zartheit Meißener Porzellans erinnernden Waldgeschöpfes ist wie ein Gemälde der Romantik, schwermütig, voller Zauber und Geheimnis und dennoch mit leichter, schwungvoller Hand gemalt. Sie gehört für mich zum schönsten, was je über Tiere geschrieben wurde.

Kein Wunder also, daß Karen Blixen lange vor mir erkannte, was ich beim ersten Anblick dieses scheuen, grazilen Wildes intuitiv genauso fühlte, unvoreingenommen und ohne damals schon die Beschreibung Lulus zu kennen: daß dies wohl die schönste der afrikanischen Antilopen sei – Karen Blixen sagt ›pretty‹, und das ist ein wenig weicher als ›schön‹; ›anmutig‹ käme dem Begriff in unserer Sprache näher, die landläufige Übersetzung ›hübsch‹ wäre zu flach.

Ich weiß nicht, was es ist, das dem Buschbock diese besondere Ausstrahlung verleiht. Bongo, Nyala, Kleiner und Großer Kudu, auch Oryx, Rappenantilope und noch viele andere sind jede auf ihre Art reizvoll, wunderschöne Tiere voller Adel und Anmut. Erfahrene Afrikajäger wie Alexander Lake wußten, warum dessen Antilopen und Gazellen wie erlesene Weinsorten für den Connaisseur den wirklichen Reiz der Jagd auf diesem Kontinent ausmachen. Der durch den Busch hetzende Jäger von heute vermag das nicht immer zu begreifen, oft genug fehlen ihm auch schon die erforderlichen Vorkenntnisse, denn nur was ich kenne, vermag ich zu begehren und zu lieben.

Vielleicht ist beim Buschbock der eigentliche Reiz das Geheimnis des Waldes, aus dem er in der Dämmerung wie ein Schatten tritt und mit dem er, im Gegensatz zu den Antilopen der offenen Savanne, so innig verbunden ist. Vielleicht ist es der dunkle Samt seiner großen Lichter, in denen dieses Geheimnis sich spiegelt, vielleicht sind es die weißen Flecke an Drossel und Stich, die Tupfen auf der Decke, die ihn zum Waldgeist werden lassen – ich weiß es nicht. Vom ersten Augenblick an faszinierte mich der edle Schwung des nicht sehr hohen, lyraförmig gestellten Gehörns mit den ähnlich wie bei Bongo oder Nyala in sich gedrehten dunklen Spießen, gefährlichen Waffen mit nadelscharfen Spitzen.

Ähnlich, wenn auch nicht so ausgeprägt, wie der Kleine Kudu ein Vetter des Großen ist, könnte der Buschbock ein Vetter der heimlichsten aller Antilopen, des Bongo, sein. Er ist jedoch gottlob nicht ganz so heimlich und zeigt sich eher dem geduldigen Beobachter. Fasziniert hat mich weiter, daß das Kupferrot der Decke des jungen Bockes von Jahr zu Jahr stärker dunkelt, so daß der alte Bock fast kohlschwarz wirkt. Schon beim Anwechseln fliegt deshalb der Puls, wenn es nicht rot, sondern schwarz durch das Gewirr der Blätter schimmert. Später hörte ich, daß das Phänomen des Nachdunkelns nicht allgemeingültig ist und vorwiegend für das Hochland gilt. Aber auch nur dort hat die Jagd auf den Buschbock ihren besonderen Reiz.

Ich habe Buschböcke in den Urwäldern und Bambusdschungeln des Hochlands von Kenia, mehr als 3000 m über N.N., bejagt. Die in dieser Höhenlage oft schneidende nächtliche Kälte während der Wintermonate im Juni/Juli, Nebelnässen und Regen, verträgt dieses Wild ohne Schwierigkeit, und ich bin ganz sicher, daß es auch unser zentraleuropäisches Klima vertragen würde. Von allem afrikanischen Wild vermag meine Vorstellung den Buschbock am ehesten und ohne jede Dissonanz in unsere Wildbahnen zu versetzen. Er würde darin sicher nicht exotischer wirken als Damhirsch oder Sika, und er würde unsere Hochwildpalette auf ganz besondere Art bereichern. Ich wünschte, ich könnte jemanden, der Mittel und Raum hätte, ein solches Projekt zu verwirklichen, zu dem Versuch bewegen, den Buschbock bei uns einzubürgern. Ganz sicher würde er diesen Versuch nicht bereuen.

Wir hatten in der Bruthitze des Dornbusches entlang eines ausgetrockneten Nebenarms des Athi auf Elefanten gejagt und waren den Tag über durchgefahren, um ein im Hochland von Kenia südlich des Großen Grabens gelegenes Pachtland meines Freundes Adam zu erreichen, auf dem eine Hütte als provisorische Unterkunft stand. Die Fahrt bedeutete den Wechsel von Meereshöhe in die dünne, kühle Luft bewaldeter Hügel mehrere tausend Meter über dem Meeresspiegel. Es war meine erste Safari mit Adam und das erste Mal, daß ich die sattgrüne Wald- und Wiesenlandschaft des Hochlandes betrat. Aus dichten Laub- und Nadelwäldern steigt sie auf zu den wispernden, gespenstischen Bambusdschungeln, die im Wind ächzen und trommeln und in denen sich die tiefhängenden Regenwolken fangen. Hier ist die Heimat von Riesenwaldschwein und Bongo, der tiefschwarzen Hochlandbüffel und des schwarzen Leoparden.

Diese erste Begegnung ist mir unvergeßlich. Sie führte mich ein in ein Zauberreich, dessen Bann mich nie mehr loslassen sollte. Durch ein weites grünes Tal fahrend, auf dessen Grund ein Bach uns entgegenfloß und dessen Hänge bedeckt waren mit Buschgruppen, näherten wir uns den geschlossenen Waldungen. Die Luft war würzig und erfüllt von Vogelstimmen, dem Gurren der Tauben und dem Krächzen des Tukan.

Ich habe es immer als desillusionierend empfunden, wenn ich über Wälder flog, so dienlich das auch der Orientierung oft sein mochte. Ich sah dann ihre Begrenztheit, und die Erkenntnis dieser Begrenztheit bedrückte mich. Ein Wald ist nur dann voller Geheimnis, Abenteuer und Verlockung, wenn er fremd ist, unbegrenzt scheint, wenn man in ihn eindringt und glaubt, man würde nie an sein Ende kommen. Solch ein Wald lag vor mir, und ich trat in ihn ein wie dereinst Ibikus in den Hain des Poseidon – mit ›frommem Schauder‹.

Die Abenddämmerung – sie kommt schnell und übergangslos in den Tropen – kündigte sich an, als wir in einem Wieseneinschnitt zu unserer Rechten im Dämmerlicht ein einzelnes Stück Wild sahen. Es war weit, und das im linken Hang eines von uns zu ihm hin ansteigenden Rückens stehende Stück schwer anzusprechen. Wenn es das Haupt aus dem Gras hob, sahen wir ein dunkles Gehörn, das weit über die Lauscher nach oben ragte.

»Could be a waterbuck« – »Könnte ein Wasserbock sein«, murmelte Adam neben mir, während er an der Einstellung seines Glases schraubte. »Let's go for him!« – »Gehen wir ihn an!«. Schnell waren die Gewehre aus der Halterung gelöst, und gebückt pürschten wir im Hang, kurz unterhalb des Rückens, aber noch rechts und oberhalb des Stückes, auf dieses zu. Der Wind strich schon hangabwärts.

Was ich im Wagen nicht bemerkt hatte, die Dünne der Luft, überfiel mich jetzt als erschreckend starke körperliche Belastung. Bei jedem Schritt hangaufwärts mußte ich um Atem ringen, und mein ganzer Körper vibrierte. Was ich auch versuchte, meine sonst ruhigen Hände zitterten wie Espenlaub, und es war mir unmöglich, das Glas stillzuhalten. Selbst wenn ich es auf den Knien abstützte, verlieh seine achtfache Vergrößerung dem nun halbwegs gebändigten Tremor noch immer die Dimension eines Seebebens. Der abrupte Wechsel von Klima und Höhe hatte mich getroffen wie ein Faustschlag in den Solarplexus.

Auf halbem Wege zu dem Stück, etwa 200 Meter – das Licht wurde von Minute zu Minute schlechter – stieß Adam, das Glas am Auge, plötzlich zwischen den Zähnen hervor: »My God, it's a bushbuck, a giant bushbuck if there is such a thing! – »Mein Gott, es ist ein Buschbock, ein Riesenbuschbock, wenn's so was gibt!«

Als der Bock aufwarf, sah auch ich jetzt deutlich das in sich gedrehte, zuerst nach innen und weiter oben leicht nach auswärts weisende Gehörn. Es ragte als dunkle Silhouette vor dem hellen Gras wenigstens dreimal, eher jedoch viermal über Lauscherhöhe. Ich wußte damals noch nicht, was für einen hochkapitalen Buschbock ich vor mir hatte, einen Buschbock, wie ich ihn nie wieder sehen sollte, vermochte es nur aus dem Verhalten meines Freundes und unseres Gewehrträgers Matuko zu erahnen. Dieses Ahnen trug keineswegs dazu bei, meine Kondition zu verbessern, die von Meter zu Meter zügigen Steigens sowieso laufend schlechter wurde.

Das Büchsenlicht war im Schwinden, als wir uns dem Bock auf 120 Gänge genähert hatten. Er äste jetzt schräg unter uns, und das hohe Gras zwang mich, im Knien statt im Sitzen zu schießen, ein weiteres Handikap. Ich schlug an – es war unmöglich! Was immer ich versuchte, tiefes Durchatmen oder Atemanhalten, eine meinen ganzen Körper schüttelnde Vibration, die anders, mechanischer war als durch bloße Aufregung verursachtes Zittern, machte es mir unmöglich, den Zielstachel auf dem schwarzen Wildkörper zu halten. So kam es, wie es kommen mußte, um den winzigen Bruchteil einer Sekunde zog ich zu spät ab, als das Absehen nach unten aus dem Stück tanzte.

Der Bock quittierte den Schuß, indem er mit gestreckten Läufen, wie eine Fiedel gebogen, senkrecht nach oben schnellte. Dann ging er mit schwerfälligen Fluchten ab, schräg von uns weg, den Rücken empor, dem Wald zu. Ein hastig nachgeworfener Schuß ging fehl. Sekunden später verschmolz die dunkle Decke mit dem Dunkel des Waldes. Einen Augenblick lang tanzten deren weiße Tupfen noch geisterhaft wie verglimmende Sterne, dann hatte der Urwald den Bock verschluckt.

Beim Schein einer improvisierten Fackel fanden wir am Anschuß einige Spritzer Wildbretschweiß. Die sorgfältige Nachsuche im ersten Morgenlicht erbrachte kein Resultat, auch keinen Hinweis darauf, daß ein Raubtier, Leopard oder Hyäne, die Fährte des angeschweißten Stückes aufgenommen hätte. Der Bock war verloren, wahrscheinlich hinter den Vorderläufen am Brustkern gekämmt.

Selten habe ich mich auf der Jagd in einer ähnlich verzweifelten Situation befunden, einer Situation, in der ich die Kontrolle über meinen Körper vorübergehend verloren hatte. Ich hätte nicht schießen dürfen, ›hätte‹. Der unterlassene Schuß jedoch wäre mir in diesem Fall mit absoluter Sicherheit nachgegangen bis ans Ende meiner Tage. So voller Widerspruch ist der Mensch und wohl insbesondere der Jäger. Die erste Begegnung mit dem schwarzen Waldgeist des Hochlandes aber hatte sich tief in mein Herz gebrannt, und fast schien mir, er hätte es mitgenommen in das Dunkel seiner geheimnisvollen Wälder.

Die Flamingos vom Nakuru-See

Matuko, dem ich viele glückliche Stunden verdanke, mit dem ersten Büffel vom Tana

Der lustige Genti mit dem zweiten Büffel vom Tana

Im Inneren meines Zauberwaldes fanden sich mehrere lichte Seitentä-
ler mit offenen Grasflächen, Buschgruppen und einer Fülle von Blumen,
vor denen die Honigsauger gaukelten. In einem solchen Seitental erlegte
ich meinen ersten Buschbock. Diesmal jagte ich mit Andy Nicolls, dem
anderen meiner europäischen Freunde in Kenia, dessen Pürschkunst und
liebenswerter Persönlichkeit ich schon in meinem Buch ›Schwarze Passion‹ versucht habe, ein Denkmal zu setzen. Andy besaß eine kleine Farm
im Hochland mit einem Farmhaus, das sich in einem Meer purpurrot blü-
hender Bougainvillea und den gelben, blaßroten und lila Blütendolden
von Hibiskus und Rhododendron verlor. Vom Büffelhelm über der Tür
bis zur Leopardendecke auf dem Sofa vorm Kamin entsprach es in jeder
Einzelheit unseren romantischen Vorstellungen eines solchen Hauses.
Vom ersten Augenblick an konnte ich mich seinem Charme nicht entziehen, und noch heute gehen meine Gedanken oft dorthin zurück, auch
wenn die für europäische Farmer immer ungünstiger werdenden Verhältnisse in Kenia meinen Freund und seine Familie schon lange von dort vertrieben haben.

Andys Frau verstand es meisterhaft, in der den Briten eigenen Mischung aus freundlicher Kühle und impulsiver Herzlichkeit eine Atmo-
sphäre zu schaffen, die für den Besucher nach harten Tagen im Busch ihren
schönsten Ausdruck in der Bereitstellung eines English breakfast in all seiner einmaligen Opulenz fand. Die verführerische Skala köstlicher Gerüche reichte vom erdnahen Duft resch gebratenen Schinkenspecks bis zum
Aroma alle Erdenschwere lösender, erlesener Teesorten. Sie hatte es nicht
leicht mit uns. Kurz bevor sie mit ihrem dritten Baby in die Wehen kam,
erlegte ich mit Andy einen Büffel für seine Vorratskammer. Daß es sich
dabei um eine Kuh handelte, war jedoch eine deutliche Konzession an die
besonderen (anderen) Umstände, denn das schlechte Gewissen ließ uns
nicht die Zeit, einen Bullen aus der Herde zu sortieren. Mich bekümmerte
das etwas, doch bin ich sicher, daß ähnliches auf Andy, allein schon aus ku-
linarischen Erwägungen, nicht zutraf.

Meine Erinnerungen an das Licht und die erfrischende Kühle des
Hochlandes, an seine Farben und an seine Stimmen, an seine Menschen,
sind im Laufe der Zeit verklärt. Es war eines der ›wirklichen Paradiese‹,
das die Weißen dort oben verloren. Kürzlich blätterte ich in einem Buch,
in das eine Freundin mir einmal als Widmung die wunderbaren Verse von
den leuchtenden Tagen geschrieben hatte: »Nicht weinen, weil sie vorüber, lächeln, weil sie gewesen.« Mit den Gedanken an Andys Farm irgendwo im Hochland von Kenia und an die Stunden, die ich mit lieben
Menschen dort verbrachte, verbinden sie sich in ihrer Melancholie ebenso
selbstverständlich wie in ihrer Tröstlichkeit. Ganz sicher hatte meine

Liebe zu den Buschböcken auch etwas zu tun mit diesen Eindrücken und Empfindungen, denn das Gelände um Andys Farm, die an meinen Wald grenzte, war Buschbockland.

Über die Erlegung meines ersten Buschbockes ist nicht viel zu sagen, sie war unspektakulär und nur in der Erfüllung bedeutsam, die sie nach dem eingangs geschilderten Desaster für mich darstellte. Als ein besonders heller Stern strahlt sie so zurück aus der Lichterfülle jener Tage.

Wir saßen auf der Schattenseite eines der vorerwähnten Nebentäler und blickten zum Gegenhang hinüber, auf dem die Strahlen der untergehenden Sonne spielten. Als diese über den Horizont sank, wurde etwa 120 Gänge vor uns in einer Buschgruppe der Bock hoch und begann zu äsen. Er war kohlschwarz, und sein seitlich ausschwingendes, dann in sich gedrehtes, steil emporstrebendes ebenso schwarzes Gehörn war stark und von besonderem Ebenmaß. Als der Bock sich breit stellte, schoß ich mit der .338er meines Freundes Adam über das Tal. Das schwere Geschoß riß den Bock von den Läufen. Im blauen Dämmer des sinkenden Abends lag er vor uns, und über die großen dunklen Seher, in denen sich das verglimmende Licht brach, zog sich sehr schnell der Schleier des Todes. Wir saßen schweigend und rauchten, bis sich die Nacht über das Tal breitete. Irgendwoher aus dem Dunkel des Waldes klang das Sägen eines Leoparden zu uns herüber, während im Blättergewirr einer Baumkrone ein Colobus-Affe mit schrillem Schrei des Schreckens aus dem Schlaf fuhr.

Kein anderer meiner später erlegten Buschböcke erreichte das Ebenmaß und die Basisstärke dieses ersten. Ich bin froh, daß ich ihn bei Zimmermann in Nairobi von wirklichen Könnern präparieren ließ. So lebt noch heute im scheu-wachen Ausdruck seiner Lichter das Geheimnis meines Waldes für mich weiter.

Weitaus öfter als mit Böcken hatte ich Begegnungen mit Buschgeißen. Sie sind wesentlich schwächer im Wildbret und weitaus zierlicher. Ihr Träger ist schlank, und die Decke gleicht dem hellen Rot junger Böcke.

Einmal begegnete ich bei der Pürsch im Bambusdschungel einer solchen Geiß. Auf vielleicht 20 Gänge betrachtete ich sie im grünen Dämmerlicht des Bambus durch mein achtfaches Doppelglas. Das Stück hatte das Glas eräugt – vielleicht brach sich das Tageslicht in den Okularen – und äugte starr zu mir her, die großen Lauscher, die seine Zierlichkeit noch unterstrichen, ängstlich nach vorn gestellt. Es mußte die Okulare für die überdimensional großen Seher eines schrecklichen Raubtieres halten, denn ich sah deutlich, wie seine Lichter größer und größer wurden, während panisches Entsetzen in sie trat. Für Augenblicke stand die Geiß paralysiert vor diesem gräßlichen Blick, dann warf sie sich mit einer weiten Flucht herum und jagte wie von Furien gehetzt davon.

Bei einer anderen Gelegenheit lief mich im ersten Morgenlicht auf einem Wechsel im Bestand eine Geiß vor sich hin dösend und völlig vertraut bis auf wenige Meter an. Es gelang mir, rechtzeitig die Minox aus der Tasche zu ziehen und das zauberhafte Geschöpf mehrere Male zu fotografieren.

Meinen stärksten Buschbock schoß ich auf der Farm Kiambogo, die ich später noch ausführlicher beschreiben werde. Ich hatte mir dort, wo das Farmland an den Urwald grenzte, mit Matuko auf einem Baum etwa 50 Meter im Feld einen Hochsitz gebaut, um hier auf Büffel, Busch- und Riedböcke zu passen. In der Buschgruppe am Fuß unseres Hochsitzes lebte eine Dik-Dik-Familie, und ich bin sicher, daß der Stammvater dieser Sippe von hasengroßen Zwergantilopen ganz vorne im ›Rowland Ward‹ aufmarschiert wäre, wenn ich mich hätte entschließen können, ihn zu erlegen. Die winzigen Hörnchen waren mindestens 10 cm lang, und da etwa liegt schon der Rekord. Nachdem ich in diesem Kapitel nun schon zum zweitenmal mit nicht erlegten Superexemplaren aufkreuze, wolle man mir zugute halten, daß ich sehr wohl weiß, daß die Stücke, die man aus irgendwelchen Gründen nicht schoß oder nicht bekam, immer die ›kapitalen‹ sind. Manchmal ist das aber tatsächlich so, und ich bitte mir zu glauben, daß ich mich bei entsprechenden Feststellungen um Objektivität bemühe. Eine nüchterne Beobachtung fällt ja bekanntlich auch um so leichter, je weniger groß die Versuchung ist, zu schießen.

Bei den Dik Diks aber habe ich es nur einmal übers Herz gebracht, eins dieser zierlichen Geschöpfe zu erlegen, und das geschah sozusagen aus ›Notwehr‹ mit der Schrotflinte, als unsere Safari-Crew im leergewilderten Wakambagebiet wegen Fleischmangels begann, mürrisch und unwillig zu werden. Innerhalb einer Minute hatten unsere fünf oder sechs Afrikaner damals das halbgar gebratene winzige Tierchen verschlungen, aber die Stimmung war gerettet.

In der Abenddämmerung zog, fuchsrot, ein geringer Riedbock aus und begann gierig zu äsen, bald danach Buschgeißen und ein weiterer, ebenfalls schwacher Riedbock. Ich fotografierte eifrig, wenn auch leider mit unzureichendem Gerät. Als das Licht begann nachzulassen, schattete es hinter den Randbäumen rabenschwarz vor dem Grauschwarz des Urwalds. Wenig später zog ein starker alter Buschbock mit etwa 40 cm hohem Gehörn, immer wieder verhaltend und verhoffend, mit aller gebotenen Vorsicht zu Felde. Als der Bock freistand, schoß ich. Nach wenigen Fluchten brach er zusammen und war verendet.

Einmal sprang mir, als ich einen jungen Buschbock, einen Küchenbock, hangaufwärts beschoß, beim Anstreichen der Kasten des Mausersystems meiner damals geführten 9,3×64 auf, und mit lautem Geklapper purzelten die Patronen heraus. Peinlich, peinlich, besonders wenn man sich vorstellt, daß solches vor einem annehmenden Büffel oder Elefanten passiert. Den jungen Bock berührte der Vorgang kaum. Er machte den Fehler, ihn mit neugierig vorgestrecktem Träger und erkennbarem Interesse zu beobachten, und das war, wie man im Englischen so schön sagt, sein ›undoing‹.

Meinen, ich würde nur zu gern sagen vorerst, letzten Buschbock schoß ich recht einfach, wenn auch unter etwas schwierigen Bedingungen und, wie es der Zufall wollte, am Waldrand unterhalb des Hanges, auf dem ich den Kapitalen angeschweißt hatte. Überflüssig zu sagen, daß ich seitdem keine Gelegenheit ausgelassen hatte, diese Gegend mit besonderer Sorgfalt zu sondieren, denn wer glaubt nicht daran, daß ein einmal erlebtes Wunder sich wiederholen könnte. So fuhren wir abends erneut langsam das Tal hoch, als Matuko den Bock, jedoch nicht etwa den so schmerzlich verlorengegangenen Vater der Buschböcke, vielleicht 200 Gänge vor uns auswechseln sah. Für uns Europäer war es unmöglich, den dunklen Schemen vor dem Schwarz des Waldrandes mit bloßem Auge auszumachen. Selbst durch das Glas war der Bock nur noch auf Grund seiner Farbe und Stärke als solcher anzusprechen.

Ich glitt aus dem Wagen und hatte zum ersten und einzigen Mal Gelegenheit, das auf meiner Sauer 80 (9,3×64) montierte, ebenso gewichtige wie lichtstarke Zeiss-Glas 2,5–10× im oberen Bereich zu nützen. In diesem war ein einwandfreies Zielen trotz des schlechten Lichtes noch möglich. Sitzend, die Arme auf die Knie abgestützt, schoß ich, und im Schuß verschwand der Bock mit einer weiten Flucht nach vorn im Düster des Waldes. Mir war nicht ganz wohl, aber mehr tastend als sehend fand Matuko den recht braven Bock zehn Minuten später mit sehr tiefem Blattschuß etwa 30 Meter vom Anschuß verendet.

In der Tat, wenn Afrika nichts als seine Buschböcke hätte, es hätte genug, um mich bis ans Ende meiner Tage in seinem lockenden Bann zu halten.

Auf Büffel in Ostafrika

Nachsuchen

Über kein anderes Großwild, den Elefanten vielleicht ausgenommen, ist so viel geschrieben worden wie über den Büffel. Will man über die Technik seiner Bejagung, sein Verhalten, seine relative Gefährlichkeit schreiben, befindet man sich deshalb in ständiger Gefahr, zu wiederholen, was andere längst gesagt haben. Zwar zeigt das Studium der Jagdzeitschriften immer wieder, daß ein solcher Umstand viele Schreiber kaum schreckt, mich jedoch beunruhigt er – zugegeben, vielleicht auch nur deshalb, weil ich über den Büffel sehr viel gelesen habe –, und so will ich mich bei meinem Bericht über Nachsuchen auf dieses faszinierende Wild auf das beschränken, was ich selbst unmittelbar erlebt habe, und seine Charakterisierung den kurzen Stellungnahmen einiger der bekannteren Großwildjäger unserer Epoche überlassen.

Während sich meine Erfahrungen mit Büffeln im wesentlichen mit denen dieser Koryphäen der Großwildjagd decken, sind sie in einem Punkt nicht so absolut. Allgemein wird behauptet, daß im Gegensatz zu anderem angreifenden Großwild, sei es Elefant, Nashorn oder Löwe, der Büffel als einziger nicht durch eine oder mehrere Kugeln in seinem Angriff zu stoppen und zum Abdrehen zu bringen ist, es sei denn, eine solche Kugel würde sofort töten oder zumindest das zentrale Nervensystem lähmen. Ich habe es anders erlebt. Doch davon später.

»Viele Jäger sind der Überzeugung, daß der Büffel Afrikas gefährlichstes Wild ist. Wenn ein Büffel angreift, dann tut er es mit bewundernswürdiger Wildheit und läßt sich durch eine Kugel nicht zum Abdrehen bringen wie das Nashorn oder selbst der Elefant. In der Regel gibt der Büffel seinen Angriff solange nicht auf, bis er verendet ist oder den Jäger getötet hat. Büffel sind außerordentlich verschlagen. Häufig wechselt ein angeschweißter Büffel parallel zur Wundfährte zurück und wartet auf seinen Verfolger. Es kommt jedoch auch öfter vor, daß ein Büffel ohne jegliche Provokation angreift, und man zählt ihn daher mit Recht zu den schwierig zu bejagenden, unberechenbaren Wildarten. Unbelästigt ist der Büffel jedoch zumeist friedfertig, sanftmütig und eher scheu.«

J.A. Hunter in ›Hunter‹

»Intelligent und verschlagen, oft im Angriff auf ränkevolle Weise rachsüchtig, zählt der afrikanische Büffel angeschweißt zu den gefährlichsten Wildarten. Wenn er seinen Gegner angreift (was er mit erhobenem Haupt tut, das er erst im letzten Augenblick senkt, um den Gegner emporzuschleudern), kann er kaum durch etwas anderes aufgehalten oder zum Abdrehen gebracht werden als durch eine tödliche Kugel.«

C. T. Astley Maberly in ›Animals of East Africa‹

»Mit enormer Kraft ausgestattet, grobschlächtig, massig und wild in der Erscheinung, ist er (der Büffel) des Einsatzes eines jeden Jägers wert. Von all den mutigen Tieren Afrikas ist er das mutigste. Er ist das eine afrikanische Wild, dessen Mut über jeden Zweifel erhaben ist, und seine Klugheit sowie seine Fähigkeit, jede Gunst des Geländes zu nutzen, stellen selbst den erfahrensten Jäger vor Probleme. Hat der Büffel sich einmal entschlossen zu kämpfen, ist er von diesem Vorhaben kaum abzubringen. Er scheint dann nur noch von einem Gedanken besessen, störrisch, rachsüchtig und tollkühn, und er gibt nicht auf, bis er verendet ist.«

Captain G. Blaine, M. C., in ›Big Game Shooting in Africa‹
erschienen 1932

»Der Büffel ist außerordentlich gefährlich, da er eher geneigt zu sein scheint, ohne Grund anzugreifen, als irgendein anderes Wild.«

W. Buckley in ›Big Game Hunting in Central Africa‹
erschienen 1930

»Sie jagen auf Kaffernbüffel. Sie haben viel über sie gelesen und befinden sich fraglos in Erwartung aufregender Abenteuer. Nun, beruhigen Sie sich. Ihre Chancen stehen etwa 5000:1 gegen eine Begegnung mit einem jener vielbeschriebenen mordlustigen Bullen. Was Sie mit weitaus größerer Wahrscheinlichkeit sehen dürften, sind die schnell verschwindenden Hinterteile hunderter scheuer, furchtsamer Tiere. Zahlreiche Berufsjäger haben viele Jahre lang Büffel bejagt, ohne sich je mit einem ›Rogue‹ (einem bösartigen Büffel) herumschlagen zu müssen. Sollten Sie jedoch das Gück (oder Pech) haben, auf einen solchen zu treffen, dann sind Sie einem gefährlichen Widersacher begegnet. Wenn Sie sich mit dessen Verhaltensmustern nicht auskennen, dann sind jetzt die Karten so gleichmäßig verteilt, wie es bei kaum einer anderen Auseinandersetzung der Fall sein dürfte, die zwischen Mensch und Tier in Afrika denkbar ist.«

Alexander Lake in ›Killers in Africa‹

Aus dem Vorhergehenden läßt sich entnehmen, daß Nachsuchen auf dieses scheue, kluge, den Menschen meidende und dennoch im Ernstfall außerordentlich gefährliche Wild zu den besonderen Höhepunkten im Leben eines Jägers gehören. Kein Wunder also, daß sich die dramatischsten Büffelgeschichten um solche Nachsuchen ranken. Lassen Sie mich, da ich dreimal Gelegenheit hatte, angeschweißte Büffel nachzusuchen, einige weitere hinzufügen – dramatische und undramatische.

Mit Andy oder Adam, aber auch allein mit Matuko jagte ich wiederholt auf der sehr großen Farm eines Südafrikaners, die zu Recht Kiambogo (Platz der Büffel) hieß. Im Buschbock-Kapitel erwähnte ich bereits, daß diese Farm unmittelbar an hügligen Urwald grenzte. Obwohl sie hier mit Zaunpfählen von Telegrafenmastdicke und dicken Drahtseilen abgezäunt war, gelang es den Büffeln immer wieder, diesen Zaun niederzuwalzen und zur Äsung in die Frucht zu ziehen. In Erkenntnis dieser Sachlage hatte der Farmer schon einen breiten Streifen Grünäsung zwischen Getreide und Zaun angelegt. Aber auch dieser hielt die Büffel nur zeitweise von der Frucht fern, war aber bei ihrer Bejagung hilfreich.

Auf einer ›Büffelpatrouille‹ entlang des Weges, der sich zwischen Urwald und Grünstreifen hinzog, stießen Andy und ich eines Abends völlig unerwartet auf eine im Korn stehende Büffelherde. Die Sonne war gerade untergegangen und das Büchsenlicht im Schwinden. Bevor wir die Gewehre von der Schulter hatten, war die Herde bereits in Bewegung und ging im dichten Pulk hochflüchtig breit an uns vorbei in Richtung Urwald ab.

Ich hatte die Büchse im Anschlag, aber es war unmöglich, guten Gewissens zu schießen, da ein Stück das andere deckte. Im buchstäblich letzten Augenblick bekam ich eine einzelne Kuh am Ende der Herde frei, zog mit und ließ fliegen. Wir meinten beide ein Zusammenrucken des Stückes bemerkt zu haben, akustisch ließen sich keine Feststellungen treffen, da Einzelgeräusche im prasselnden Wegbrechen der Herde untergingen.

Wenige Minuten später waren wir am Anschuß und fanden direkt am Rande des Urwaldes einige Spritzer blaßroten Lungenschweißes. Für eine Nachsuche war es zu spät, zumal ich mit einem für Büffel eigentlich zu schwachen Kaliber (.338) geschossen hatte. Immerhin ergibt diese Patrone noch nach einhundert Metern eine Energie von fast 4500 Joule und ist damit beispielsweise der $9,3 \times 74$ R und der 8×68 S feststellbar überlegen. Dennoch dürfte ihre obere Grenze der jagdlichen Verwendung bei der Elen, der schwersten Antilope, liegen.

Es ergab sich glücklich, daß auf Kiambogo eine ziemlich große Meute von Hunden aller möglichen Rassen und Rassenmischungen gehalten wurde, vielleicht noch ein Überbleibsel aus den unruhigen Zeiten des Mau-Mau-Aufstandes, und Andy schlug vor, mit dieser Meute beim ersten Licht des neuen Tages nachzusuchen. Das war aus zweierlei Gründen das beste, was wir tun konnten, denn erstens wäre es bei dem Gewirr von

Fährten der großen Herde sehr schwer gewesen, die Wundfährte zu arbeiten, und zum zweiten waren die Hunde ein nicht zu unterschätzender Schutz, allein schon für den Fall, daß der Büffel, wie es dieses Wild gern tut, parallel zur Wundfährte einen Widergang gemacht und sich neben dieser niedergetan haben sollte.

Der Morgendunst hing noch in den Tälern des Urwaldes, als wir mit unseren kläffenden, knurrenden, zähnefletschenden und an den Leinen zerrenden vierläufigen Gesellen wieder am Anschuß waren. Andy hatte mir seine .375 geborgt, und ich fühlte mich damit zum gegebenen Anlaß weitaus besser ausstaffiert als mit der .338. Die .375, die nur in ihrem Geschoßdurchmesser von 9,5 mm, nicht aber in den ballistischen Werten unsere 9,3×64 übertrifft, ist das Universalkaliber für Afrikas Wild, mit dem man von der Antilope bis zum Elefanten alles bejagen kann.

Am Anschuß geschnallt, fielen die Hunde sofort lauthals die Fluchtfährte an. Wir folgten ihnen in das Dämmerlicht des Urwaldes. Schon nach kurzer Zeit steigerte sich der Ball zum giftigen Crescendo einer undefinierbaren Mischung aus Hetz- und Standlaut. Die Meute war an dem kranken Büffel. Ich hatte Andy gebeten, das kranke Stück allein angehen zu dürfen, und bewegte mich deshalb nun so schnell und so leise wie möglich auf den Ort des Geschehens zu. Dort angekommen, bot sich mir im Gewirr des Unterholzes und unter den schattenden Kronen der riesigen Urwaldbäume ein Bild von seltener Dramatik:

Das Haupt gesenkt, wild schnaubend und immer wieder blitzartig nach einem der Hunde schlagend, drehte sich das angeschweißte Stück im Kreis. Die Kakophonie der Geräusche spannte sich vom dunklen, rauhen Hals einer riesigen Dogge bis hin zum gellenden Aufklagen getroffener Hunde und dem Kreischen und Bellen aufgescheuchter Colobusaffen und Paviane in den Tiefen des Urwalds. Dazwischen das Krachen und Brechen von Dürrholz, das Schnauben und rasselnde Atmen des kranken Stückes. Es schien unmöglich, einen Fangschuß anzubringen. Da gelang es der Dogge, den Büffel an der Muffel zu fassen, während sich gleichzeitig einige der Fixköter an seine Hinterläufe hängten. Für einen Augenblick stand die Kuh wie gelähmt. Ich hatte Zeit, die Büchse hochzunehmen, und mit Trägerschuß brach sie verendet zusammen.

Das 300-grains-Silvertip-Geschoß aus der .338er, mit dem Großantilopen mit ähnlichem Schuß in kürzester Zeit und zumeist noch am Fleck verenden, saß hinter der Blattschaufel auf den Rippen und hatte sich in der Lunge aufgebraucht. Dennoch hatte die Kuh die Nacht überlebt und wäre ohne die Hilfe der Hunde sicherlich noch ein ernstzunehmender Gegner gewesen. Die Härte der Büffel ist unvorstellbar, und es gibt wohl kein anderes Wild, außer vielleicht, relativ gesehen, dem Gnu, das ähnlich zäh wäre. Schon deshalb ist es so wichtig, daß beim Büffel der erste Schuß Knochen – Blattschaufel, Oberlaufknochen oder Rückgrat – faßt. Diese Schüsse bannen ihn an den Fleck und geben Zeit zum Nachschießen. Mit einem Herzschuß beispielsweise ist der Büffel noch mindestens 60 Sekunden auf den Läufen, und in 60 Sekunden kann dieses Wild eine Menge anrichten, wenn es das Unglück will.

Eine weitere Nachsuche hatte ich im Norden Tansanias, und ich erwähne diese nur, weil das Verhalten des beschossenen Bullen eher untypisch war. Es war dies das einzige Mal, daß ich einer der legendären Riesenherden von vielen Hunderten von Büffeln begegnete, und durch eigenes wie das Fehlverhalten anderer bedingt, vergab ich hier die Chance, einen wirklich hochkapitalen alten Büffel zu strecken.

Wir hatten tagelang vergeblich nach den Büffeln gesucht, das Ende der Safari stand bevor, und die Nerven waren bereits leicht ausgefranst. Dann fanden wir die Büffel doch noch. Im offenen, leicht welligen Steppengelände hielt die Herde etwa 500 Meter vor uns Siesta, und eine Fläche von vielleicht 200 Metern Breite war schwarz von Büffelleibern. Während ein Teil der Tiere niedergetan war, standen andere vertraut mit gesenkten Häuptern, sicher damit beschäftigt, ihre Morgenäsung wiederzukäuen. Der Wind stand gut, direkt auf uns zu, und selbst auf diese Entfernung wehte er noch einen Hauch Wittrung von warmem Kuhstall zu uns her.

Der Plan für die Pürsch war schnell gefaßt. Unter Ausnützung der Deckung, die Bodenwellen und Termitenbauten boten, wollten Lazarus Massi, mein afrikanischer Berufsjäger, und ich die Herde angehen, während mein amerikanischer Freund Ian und der Rest der Crew hundert Meter zurückhängen sollten – eine Fehlplanung, wie sich bald herausstellte.

Es gelang Lazarus und mir ohne besondere Schwierigkeiten, bis auf etwa achtzig Meter an die Herde heranzukommen. Weiter konnten wir guten Gewissens nicht, denn das restliche Gelände vor uns war praktisch deckungslos. Wir schoben uns also hinter einer verfallenen Termitenburg ein und begannen mit aller gebotenen Vorsicht die Herde durch unsere Feldstecher zu betrachten. Was wir sahen, war eine schwarze Wand von Leibern, in der es zumindest mir unmöglich war, einzelne Stücke mit Sicherheit anzusprechen. Lazarus meinte eine Versammlung älterer Bullen am linken Flügel zu erkennen, aber uns war beiden klar, daß wir unter den gegebenen Verhältnissen unmöglich schießen konnten. Wir beschlossen also abzuwarten, bis die Herde wieder auf die Läufe kommen und sich beim Äsen eventuell weiter auseinanderziehen würde.

Dieser Entschluß war Ian und den ihn begleitenden Afrikanern, Trägern und Fahrer, natürlich weder mitzuteilen noch wurde er ihnen bewußt. Sie fragten sich wahrscheinlich: Warum schießt der Depp da vorne nicht? und wurden in dem Bemühen, dieses Rätsel zu lösen, immer unvorsichtiger. Später gestand mir Ian, daß er sich aufgerichtet habe, um besser sehen zu können.

Wie dem auch sei, während wir hinter unserem roten Lehmwall dösten, die Herde dabei immer im Auge, kam plötzlich und völlig unerwartet Leben in diese, so, als wäre bei einer Kavallerieschwadron zum Aufsitzen geblasen worden, und in Sekundenschnelle standen vielleicht 300 Büffel mit erhobenen Häuptern, schnaubend, prustend und mit den Vorderläufen Staub aufwirbelnd, frontal zu uns.

Ich war völlig perplex und glaubte zuerst, der Wind sei umgeschlagen. Vielleicht hatte er in dem weit ausladenden Talkessel, in dem wir uns befanden, auch tatsächlich einen Dreher gemacht. Die uniforme, blitzartige Reaktion so vieler Tiere ließ auf Wittern eigentlich eher als auf Äugen schließen, obwohl beide Sinne wie auch das Vernehmen beim Büffel gleich hervorragend ausgebildet sind, (wenn man davon absieht, daß es ihm, wie vielem anderen Wild auch, schwer zu fallen scheint, vor Deckung reglos verharrende Menschen zu erkennen). Die Pürsch auf ihn erfordert daher immer höchste Konzentration und Vorsicht. Bei jedem anderen der Großen Fünf läßt sich die relative Schwäche eines Sinnes bei Pürsch oder Ansitz nützen, nur der Büffel ist in allen Diziplinen Meister.

So wie ein Starenschwarm, anscheinend auf ein unhörbares Kommando, plötzlich in der Luft wendet oder eine Gnuherde in voller Flucht, wie von unsichtbaren Zügeln gelenkt, völlig synchron einschwenkt, wendeten sich auf einmal alle Büffel nach rechts, noch ehe wir eine Chance zum Ansprechen hatten, und setzten sich, wiederum wie eine nun anreitende Schwadron, im Halbkreis um uns herumtrollend in Bewegung.

Die unerwartete Entwicklung, der Anblick der rollenden Walze schwerer schwarzer Leiber und das Paniksignal im Unterbewußtsein: Chance vertan! hatten nicht dazu beigetragen, meine nervliche Verfassung zu festigen, und so schoß ich, als die Herde, nun mit ihrer Masse rechts von uns, plötzlich noch einmal verhielt, ohne zu zögern auf den ersten freistehenden Bullen, den ich als solchen anzusprechen vermochte.

Wie Donnergrollen dröhnte das Abgehen der Herde, die in einer riesigen Wolke von Staub von uns wegpreschte. Ich hätte mich ohrfeigen mögen, als am Ende des Heerwurms mit schweren Fluchten und mit unter der Last ihrer wuchtigen Helme wiegenden Häuptern zwei oder drei wirklich Alte an uns vorbeipolterten. Der letzte von ihnen ersparte mir den Stachel nicht, auf vielleicht 200 Meter noch einmal zu verhalten und zu uns zurückzuäugen. Was ich in diesem Augenblick zu beiden Seiten der ausgefransten Lauscher weit, tief nach unten und wieder aufwärts schwingen sah, gehört in die Rubrik ›Nie verheilende Wunden‹. Lazarus jedenfalls, der mit dem scharfen Blick der Afrikaner sicher weitaus besser und mehr sah als ich, war den Tränen nahe, als er neben mir zwischen den Zähnen hervorstieß: »This one, Hanns, would have made the book!« – »Der da, Hanns, wäre ins Rekordbuch gekommen!«. Ich habe keine Zweifel an der Richtigkeit seiner Vermutung.

Mein Augenmerk aber hatte in all diesem Tohuwabohu natürlich vorrangig dem beschossenen Büffel gegolten, zumal bei diesem Massenaufgebot niemand außer mir mit Sicherheit sagen konnte, welches Stück ich beschossen hatte. Der Büffel war auf den Schuß mit der Herde abgegangen, hatte sich aber kurze Zeit später von dieser getrennt und war zwischen Buschgruppen im Hintergrund verschwunden.

Am Anschuß fanden wir im zertrampelten Boden Fetzen von blasig rotem Lungenschweiß, einmal von der Herde weg war die Schweißfährte dann leicht zu halten. Mit aller Vorsicht hingen wir nach. In Fluchtrichtung lag auf etwa 200 Meter dichter Busch, und mit unguten Gefühlen war ich mir eigentlich sicher, daß der Bulle dort stecken würde. Er war jedoch noch im offenen Gelände nach links (zur Ausschußseite hin) abgeschwenkt, und kurze Zeit später sahen wir ihn mit gesenktem Haupt und erkennbar schwer krank frei in der Steppe stehen. Ich ging ihn vorsichtig an und setzte ihm auf 50 Meter den Fangschuß auf den Träger. Vollmantelgeschoß und Brenneke TUG für den Fangschuß hatten, aus dem 9,3×64-Lauf meiner Sauer 80 verschossen, für Büffelverhältnisse hervorragend gewirkt, denn die erste Kugel hatte weder die Blattschaufel noch sonstwie Knochen gefaßt. Der Bulle war zu jung, um wirkliche Freude aufkommen zu lassen, das Erlebnis aber war grandios und unvergeßlich.

Für die beiden beschriebenen Fälle ist der Begriff ›Nachsuche‹ vielleicht etwas zu ambitiös. Eine wirkliche Büffelnachsuche mit allem Drum und Dran aber habe ich im Bambusdschungel des Hochlands von Kenia mit Freund Adam durchgeführt. Adam, den Sie aus dem Elefantenkapitel ja bereits kennen, war ein sehr mutiger Mann und ein erfahrener Jäger. In seinen Mut aber mischte sich gelegentlich eine Spur Leichtsinn, vielleicht auch Leichtfertigkeit, die ihn dann hin und wieder in eine kritische Situation brachten. So hatte ihn einmal, als er, die Büchse mit dem Kolben nach hinten lässig über die Schulter gelegt, den Anschuß eines Büffels untersuchte, der betreffende Bulle, der nur diskret einen Schritt ins Dunkel des angrenzenden Dickichts getreten war, unversehens auf die Hörner genommen. Durch den heftigen Schlag wurde ihm die Büchse aus der Hand gerissen. Der Büffel schlitzte ihm, als er am Boden lag, die Wade auf, hakte sich dann hinter dem Knie ein und schleuderte ihn wutschnaubend zur Seite. Dabei verlor Adam einen mittlerweile blutverschmierten Schuh – zu seinem Glück, denn der Büffel ließ an diesem seinen weiteren Zorn aus und gab so Adams tapferem Gewehrträger Matuko, auch ihn kennen Sie ja bereits, Gelegenheit, diesen aus dem unmittelbaren Gefahrenbereich zu zerren. Adam gelang es dabei noch, seine Büchse zu ergreifen und in buchstäblich letzter Sekunde, gerade als dieser sich ihm wieder zuwandte, dem Büffel mit einem unmittelbar unter dem Äser auf den Träger gezielten Schuß das Rückgrat zu zerschmettern. Adam lag dann einige Zeit in Nairobi im Krankenhaus, bis die tiefen, verschmutzten Wunden verheilt waren, und schont noch heute leicht auf der linken Hinterhand, wahrscheinlich für immer ein Andenken an den schmalen Grat zwischen Leben und Tod, auf dem er damals stand.

Auch bei der Vorgeschichte der Nachsuche, die ich nun schildern will und die zu allem Überfluß in just dieser Gegend und auch noch auf demselben Wechsel stattfand, hatte ihm der Leichtsinn einen Streich gespielt. Wir hatten damals zwei Gastjäger aus Deutschland in Nairobi abgeholt und uns entschlossen, die Zeit bis zum Aufbruch zu einer Safari im heißen Norden lieber jagend im Hochland als müßig in der Stadt zu verbringen. Der eine der beiden Gäste war ebenso nett und kameradschaftlich, wie der andere in eigentlich jeder Beziehung unerfreulich war. Ich bereute es später sehr, ihm auf sein Bitten und Drängen hin die Möglichkeit zum Jagen unter so in jeder Beziehung einmaligen Bedingungen verschafft zu haben, er war es ganz sicher nicht wert, weder als Mann noch als Jäger.

Am ersten Tag jagten wir getrennt, Adam mit den beiden Gästen, ich allein. Dort, wo ich mehrfach an einem langgestreckten, vom Bambusdschungel umgebenen Wiesental vergeblich auf Büffel gepaßt hatte, kamen den dreien am Morgen eine größere Herde mit einigen geringen und am Abend zwei einzelne jagdbare Bullen. Diese zogen ein kurzes Stück am Rande des Dschungels entlang und wechselten dann wieder ein. Für einen Schuß wäre es zu weit gewesen, und so entschloß sich Adam, geführt von Matuko, die Fährte der Büffel aufzunehmen und diesen in den Bambus zu folgen.

Es gelang ihnen, relativ schnell und bei noch gutem Licht an die Büffel zu kommen, und Leichtfuß Adam, der es, wie bereits angedeutet, mehr dem Glück als dem Verstand zu verdanken hat, daß er nicht längst in einer besseren Welt über bestimmte Eigenarten des nicht immer friedvollen afrikanischen Wildrindes nachgrübeln kann, ließ Karl S., den liebenswerten der beiden Gäste, mit der 7×64 und Brenneke-TIG 11,5 g Dampf auf einen der mit erhobenem Haupt spitz stehenden Büffel machen, im sicheren Vertrauen darauf, daß die von ihm sofort hinterhergeschossene .458 das fehlende Geschoßgewicht schon nachliefern würde.

Aber, wie so oft auf der Jagd, ging auch dieser kühne Plan nicht auf. Im dichten Bambus war der Bulle in Karls Schuß blitzartig verschwunden, und Adams .458 mußte sich mit einer Serie von Löchern in unschuldigen Bambusstengeln begnügen. Karl, der an diesem Tage zum erstenmal Büffel in freier Wildbahn gesehen hatte und den ein ähnlich unbekümmertes Gemüt auszeichnet wie Adam, glaubte auf dem Stich abgekommen zu sein. Wie sich später herausstellte, saß seine Kugel jedoch seitlich unter dem Blatt auf den Rippen.

Der frustierten Jagdgenossenschaft kam dann, nachdem sie sich zur Beratung an den Rand des Bambus zurückgezogen hatte, zu ihrer größten Verblüffung der kranke und nun vorn leicht tunkende Büffel noch einmal. Im letzten Licht wechselte er auf etwa 600 Gänge quer über die Blöße, zu weit für einen erfolgversprechenden Schuß. Dennoch versuchten sie das Unmögliche, um den Büffel durch einen Zufallstreffer eventuell weiter zu schwächen – vergeblich. Das Licht reichte gerade noch, um die Stelle zu verbrechen, an der der Büffel wieder eingewechselt war, und bekümmert ein mehr als karges Angebot an Schweiß in der Fährte zu registrieren.

Abends in der Hütte wankten die Grundfesten einer altbewährten Freundschaft, als ich Adam wegen seines Leichtsinns den Kopf wusch. Aber das änderte nichts an der Tatsache, daß für das erste Morgengrauen Nachsuche auf dem Plan stand, und daß die Avantgarde bei diesem Unternehmen zwangsläufig aus seinem und meinem ›schweren Geschütz‹ – .458 und 9,3×64 – bestehen würde.

Ich habe etwas Phantasie, deswegen regen mich Unternehmungen dieser Art vorher immer einigermaßen auf. Das Resultat war, daß ich schlecht schlief. Um so dankbarer bin ich meinem Schöpfer, daß er mir stets dann einen kühlen Kopf und eine ruhige Hand schenkt, wenn der Rummel in der Praxis losgeht. Sicher spielen hierbei Kriegserlebnisse und ein von Kindheit an blindes Vertrauen in meine immer sorgfältig ausgewählten und gepflegten Waffen mit eine Rolle.

Beim ersten Licht des Tages waren wir am Ort des Geschehens und hatten beim Anmarsch den, wie sich später zeigen sollte, genialen Einfall, unterwegs einen Ndorobo mit seinen zwei Fixkötern aufzulesen und mitzunehmen, auch wenn der reife Duft dieser Mannschaft uns anfangs an der Weisheit dieses Entschlusses zweifeln ließ. Die Ndorobo – Waldmenschen – sind verarmte Massai, die im Busch ein kärgliches Dasein führen und sich mit Schlingenstellerei, Beeren- und Früchtesammeln ernähren. Leider erwies sich die Hoffnung, daß die beiden Vertreter der Gattung Canis Wesentliches zur Fährtenarbeit beitragen würden, später als verfehlt. Sie interessierte vom Ducker und Sykes-Affen angefangen bis zu den verfaulten Resten eines Buschschweinfrischlings alles andere mehr als unser angeschweißter Büffel. Dennoch sollte zumindest einer von ihnen nicht unwesentlich dazu beitragen, uns vor Ungutem zu bewahren.

Die eigentliche Fährtenarbeit lag folglich wieder einmal in den bewährten Händen von Matuko und seinem jüngeren Vetter Genti. Verstärkt wurde dieses Erfolgsteam reinsten Wakambageblüts diesmal noch durch ein weiteres Adlerauge aus dem Stamme der Massai, dessen Träger auf den freundlichen christlichen Namen Martin hörte. Den Ndorobo mag ich nicht weiter erwähnen, denn er verlor sich bald auf der Suche nach den Früchten des Waldes.

Wie fast immer in solchen Fällen – der blonde Andy, Ehrenhäuptling der Massai, war eine Ausnahme – waren die weißen Vertreter Afrikas und Europas im dichten Bambus und einem unvorstellbaren Gewirr von Fährten und Wechseln in Kürze mit ihrem Latein am Ende. Ein leichter Regen während der Nacht hatte das wenige an Schweiß, das ursprünglich vorhanden gewesen war, so gut wie weggewaschen, und Matuko, Genti und Martin arbeiteten die Fährte fast ausschließlich nach ihren Merkmalen.

Der Büffel war, ohne zu verhalten, quer durch den Bambus hangaufwärts gezogen und hatte am Gegenhang begonnen, Widergänge zu machen. Hier schien selbst unsere bewährte Mannschaft vor unlösbaren Problemen zu stehen, und immer öfter schwärmte sie aus, um zu kreisen. Immer wieder jedoch gelang es einem der Männer, sich an winzigen Merkmalen zu orientieren und so erneut ein Stück voranzukommen. Zwischendurch nervten uns wiederholt die beiden Köter, indem sie abwechselnd einen Affen verbellten oder kläffend eine Schirrantilope hetzten, was uns natürlich in anfänglicher Unkenntnis der Sachlage immer wieder in höchste Alarmbereitschaft versetzte.

Auf halbem Gegenhang fanden die Afrikaner eine Stelle, an der der Büffel offensichtlich an jungen Bambustrieben zu äsen begonnen hatte, und es war hier, daß Karl, immer noch überzeugt von der vernichtenden Wirkung seines Afrika-Kleinkalibers, den bemerkenswerten Ausspruch tat: »Hier hat er sich vor Schmerz in den Bambus verbissen!« Mir selbst schwammen an diesem Punkt die letzten Felle weg, und ich hätte nun jede Wette gehalten, daß dieser Büffel nicht zur Strecke zu bringen war. Aber ich hatte die Rechnung ohne Matuko und seine Genossen gemacht. Unbeirrbar und mit großer Gewissenhaftigkeit suchten sie weiter und brachten uns schließlich an den Rand des Bambus. Jenseits eines Flüßchens lagen dort der dichte Steilhang und genau die Stelle, an der Adam vor etwa einem Jahr das vorerwähnte Wie-du-mir-so-ich-dir-Intermezzo mit einem übellaunigen Büffelbullen gehabt hatte.

Eine halbe Stunde später war zur Gewißheit geworden, daß auch unser behelmter Freund, nachdem er Tal und Flüßchen gekreuzt hatte, genau diesem Wechsel gefolgt war. Vielleicht hatte sich im Wasser der verkrustete Schweiß gelöst, vielleicht war auch im Steilhang mit seinen Wind-

würfen und dichtem Unterwuchs die Schußwunde erneut aufgebrochen –
jedenfalls fanden wir hier erstmalig wieder einige rote Tropfen, Bestätigung der hervorragenden Arbeit unserer afrikanischen Fährtensucher und
für mich ein Anlaß, meine im Geiste abgegebenen Wettangebote schleu-
nigst wieder zurückzuziehen.

Eine weitere halbe Stunde ging es Schritt für Schritt den Hang empor,
die Büchsen vor der Brust und in angespannter Erwartung. Dichter und
dichter wurde der Bestand und die Wahrscheinlichkeit immer zwingen-
der, daß sich, wenn überhaupt, der Büffel hier irgendwo gesteckt haben
mußte. Da kam uns Fixköter Nummer zwei zur Hilfe. Nummer eins war
bereits seit längerer Zeit abgängig.

Plötzlich vor uns ein erschrecktes Aufjaulen, gleich darauf das Geräusch wegbrechenden Großwildes, kurze Zeit später Standlaut, hekti-
scher als bei Affe und Ducker, Rumoren, Brummen, Schnaufen. Adam
und ich springen nach links unter Wind, pürschen, so schnell es ohne allzuviel Geräusch geht, auf den dichten Windwurf zu, aus dem der Lärm
dringt, verhalten davor, alle Sinne angespannt.

Und wieder jault der Hund, grelle Angst in der Stimme, und im selben
Augenblick bäumt sich der Büffel auf zu einem weiteren Ausfall. Im
Zweiggewirr wird kurz sein Haupt sichtbar, ich kann einen Schuß hin-
werfen und höre aus seiner Reaktion, daß die Kugel ihr Ziel gefunden hat.
Der Büffel bricht weg, und Adam und ich können jeder einen weiteren
Schuß auf den schwarzen Schemen anbringen. An genaues Zielen ist hier
im Dämmer des dichten Dschungels nicht zu denken.

Wir springen nach rechts neben den Windwurf, um bessere Sicht zu erhalten. Da wendet der Büffel und kommt mit hohem Haupt stichgerade
auf uns zu. Wie unter der Gewalt eines Panzers knicken rechts und links die
dicken Bambusstengel, hell klingt das Rohr, wenn Horn auf Holz trifft.
Schulter an Schulter pumpen wir raus, was aus den Läufen will. Das Unerwartete gelingt, fünf Meter vor uns bringen wir den Büffel zum Abdrehen, entgegen der am Anfang dieses Kapitels erwähnten These alter
Afrikajäger, im gleichen Sekundenbruchteil, in dem die Sehnen bereits
gespannt sind zum rettenden Sprung auf die Seite.

Jetzt ist der Büffel schwer krank. Wir hören, wie er verhält, röchelnd
atmet, bellend Schweiß aushustet, warten jeden Augenblick auf einen
neuen Angriff. Als er ausbleibt, pürschen wir vor, sehen auf einer etwas
lichteren Stelle im Bestand den schwarzen Wildkörper im Wundbett, können jetzt gezielt auf Blatt und Träger schießen. Es ist gespenstisch, er-
schütternd, von mindestens einem halben Dutzend Geschossen im Leben
getroffen und durch weitere gehemmt, nimmt der Bulle sich noch einmal
auf und bricht davon. Dann hören wir ihn 50 Meter weiter stürzen, ver-

nehmen den ›death bellow‹, jenen stöhnenden Laut, der untrüglich das Verenden der Büffel, dieses unglaublich harten Wildes, anzeigt.

Zigarettenpause – und zwanzig Minuten später steht Karl, überglücklich, vor seinem ersten Büffel, die pechschwarze, vom Bambus polierte Trophäe jagdbar, der Wildkörper gewaltig und von gleicher tiefer Schwärze.

Jubelnd beginnen die Afrikaner mit dem Zerwirken, kauen bluttriefende Fleischfetzen mit ihren starken, weißen Zähnen, sind ausgelassen und glücklich wie Kinder. Wir sitzen auf gefallenen Stämmen, sehen das Blau des Himmels durch das Zartgrün der Bambuskronen schimmern, fühlen dankbar, daß ein Erlebnis hinter uns liegt, das unvergeßlich und großartig ist, und wissen, daß der Schweiß dieses Büffels uns fortan verbinden wird wie Blutsbrüder. Und wieder fühle ich sehr bewußt, was ich schon oft dankbar empfunden habe, seit ich in Afrika jage, daß auch dieser Erfolg, dieses Erlebnis nur möglich waren, ein leichtfertig krankgeschossenes Stück nur deshalb zur Strecke gebracht werden konnte, weil es einen Matuko gab, einen Genti und einen Martin, unsere fröhlichen, treuen und anspruchslosen Gefährten bei der Jagd in Steppe und Urwald, deren Sinne den unseren so haushoch überlegen sind. Und mit ein wenig Dankbarkeit denke ich auch an den namenlosen gelben Stromer, der jetzt geifernd neben uns sitzt und darauf wartet, daß wir ihn genossen machen. Ohne ihn wären wir wohl in diesen Büffel hineingelaufen wie in eine Betonwand.

›Kiafaru‹ – Platz des Nashorns

Im letzten Licht des Tages rollt der Geländewagen über den holprigen Trail im Norden Tansanias dem Lager zu. Lazarus Massi, mein afrikanischer Jäger, hat gerade das Licht eingeschaltet, da zischt Abdullah, der Fährtensucher, über seine Schulter gebeugt: »Simama!« – »Stop!«

Vor uns im Schweinwerferkegel hat sich ein junges Nashorn mitten im Staub des Trails niedergetan und blinzelt ins grelle Licht. – Vorsichtig legt Lazarus den Rückwärtsgang ein, zieht den Wagen Meter um Meter zurück, schwingt nach links in den Busch. Knapp aus dem Lichtkegel, ist das Rhino schnaubend auf den Säulen und rast im gleichen Augenblick im spitzen Winkel auf uns zu.

Lazarus reißt das Steuer nach links, vor uns knicken Büsche und Bäumchen unter der Stoßstange, Steine und Löcher bringen den Wagen zum Springen, und im Licht des vollen Mondes beginnt eine gespenstische Jagd, die das Rhino nach etwa 200 Metern aufgibt.

Auf dem weiteren Weg berichtet mir Lazarus, daß Wilddiebe vor Wochen die Mutter des immerhin acht bis zehn Zentner schweren ›Babies‹ getötet hätten. Noch immer scheint die chemische Industrie den Potentaten Asiens kein Aphrodisiakum zur Verfügung stellen zu können, das einen Vergleich mit den angeblich mystischen Kräften des zerriebenen Rhinohorns aushält.

Als wir am nächsten Morgen im ersten Licht wieder auf die Hügelketten zurollen, in denen wir die Büffel vermuten, steht unser Nashorn mit gesenktem Haupt etwa 50 Meter vom Trail im Busch und nimmt keinerlei Notiz von uns. Durch das Glas kann ich erkennen, daß sein Rücken bedeckt ist mit verkrustetem Schweiß, und als es jetzt langsam zu uns wendet, sehe ich lange Prankenrisse auf der Flanke, aus denen dunkelroter Schweiß quillt.

Es gibt nur eine Erklärung – Löwen. Während ich es denke und mit dem Glas nach links schwenke, taucht schon das Haupt einer alten Löwin aus dem Gras auf. Im von Minute zu Minute zunehmenden Licht zählen wir zwei, drei, vier, fünf Löwen im Halbkreis um ihre Beute niedergetan.

Mein Auge ruht auf der Löwin. In kühler Gelassenheit, desinteressiert und erhaben, gleitet ihr Blick über uns hinweg, durch uns hindurch, als wären wir nicht da. Die Gehöre der ›Cubs‹, dreiviertel erwachsen, spielen, und sie warten voller Ungeduld darauf, die Beutejagd fortsetzen zu können. Einer hebt sich schließlich auf die Keulen und beginnt sich zu putzen.

Wo aber ist der Löwe? Endlich erfaßt ihn mein Glas, flach niedergetan in perfekter Tarnung abseits im Busch. Zwischen Grashalmen hervor blitzen die Lichter unter dornbuschzerzauster Mähne, strahlen in Wildheit und Zorn wie grelle gelbe Scheinwerfer. Welch eine Spanne im Ausdruck zwischen ihm und seiner Gefährtin und dennoch beide von vollendeter Majestät! Die von Lakaien gelangweilte Königin und der grollende Herrscher, dessen Blicke Blitze sprühen.

Armes junges Rhino, deine Würfel sind gefallen, wir können dir nicht helfen, dürfen es nicht, nicht einmal mit einer erlösenden Kugel. Nur deine Mutter hätte dich schützen können, aber sie fiel Raubtieren zum Opfer, die nichts von dem Adel der gelben Jäger auszeichnete, die dich jetzt töten werden. Noch ahne ich nicht, daß ich diesen an gleicher Stelle bis zur Nacht das Dessert zum Festschmaus liefern werde, ein wahrhaft königliches Dessert.

Von Fehlpürschen müde, schüttelt uns der Geländewagen am späten Nachmittag dem Lager zu. Und plötzlich ist es wieder da, das elektrisierende Wort, das die stickige Luft mit knisternder Spannung füllt, alle Müdigkeit wegbläst wie ein jäh aufkommender Wind – »Mbogo!« – »Büffel!«

Das Hineingleiten der 9,3×64 Vollmantel in die Kammer, das Knacken des Verschlusses, das leise Klicken der Sicherung, Geräusche, in denen das kalte Herz des Stahls vibriert, die wie eine Fanfare wirken, jubelnd, aufpeitschend, siegesgewiß. Hier bin ich, und hier ist meine geliebte Büchse, solange wir einander spüren, kann sich die Furcht nicht zwischen uns schieben; wir sind eins, verlieren uns aneinander in einem Taumel wilder, lockender Leidenschaft.

Vor uns dehnt sich, verwuchert und steil zu einem vertrockneten Bachlauf abfallend, eine breite Rinne, ›Korongo‹ nennen sie meine afrikanischen Begleiter. Dahinter steigt das Gelände, mit Dornbüschen und Schirmakazien bewachsen, gleichmäßig zu einer Kuppe an. Dicht unter der Kuppe schattet es schwarz aus dem Buschwerk – Büffel.

Den ganzen Tag über habe ich die alte Weisheit, daß auf der Pürsch schon einer zuviel ist, mit dem Staub der Steppe zwischen den Zähnen zerknirscht, diesmal ist es mir ernst. Unmißverständlich mache ich klar: Nur Lazarus kommt mit! Der Rest der Truppenparade aus Fährtensucher, Gewehrträger, Wassersackträger usw., deren Behutsamkeit erfahrungsgemäß zum Schwanz der Schlange hin progressiv nachläßt, bleibt im Gharri. Büffel sind keine Elefanten, denen man vor dem Rüssel herumtanzen kann, solange der Wind hält, dafür habe ich heute wieder einige Lektionen erhalten, und die eine, mit dem alten Büffel, dessen Helm so breit war wie eine Thompson-Gazelle am Blatt, wird mich sowieso reuen bis ans Ende meiner Tage.

Zerkratzt und zerschunden hangeln wir uns an Dornbüschen aus der Sohle des Korongo, können anfangen zu pürschen. Das Angehen von unten her macht mich nicht besonders glücklich, aber der Wind läßt uns keine andere Wahl. Bis auf 30 Gänge kommen wir an die Büffel heran, da hat der junge Bulle, der neben dem im Bett sitzenden älteren auf den Läufen ist, das Haupt hoch, und das heißt soviel wie ›Aufbruch zur Jagd‹. Als er sich herumwirft, springe ich vor, schlage an einem Akazienstämmchen an und bin fertig, als der alte Bulle aus der Deckung taucht und mit polternden Fluchten abgeht.

Wie von einem Magneten gezogen, folgt das Korn der Stelle am Blattansatz, von der ich weiß, daß die Kugel, dort angetragen, auch schweres Wild unweigerlich von den Läufen holt, dann bricht der Schuß, und der Büffel geht dröhnend zu Boden.

Im Repetieren sehe ich, wie es den jungen Bullen herumreißt und wie er, wohl mehr verwirrt von Schuß und Zurückbleiben des Alten als in ernsthaften Angriffsabsichten, im engen Bogen zu uns wendet und stichgerade auf uns zukommt.

Fünfzehn Gänge vor uns verhofft er spitz von vorn, die Nüstern gebläht, ein Bild urwüchsiger Kraft. Lazarus und ich stehen im Anschlag, sind dankbar, daß der Jüngling sich eines besseren besinnt, wendet und davontrollt.

Da versucht mein Büffel, auf die Vorderläufe zu kommen, und erhält im selben Augenblick den zweiten Schuß auf den Träger. Dumpf stöhnt der ›death bellow‹ in den sinkenden Tag, während das stolze schwere Haupt müde zur Erde sinkt.

Als die Sonne über dem Horizont steht und die Reiter der afrikanischen Dämmerung den Fuß in die Bügel ihrer schnellen Rappen setzen, nähern wir uns dem Platz des Nashorns, ›Kiafaru‹ nennt ihn Abdullah. Alle Augen suchen, suchen vergeblich.

Gerade wollen wir weiterfahren, da löst sich ein Schatten aus dem Busch zur Linken – wehendes Haar, bleiche Lianen auf graubrauner Decke unter knorrigem Astwerk –, taucht, kaum erfaßt, im lichten Bestand zur Rechten unter.

Es ist die Stunde, in der die Berge blau werden, die Stunde der Kudu, und wir alle wissen, daß die Erscheinung, die dort schemenhaft vorüberglitt, Tandalla war, der Königliche, Scheue, gewaltig und wuchtig wirkend gegen seinen prinzlichen Vetter, dem meine Liebe gehört, den zierlichen, eleganten Kleinen Kudu, und doch vom gleichen edlen Stamm.

Schon ist Lazarus aus dem Wagen, Passion in den Augen wie ein Pointer, ich zögere, kann mir keine Chance ausrechnen, den Waldgeist in der sinkenden Dämmerung noch einmal zu finden.

»Lette Banduki!« – »Das Gewehr her!« zum Träger und fast flehentlich zu mir: »Kwenda, Hanns!« – »Gehen wir!«

Im Bestand ist das Büchsenlicht schon schlecht, das Gelände fällt ab zu den dunklen Schatten eines Korongo hin. Ich hänge die Waffe über, will aufgeben, bin sicher, daß der Kudu längst in diesen Schatten untergetaucht ist.

Da erfasse ich eine Bewegung, sehe für Bruchteile einer Sekunde zwischen Buschwerk und Bäumen hindurch einen dunklen Wildkörper längs des Korongo nach rechts flüchten. An Schießen ist nicht zu denken. Aus dem Augenwinkel nehme ich wahr, wie Lazarus und Abdullah nach rechts hetzen, springe ihnen nach, 50 Meter, 100 Meter, 200 Meter, das Herz schlägt mir im Hals.

Plötzlich erstarren die beiden Afrikaner vor mir zur Salzsäule, vorsichtig hebt sich Lazarus' Hand, deutet nach links vorn, die andere weist mir drei Finger – three curls, drei Windungen im Gehörn. Alles was ich sehen kann sind Stämme, eine wirre Palette aus dunklem Grau, Braun und Grün. Erst als der Kudu erneut flüchtig wird, vermag ich ihn aufzufassen.

Warum nimmt er nicht das Korongo an – er muß uns doch längst weghaben? Ich kann es nicht begreifen, denke nicht mehr an unser Erlebnis vom Morgen, erkenne nicht, daß das gejagte Wild vor uns zwischen Skylla und Charybdis treibt.

Weiter geht die Jagd, und jetzt reißt mich die Passion nach vorn, ich habe begriffen, daß es noch eine Chance gibt. Mehr als ich erkenne, erahne ich, wie das Stück vor mir vom Korongo abdreht und halbrechts von mir hangaufwärts abgeht.

Da geschieht das Wunder – eines der Wunder, das wir immer erhoffen und nie voll begreifen, das uns der Lust am Jagen ausliefert, hoffnungslos und für alle Zeiten. Kurz unter der Kuppe verhofft, einhundert Gänge vor mir, der Kudu noch einmal, steht zwischen zwei Bäumen als dunkle Silhouette gegen den Himmel, wendet das Haupt und zeigt mir das halbe Blatt.

Meine Lungen pumpen, es ist keine Zeit, nach Auflage oder Stütze für die Waffe zu suchen. Der Zielstachel tanzt um das Blatt, und die alte Kunst, im Jagen des Blutes die entscheidende Nachricht in dem winzigen Augenblick in den rechten Zeigefinger zu senden, in dem der schwarze Pfeil ins Leben deutet, verläßt mich nicht in dieser Sekunde der Entscheidung.

Dumpf hallt der Kugelschlag des verläßlichen Brenneke-Geschosses zu mir zurück, und ich weiß – der Kudu wird mein sein!

Das Licht reicht gerade noch, um den Schweiß am Anschuß auszumachen, die Fluchtfährte festzulegen. Der Kudu ist steil ins Korongo hinunter. Als wir, uns von Schweißtropfen zu Schweißtropfen vortastend, dessen Rand erreichen, ist es Nacht, da dröhnt, fast gleichzeitig von links und rechts unter uns auf 40, 50 Gänge, Simbas gewaltige Stimme zu uns herauf.

Heiliger Hubertus, die Löwen! Über die hektische Jagd der letzten Minuten hatte ich sie völlig vergessen. Jetzt begreife ich auch, warum der Kudu das schützende Korongo nicht früher annahm, warum erst die Kugel im Leben ihn vergessen ließ, daß dort unten die Charybdis auf ihn lauerte.

Die entsicherten Waffen in den Händen, tasten wir uns schweren Herzens zum Trail und schließlich zum Wagen zurück. Aufatmend schiebt Abdullah, als wir ins Freie treten, den Simi, das dolchartige afrikanische Messer, in die Scheide, ich bin sicher, mit gemischten Gefühlen, Erleichterung darüber, daß Allah ihn vor den Pranken der Löwen bewahrte, und Zorn darüber, daß er den Kudu nicht durch Drosselschnitt in Allah genehmer Weise in Besitz nehmen konnte.

Für Selbstvorwürfe ist es zu spät, Kudus sind ein heimliches Wild, und die Chancen, auf sie zu Schuß zu kommen, sind in Ostafrika selten. Für morgen bei Tagesanbruch ist die Abreise vom Camp vorgesehen, mittags müssen wir in Arusha sein. Ich kenne den Respekt der meisten Afrikaner vor dem Löwen und fürchte insgeheim, die Abreise könne als Vorwand verwendet werden, den Kudu aufzugeben, zumal ich, angeschweißt oder erlegt, in jedem Fall die Lizenz zahlen muß. Aber da habe ich mich in meinem afrikanischen Freund Lazarus – oder wird er in diesem Augenblick erst wirklich mein Freund? – getäuscht. Als ich ihn behutsam anspreche, kommt spontan die Antwort, und seine dunklen Antilopenaugen blitzen dabei im Licht der Scheinwerfer: »Hanns, we shall find your Kudu!« – »Wir werden deinen Kudu finden.«

Die Nacht liegt noch über Busch und Steppe, als wir den Wagen am ›Platz des Nashorns‹ zum Stehen bringen. Im ersten grauen Licht des Tages beginnen wir die Nachsuche. Selbst Abdullah ist diesmal mit leichter Artillerie ausgestattet, stolz trägt er die .30/06 meines amerikanischen Freundes Ian, der heute der vierte im Bunde ist.

Vorsichtig pürschen wir im Morgengrauen an den Rand des Korongo vor, verhalten, um etwas mehr Licht abzuwarten. Da hören wir unter uns Knochen splittern, und als wir einen Schritt vortreten, dringt dumpfes Grollen zu uns herauf. Langsam ziehen wir uns einige Meter zurück, warten mit der Waffe unter dem Arm, bis es heller wird. Dann feuern wir kurz hintereinander drei Schüsse über das Tal.

In flachen, raumgreifenden Fluchten erscheint am Gegenhang die Löwin, umschlägt uns im weiten Bogen nach rechts. Die Cubs ziehen sich knurrend tiefer in das Korongo zurück. Vom Löwen keine Spur und kein Laut. Ein weiterer Schuß, flach ins Laubwerk der Bäume gefeuert, bringt keine Reaktion.

Inzwischen färbt die Sonne die Kronen der Schirmakazien rot, und in Schützenlinie schieben wir uns auf eine in das Korongo hineinspringende breite Nase vor.

Abdullah beugt sich hinunter und durchforscht mit seinen scharfen Augen das grüne Gewirr unter uns. »Pale!« – »Dort!« Jetzt sehen auch wir es – am Fuß der steil abfallenden Nase liegt unter uns der Kudu oder besser das, was von ihm übrig ist, Deckenfetzen, ein blutiges Gerippe.

Ich will hinunter, aber Lazarus fällt mir in den Arm: »Hapana!« – »Nein!« Vor Aufregung verfällt er aus seinem gepflegten Englisch in Kisuaheli. Und schon schwingt er sich, behende wie eine Katze, an einer herabhängenden Wurzel hinunter zum Kill. Vor ein paar Jahren bin ich noch durch den Tana geschwommen, um mein Krokodil von einer Sandbank zu holen; ich will ihn festhalten, es geht mir absolut gegen den Strich, daß ein anderer sein Leben für meine Passion aufs Spiel setzt, aber er entgleitet mir wie eine Schlange.

Während unsere Augen sich in das Grün unter und um uns bohren und ich mich mit dem Gedanken tröste, daß die Löwen wahrscheinlich zu satt sind, um Händel zu suchen, taucht Lazarus' Kopf schon wieder neben uns auf. Mit beiden Händen streckt er mir die Trophäe des Kudu entgegen: »Your Kudu, Sir!« Er sagt »Sir«, nicht »Hanns«, so stolz ist er und so aufgeregt.

Die Büffel hatten ihn ruhig schlafen lassen und auch das Steppenwild für Ian; der Kudu aber hatte an ihm genagt, sein Nervenkostüm zunehmend zerfetzt, während die Tage, die wenigen Tage, die wir hier oben im Norden Tansanias hatten, vorüberflossen, ohne daß wir mehr als eine kalte Fährte von diesem edlen Wild gefunden hätten. Er war zu einer Prestigefrage für ihn geworden, ihn, Lazarus Massi, den jüngsten Jäger von Tanzania Wildlife Safaris, der ersten Safari-Organisation mit schwarzen Berufsjägern. Obwohl ich ihn nie gedrängt hatte, wußte er doch, wieviel mir am Kudu lag. Rappenantilope, Kudu und Büffel hatten mich in dieses schöne Land geführt, und er hatte mir den Kudu versprochen, gegen alle Wahrscheinlichkeit in diesem Block, in dem der Kudubestand gering war. Nun, da war er, und ich begriff, warum er mich bis zur buchstäblich letzten Minute vorangepeitscht, warum er das Unmögliche möglich gemacht hatte.

»Your Kudu, Sir!« »Danke Lazarus, asante sana, du hast den Kudu für mich im wirklichen Sinn des Wortes aus der ›Höhle des Löwen‹ geholt.«

›Cut firewood‹

Es gibt Bilder, Gerüche, Geräusche, die bestimmte Gedankenverbindungen bei uns auslösen, uns blitzartig in ganz bestimmte Stimmungen versetzen. Ich brauche nur leise die Worte ›cut firewood‹ in besonderer Betonung, ›katt feirr wud‹, das ›katt‹ kurz, das ›feirrr‹ lang und das ›wud‹ abfallend und abrupt, vor mich hinzusprechen, und ich spüre, wie sich mir der Magen zusammenzieht, wie es beginnt, in den Fingerspitzen zu kribbeln, sehe das gelbe, im Wind tanzende Gras der Savanne, das Grau und Grün der Dornbüsche, fühle auf meiner Haut wie flüssiges Blei die Glut der afrikanischen Sonne.

In eine Weite, die unermeßlich ist, und in eine Stille, deren Ausmaß erst bewußt wird durch diesen winzigen Laut, hämmert von weit her, hastig hervorgestoßen, so, als wolle ein Ruf den anderen einholen, das ›cut firewood, cut firewood‹ der Wildtaube, singt die Melodie zur Pürsch auf den Büffel.

Und wenn die Erfahrung dir tausendmal sagt, daß gegen die moderne Ballistik auch der gewaltige Büffel kaum noch eine Chance hat, daß von hundert Büffeln neunundneunzig in panikartiger Flucht das Feld räumen, wenn sie die Nähe des Menschen auch nur ahnen, wenn du deiner ruhigen Hand ganz sicher bist – die Erinnerungen der Kindheit mit den Lithographien voller Dramatik in den alten Afrika-Büchern, der durch die Luft wirbelnde Jäger über dem schwarzen Helm des Büffels, die nüchternen Erkenntnisse der reifen Jahre, daß immer noch, jedes Jahr, durch den afrikanischen Büffel mehr Menschen umkommen als durch irgendein anderes Großwild, und, verwoben mit der Einfalt der Kindheit und der Weisheit des Alters, die nie endende Kette blutrünstiger Geschichten, die zu allen Zeiten über den Büffel geschrieben wurden – du kannst sie nicht so völlig wegwischen, daß nicht die winzige Frage bliebe, jedesmal wieder, ob das rhythmische, hämmernde ›cut firewood‹ nicht die letzte Melodie sein wird, die du auf dieser Erde hörst. Ohne diesen Gedanken wäre die Jagd auf den Büffel wie jede andere Jagd. Um dieses Gedankens willen ist sie großartig und von eigentümlichem Reiz.

Die Taube verschweigt, wenn der Schuß fällt, lauscht und lockt weiter, als wäre nichts geschehen.

Behutsam legte Hamissi seine Hand auf die Schulter von Saidi Kawawa, meinem afrikanischen Jäger, der am Steuer des Landrovers sitzt.

»Nini hapa?« – »Was gibt es?«

»Nyatti«, sagt Hamissi und deutet auf die frischen Fährten im Sand.

Wir sind im Süden Tansanias, in der wildreichen Selous-Steppe, und hier unten heißt der Büffel ›Nyatti‹, nicht ›Mbogo‹, und der Elefant ›Tembo‹ anstatt ›Ndofu‹. Man muß das wissen, wenn man will, daß der Puls im rechten Moment höher schlägt.

Es ist früh am Morgen, die Büffel sind vom Fluß heraufgezogen, sind einige hundert Meter den Pfad hinuntergebummelt und dann in das dicht bewachsene Hügelgelände zu unserer Linken eingewechselt. Es ist eine große Herde, und obwohl der Wind alles andere als günstig ist, beschließen wir, ihr zu folgen. Zwei oder drei Fährten sehen vielversprechend aus.

Eine Stunde etwa ist vergangen, das Gelände wird immer unwegsamer, der Busch immer dichter, als wir die Herde vor uns hören, das dumpfbrummende ›Bööh‹ der Kühe, das hellere ›Bääh‹ der Kälber, das Brechen von Ästen, das mahlende Geräusch der Kiefer. Die Herde äst sich zügig, aber vertraut dem Tageseinstand zu. Sie ist weit auseinandergezogen, und wir müssen aufpassen, daß keine der Nachzüglergruppen in unseren Wind gerät. Schon können wir die dunklen Rücken einzelner Stücke ausmachen, Kühe und junge Bullen.

Eine alte Kuh mit frisch gesetztem Kalb äst sich bis auf etwa 15 Gänge an uns heran und gibt ihrem Sprößling, dem das Tempo zu schnell ist, gelegentlich einen liebevollen Stups. Wir machen uns ganz klein, halten den Atem an. Die Büffelkuh steht anderen Tiermüttern in der Verteidigung ihrer Jungen keineswegs nach, und hier könnte sich blitzartig eine kritische Situation anbahnen.

Alles atmet erleichtert auf, als die Kuh abdreht, ohne uns zu bemerken. Immer weiter zieht sich die Herde auseinander, und wir müssen wie die Seiltänzer operieren, um außer Wind zu bleiben und dennoch den Anschluß nicht zu verlieren. Saidi steuert unser Tun mit knappen Gesten, hält zurück, treibt an. Die Sonne ist höher gestiegen und brennt im Nacken. Wir wischen uns den Schweiß aus den Augen. Mit der drückender werdenden Schwüle steigt die Spannung von Minute zu Minute.

An einer Senke, in der der Bewuchs lückiger ist, teilt sich die Herde auf. Während die eine Hälfte links an der den flachen Talkessel umgebenden Hügelkette vorbeiwechselt, zieht die andere auf der Innenseite der Hügel um das Tal.

Der Wind ist günstiger für eine Verfolgung des weiter nach links abzweigenden Wildes. Wir pürschen etwas überhastet nach und sehen uns plötzlich auf wenige Meter einer jungen Kuh gegenüber, die uns entgeistert anäugt, sich im nächsten Augenblick schnaubend herumwirft und mit den Hinterläufen auskeilend der Herde nachprescht und diese ins Trollen bringt.

Unser Inkognito ist gelüftet, und wir entscheiden uns, nach rechts in die Senke abzubiegen, ehe die ›Schreckensnachricht‹ sich nach dort ausbreitet. Aber auch hier sind die Büffel schon in Bewegung. Man merkt ihnen an, daß sie nicht wissen, was los ist, aber die Herde ist unruhig und im schnellen Ziehen. Saidi und ich lassen die anderen zurück, springen im Schutz der Büsche gebückt auf einen hohen Termitenhügel zu, der bessere Aussicht verspricht.

Als wir die Nase über die Spitze des Hügels schieben, steht links von uns im Hang auf 50 Gänge ein kohlschwarzer Bulle und äugt uns mit erhobenem Haupt unverwandt an. Die Trophäe ist weitausladend und stark, auf der linken Seite aber ist das Horn über der Aufwärtsbiegung abgebrochen. Saidi legt mir die Hand auf den Arm und schüttelt den Kopf: »Diesen nicht!«

Unsere Augen fliegen über die Hänge, tasten jedes Stück ab, das für Sekunden frei wird, nichts, Kühe, Kälber, einzelne junge Bullen.

Da spüre ich, wie Saidis Hand sich plötzlich verkrampft, wende mich ihm zu und folge dem Blick seiner Augen. Im dichten Gestrüpp bewegt sich vor uns auf dem Kamm ein gewaltiger grauer Wildkörper nach rechts. Ein Blick durch das Glas zeigt, daß das Haupt über tiefem wuchtigem Träger schwere Last trägt. Kein Zweifel, das ist einer der alten Bullen, deren Fährte ich heute morgen fasziniert betrachtet habe. Aber trotz der guten Auflage, die ich auf dem Termitenhügel habe, kann ich mich nicht entschließen zu schießen. Nicht nur ist mir die Entfernung für Büffel zu weit, es sind etwa 120 Meter, der Bulle ist auch dauernd von Buschwerk gedeckt und nur schemenhaft zu erkennen.

Zwei Grundsätze habe ich mir bei der Jagd auf Großwild zur ehernen Regel gemacht: Nicht auf weite Entfernung und nur dann zu schießen, wenn ich das Stück soweit frei habe, daß die Kugel mit Sicherheit ins Leben geht. Wenn man diese Regeln beachtet, dann ist die so oft diskutierte Kaliberfrage nur noch von nachgeordneter Bedeutung. Es sind Elefanten in Afrika mit der 7×57 geschossen und Antilopen mit der .458 verloren worden. Ohne einer abwegigen Kaliberwahl das Wort reden zu wollen, wie sie die 7-mm-Patrone auch mit der stärksten Laborierung für diese Verhältnisse sicher darstellt, bleiben letztlich richtige Geschoßwahl und gut gezielter Schuß auf vernünftige Entfernung entscheidend. Zugegeben, auf die Gelegenheit hierfür zu warten, kostet oft mehr Nerven, als man mit Worten ausdrücken kann, aber es erspart auch Enttäuschungen, unnötige Gefährdung von Menschenleben und dem Wild vermeidbare Qualen.

Lange Zeit bleibt mir nicht zum Überlegen, denn immer mehr Bewegung kommt in die Büffel um uns, sicher haben auch einige jetzt schon Wind von uns. Ich bedeute Saidi, am Termitenhügel zu bleiben und tauche ins Gras, krieche oder laufe gebückt, wie es das Gelände erfordert, auf meinen Büffel zu, ohne Rücksicht auf die übrigen Stücke.

Es gelingt mir, bis auf etwa 60 Gänge an den Büffel heranzukommen. In meiner bevorzugten Schußposition, sitzend, die Arme auf die Knie abgestützt, kann ich vom Fuß des Hanges aus den Büffel gerade noch über dem Kamm ausmachen. Aber noch immer zieht er gedeckt, jetzt auch schon schneller, und kann jeden Augenblick hinter dem Hang verschwinden, wenn er die Richtung ändert.

Der Versucher lockt und pocht mir in den Schläfen: Die Vollmantel schlägt doch durch, versuch es, du verlierst den Büffel bestimmt, wenn du jetzt nicht schießt!

Für einen Augenblick lasse ich den Kopf sinken, ersticke alle Gedanken, hole tief Atem. Als ich ihn wieder hebe, weiß ich: Ich werde nur schießen, wenn der Büffel freizieht!

Und er tut es, nach endlos scheinenden Sekunden! Zieht in eine kleine Lücke, verhält und äugt mit gesenktem Haupt zu mir herunter. Jetzt geht alles blitzschnell, die Vollmantel auf die Blattschaufel, im Zusammenbrechen des Büffels ist das Brenneke TUG schon im Lauf, und ehe fünf Sekunden herum sind, haben ihn zwei weitere Geschosse verlassen.

Als gleichwinkliges Dreieck, zollbreit auseinander, finde ich sie später auf dem Blatt und bin stolz – wer wird's mir verübeln –, als meine afrikanischen Begleiter mit anerkennendem Gemurmel die Einschüsse untersuchen. Das TUG hat ein fünfmarkstückgroßes Stück Knochen aus der Blattschaufel gerissen und durch die Lunge getrieben. Mit dem so plazierten Schuß hätte es die Arbeit auch allein getan. Aber auch hier gehen die Meinungen auseinander, und ich habe mich auf die Seite der Partei geschlagen, die für den ersten Schuß auf den Büffel die Vollmantel wählt. Nur zu häufig findet man dieses Wild im dichtesten Gestrüpp, und ein Zweig ist im dort oft herrschenden Dämmerlicht auch bei größter Vorsicht leicht übersehen. Auch ist die Durchschlagkraft des Teilmantelgeschosses bei einem Schuß auf den Helm oder das Schultergelenk nicht immer ausreichend.

Befürworter des Teilmantelgeschosses stellen dem entgegen, daß bei Schüssen durch die inneren Organe dieses normalerweise schnellere Wirkung erzielt als das Vollmantelgeschoß. Da man beim Büffel aber wegen der immensen Lebenskraft dieses Wildes im allgemeinen immer versuchen wird, mit dem ersten Schuß Knochen, d. h. Blattschaufel oder den oberen Vorderlaufknochen, zu treffen, um ihn zumindest in seiner Bewegungsfreiheit einzuschränken, scheint mir das Vollmantelgeschoß für den sorgfältig gezielten ersten Schuß doch die bessere Wahl zu sein, zumal es in jedem Fall den Wildkörper zumindest bis zur jenseitigen Decke durchschlägt und damit die bekannte paralysierende Wirkung auf das zentrale Nervensystem auslöst, die ein auf eine Seite des Wildkörpers einwirkender Schuß nur erzielt, wenn er das Hirn oder das Rückenmark erreicht.

Der Schuß mit dem Vollmantelgeschoß durch die Blattschaufeln, die ein verhältnismäßig großes und leicht auszumachendes Ziel darstellen, bannt den Büffel mit an Sicherheit grenzender Wahrscheinlichkeit an den Fleck. Eine ähnliche Wirkung kann man bei den Nicht-Knochenschüssen normalerweise nur beim Schuß auf den Stich oder beim Schuß schräg von vorn erwarten, bei denen mehrere Organe gleichzeitig schwer verletzt werden.

Ich halte meinem Büffel die Totenwacht, lausche dem Wispern des Grases und sinniere dem fernen Locken der Tauben nach. Es klingt anders als das Locken unserer Tauben, heller, metallischer, und ist dennoch unverkennbar ähnlich. So ähnlich, wie Kristall dem Funkeln des Sonnenlichts auf einem Waldsee ist, und doch so anders. Der Taube sagt es dasselbe wie daheim im Frühlingswald, aber für mich ist es nicht dasselbe. Es ist nicht mehr das Lied der Liebe und Hoffnung, es ist das Lied des Vergehens, das Lied vom ewigen Fließen der Dinge.

›Kwaheri‹ – (Auf Wiedersehen) – Tansania, du hast mich reich und glücklich gemacht. Kwaheri, meine Tauben, ich höre euch immer noch – cut firewood, cut firewood.

Am Tana

Der Norden Kenias, das Flußgebiet um den Tana, ist Afrika, wie wir es uns vorstellen. Dornbusch und Steppe, Wind, rotbrauner Staub und eine große glühende, alles verzehrende Sonne. In Afrika nennt man die Mittagsstunde ›the heat of the day‹, die Hitze des Tages. Wenn um diese Zeit vorübergehend der Wind einschläft, dann meint man, glühende Lava flösse einem über Kopf und Glieder.

Nur der dichte Busch entlang der Flußufer, über den die Dompalmen ragen, grünt und atmet Leben. Der Rest ist eine Palette von Grau-, Gelb- und Brauntönen, in denen das harte Weißgrau von Kalkstein und dürrem Dornbusch mit dem Rötel des Sandes und dem Ockerton des Grases kontrastiert. Über allem aber wölbt sich, tiefblau, ein wolkenloser Himmel und erweckt die toten Farben in einem großartigen Panorama zum Leben.

Dies ist das Land, in dem die stärksten Elefanten der Welt ihre Fährte zogen, Heimat der Oryx, deren Decke rot leuchtet im Licht der Sonne und die mit ihren nadelspitzen langen Hörnern zu kämpfen verstehen wie Florettfechter, des scheuen Kleinen Kudus, Schatten in der Dämmerung im trockenen Flußbett. Das Land der enggestreiften, selten werdenden Grevy-Zebras, des noch selteneren Hunter's Hartebeests mit den leierförmig geschwungenen Hörnern, der zierlichen Giraffengazelle, zum Leben erwachtes Meißener Porzellan, der kraftvollen (Peters) Grants und des grobschlächtigen Nilpferds.

Auch Schirrantilope und Wasserbock, Pinselohr- und Warzenschwein, Giraffe und Büffel kommen hier vor und natürlich auch jene, die von all den Vorgenannten leben: Löwe und Schakal, Hyäne und Geier, Krokodil und der teuflische Hyänenhund. Wildarten, die man aus dem äsungsreichen Süden, dem Hochland und der Massaisteppe, kennt, wirken im heißen Klima des Nordens wie deren arme Verwandte.

Die Paviane in ihrer kurzen Behaarung laufen herum, als hätten sie eine Schlankheitskur hinter sich, die Löwen mit dornenzerzausten, kaum noch als solche identifizierbaren Mähnen wirken wie eine Karikatur des königlichen Schwarzmähnenlöwen der Massai-Steppe, die Hyäne zeigt sich kahl in ihrer ganzen Scheußlichkeit, das Warzenschwein wirkt noch hochläufiger, noch überbauter, ein Gnom mit einem Riesenhaupt, und selbst der staubbedeckte, kurzhaarige Büffel hat viel von seiner kohlschwarzen drohenden Urgewalt verloren.

Man sagt den Büffeln des Tana dreierlei nach: daß sie noch heimlicher wären als ihre Gefährten im Süden, daß sie deren Trophäenstärke nicht erreichten und daß sie weitaus reizbarer seien als diese. Die geringe Trophäenstärke und die Reizbarkeit kann man verstehen, wenn man betrachtet, wovon diese ärmsten unter den Wiederkäuern einen großen Teil des Jahres leben müssen: Dürrgras und dürrer Dornbusch. Mangel an Nährstoffen gleichen sie durch Volumen aus, und es ist unvorstellbar, welche Menge an trockenem Häcksel aus dem aufgeschärften Pansen eines Büffels quellen kann.

Hier, am Ufer des lehmbraunen Tana, ostwärts von Garissa, hatte Adam unser Lager aufgeschlagen. Meine zwei deutschen Begleiter wollten erlegen, was ihnen an für das Gebiet typischem Steppenwild in ihrer Erlebniswelt fehlte, und ich hatte endlich einmal Zeit, mich in aller Ruhe den geheimnisvollen Büffeln dieses Landstriches zu widmen.

Bei früheren Gelegenheiten – Elefanten-Safaris – fehlte sie, da wir zumeist von morgens bis abends der Elefantenfährte nachhingen und nicht Gefahr laufen wollten, dieses scheue Wild durch Schüsse zu beunruhigen. Diese Gefahr bestand nicht mehr. Mit dem Verbot der Elefantenjagd, das dem allgemeinen Jagdverbot in Kenia vorausging, war am Tana, erschreckend schnell, die Zeit der Elefanten zu Ende gegangen. Nur bleiche Knochen und die riesigen, ihres Elfenbeins beraubten Schädel des majestätischen Wildes erinnerten, wo immer man hinkam, an jene an Erleben so reichen Zeiten, da jeder Tag noch die Spannung und die realistische Aussicht barg, in seinem Verlauf vor dem ersehnten ›Hundertpfünder‹ zu stehen.

Nur wenige Jahre lagen sie damals zurück. Wie gewaltig ist doch in unserer Zeit nicht nur die Eskalation des Wissens, sondern auch die Eskalation der Vernichtung! Der Elefantenfriedhof am Tana – kein Friedhof, sondern ein Schlachtfeld, eine Hinrichtungsstätte – ist hierfür ein außerordentlich bedrückender Beweis.

Wo früher die Elefantenwechsel zum Wasser sich wie Schienenstränge eines Verschiebebahnhofs durch das Land gezogen hatten und wo der Anblick von Herden mit fünfzig, ja hundert und mehr Stücken keine Seltenheit gewesen war, fanden wir in zehn Tagen kaum noch Fährten und sahen nur eine kleine Herde verängstigter, gereizter Muttertiere und Kälber.

›No more the Tusker‹ – ›Vorbei die Zeit der Elfenbeinträger‹ – der Titel eines Buches über das Schicksal des afrikanischen Elefanten, in dem soviel an Resignation und Traurigkeit schwingt, ging mir in diesen Tagen am Tana oft durch den Sinn.

›Risase moia‹

Endlich wieder konnte ich jagen, wie ich am liebsten jage, auf mich allein gestellt, begleitet nur von einem landeskundigen Führer. Mein großzügiger Freund Adam hatte mir Matuko für die Pürsch auf den Büffel überlassen.

Vielleicht kann man nicht von Freundschaft im üblichen Sinne sprechen, wenn man durch Sprachbarrieren vom Gefühlsleben eines anderen Menschen getrennt ist. Und doch verbanden Matuko und mich seit vielen Jahren Zuneigung, Achtung voreinander und blindes Vertrauen zueinander, Empfindungen, die seit jeher wesentliche Elemente einer Männerfreundschaft sind.

Oft habe ich bedauert, wenn Adam mir von dem Mutterwitz, dem Charme und der sprachlichen Ausdruckskraft dieses seines besten und treuesten Gewehrträgers berichtete, daß meine paar Brocken Kisuaheli und Matukos paar Brocken Englisch nicht ausreichten, um unsere Freundschaft auch im Dialog zu vertiefen. Und doch haben wir nur selten Schwierigkeiten gehabt, uns zu verstehen, selbst nicht, als wir einmal eine ganze Woche allein im Busch verbrachten.

Die wesentlichen Dinge unter Jägern, Erfahrung vorausgesetzt, übertragen sich intuitiv von dem einen auf den anderen, durch einen Blick, eine knappe Geste, den Ausdruck des Gesichts, die Körperhaltung. So gehört denn all mein Streifen mit Matuko, diesem jagdlich weisen, leidenschaftlichen und dennoch besonnenen, tapferen und immer fröhlichen Kameraden, mit zu dem Schönsten, was ich jagend erlebte.

Auf unserer ersten Pürsch durch das Uferdickicht des Tana, wo wir die Tageseinstände der Büffel vermuteten, nahm Matuko sozusagen Witterung auf. Gemeinsam versuchten wir uns ein Bild zu machen, wie und wo die Büffel wechselten und ob, dem Fährtenbild nach, jagdbare Bullen bei den Herden standen.

Das Gestrüpp entlang der Ufer ist so dicht, daß man nur auf den schacht- oder tunnelartigen Wildwechseln vorankommt. Begegnungen mit Wild sind hier Zufall, da die Sicht eingeschränkt und es kaum möglich ist, völlig geräuschlos zu pürschen. Erfolgen sie dennoch, können sie unter den beengten Verhältnissen leicht kritisch werden. Offensichtlich zogen die Herden nachts oder in den frühen Morgenstunden zur Tränke und wechselten dann zum Äsen zurück in den etwas lichteren Dornbusch.

Hier begannen wir am nächsten Morgen, und es dauerte nicht lange, bis Matuko die frischen Fährten einer Herde ausgemacht hatte. Obwohl sie normalerweise gegen den Wind ziehen, beschreiben die Büffel hierbei gern einen Halbbogen, der sie nach geraumer Zeit wieder unter halben Wind ihres Wechsels bringt. Die Kunst ist also nicht so sehr, der Fährte zu folgen, als deren Verlauf vorauszuahnen und seitlich davon unter Wind zu bleiben. Vorausberechnungen dieser Art erfordern vom Europäer ein Maß an Erfahrung, das man sich sicher nur in vielen Jahren im Lande selbst aneignen kann.

Die Angehörigen der jagenden Stämme Afrikas – und dazu zählen in Kenia in erster Linie die Wakamba – nehmen diese Erfahrung schon mit der Muttermilch auf, und unter ihnen war Matuko wiederum einer, der besonders kräftig gesaugt haben mußte. In dem eintönigen, übermannshohen Dornbusch verliert der Europäer sehr schnell die Übersicht und kann sich eigentlich nur nach dem Stand der Sonne generell orientieren. Die Wakamba laufen mit der gleichen, untrüglichen Sicherheit kreuz und quer in ihm herum, mit der wir uns in den Straßen einer uns wohlbekannten Stadt bewegen, und zwar auch dann, wenn ihnen das Gelände fremd ist. Man kann dieses Phänomen wahrscheinlich nur durch dem Wild verwandtes Instinktverhalten und durch eine Beobachtungsgabe erklären, die der unseren weit überlegen ist.

Nachdem er die Büffel bestätigt hatte, verließ Matuko also die Fährte, und wir bewegten uns eine ganze Weile nach den Gesetzen der Wakamba-Arithmetik in Bögen und Schlangenlinien durch den Busch, wobei mein einziger konstruktiver Beitrag eigentlich darin bestand, nach Möglichkeit genauso lautlos voranzukommen wie mein afrikanischer Begleiter.

Hin und wieder verhielten wir und lauschten. Schon zweimal hatte ich bemerkt, daß Matuko etwas zu hören schien, was ich nicht hörte. Beim dritten Mal machte er mir mit flatternden Fingerspitzen klar, was es war – Madenhacker, jene Vögel, die mit ihrem korallenroten Schnabel das Großwild nach Zecken und anderem Ungeziefer absuchen und durch ihre Aufmerksamkeit gleichzeitig als dessen Wächter – gelegentlich natürlich auch durch das von ihnen verursachte Geräusch als seine Verräter – fungieren.

Jetzt hörte ich das melodische Gezwitscher ebenfalls, ein winziger Laut, der sich – einmal isoliert – aus dem Raunen des Grases und dem Rascheln der Blätter herauslöste wie der leise Balzton des Auerhahns aus der Geräuschkulisse des Frühlingswaldes.

Nun hatten wir die genaue Richtung, und es kam nur noch darauf an, weit genug unter Wind zu kommen, um nicht von einem eventuell abseits der Herde stehenden Stück vorzeitig wahrgenommen zu werden. Die Sonne war schon hoch am Himmel, und so bestand Hoffnung, daß das Wild bald verhalten oder sich niedertun würde.

Mit aller erdenklichen Vorsicht pürschten wir weiter auf das lauter werdende Gezwitscher der Madenhacker zu und hörten auch bald vor uns das Brechen der langsam ziehenden Herde. Ehe wir uns versahen, krachte es rechts, links und vor uns, ohne daß wir in dem dichten Busch auch nur das Geringste zu sehen vermochten.

Matuko, nie um einen Ausweg verlegen, zeigte auf eine Schirmakazie zu unserer Linken, die das Dorngestrüpp überragte, und war Sekunden später schon mit gewandten Bewegungen in deren Krone verschwunden. Kaum war er dort angelangt, winkte er aufgeregt zu mir herunter, nachzukommen. Ich verlor keine Zeit, warf das Gewehr, mit der Mündung nach unten, auf den Rücken und zog mich am Stamm hoch, gerade noch rechtzeitig, um, auf der untersten Astgabe angelangt, vielleicht 15 Meter entfernt eine Büffelkuh und einen jungen Bullen sich zielstrebig auf unsere schattenspendende Schirmakazie zubewegen zu sehen. Vorsichtig kroch ich höher an Matuko vorbei auf einen seitlich ausladenden Ast und hatte nun freien Blick auf eine friedlich grasende Herde von etwa 15 Büffeln.

Wie es selten der Fall auf der Jagd ist – hier hatten wir alle Vorteile auf unserer Seite. Der Wind blies uns voll und stetig ins Gesicht, und die Sonne stand in unserem Rücken. Nichts konnte eigentlich mehr schiefgehen. Aber je länger ich die Büffel betrachtete, desto länger wurde mein Gesicht: Kuh, junger Bulle, Kuh, Kalb, Kuh, nochmal Kuh usw. Lediglich ein Stück, das sich etwa 80 Meter vor uns bereits niedergetan hatte, konnte ich nicht ansprechen, von ihm war nur ein Flecken dunkler Decke, nicht jedoch das Haupt zu sehen.

Langsam klang die erste Aufregung ab, und ich hatte nun Muße, die äsenden Büffel unmittelbar unter mir in Ruhe zu beobachten. Fast wie ein Schock traf mich ihre unverkennbare Ähnlichkeit mit friedlich grasenden und wiederkäuenden Rindern. Die großen Lauscher spielten entspannt mit den Fliegen, und in den dunklen Lichtern stand dösender Friede. Zum erstenmal beschlich mich etwas wie Selbstvorwurf und Frage im Zusammenhang mit der Büffeljagd. Immer ist sie in unserer Vorstellung mit Kampf und Spannung, geblähten Nüstern, mißtrauisch, drohend blitzenden Lichtern und scharrenden Schalen verbunden. Hier nun war die ernüchternde Kehrseite der Medaille – in Ruhe gelassen, nahm die Herde wilder Büffel unverkennbar den Charakter einer Kuhherde an. Das war so schmerzlich und amüsant zugleich, daß ich mir eine Zigarette anstecken mußte.

Knapp aber brannte das Streichholz, da war sie wieder da, wie von Geisterhand hingezaubert, die Vision des ›dräuenden Büffels‹. Der ›schwarze Fleck‹ hatte sich, von mir unbemerkt, aufgenommen, und da stand, das

Haupt erhoben und in unsere Richtung äugend, der Bulle aus dem Bilderbuch, um die Hälfte stärker als Kühe und Jungbullen und in seiner beeindruckenden Kraft und Wucht alle friedlichen Gedanken wegblasend wie Spreu vor dem Wind.

Ich weiß nicht, wie es kam, aber in meiner Astgabel wie in einem Sessel plaziert, nahm ich versuchsweise die Sauer 80 hoch, stützte die Ellenbogen auf beide Oberschenkel und visierte mal eben hinüber. Bei fünffacher Vergrößerung stand das Haarkreuz des Absehens Vier festgemauert unter dem Helm zwischen den Lichtern – es mußte einfach klappen. Aus der Überzeugung wuchs, ungeplant und in Sekundenbruchteilen, die Entscheidung zum Schuß, diesem Schuß.

So fest war mein Sitz aber scheinbar doch nicht. Im Knall federte er zurück und ich vor, und der Kolben rutschte mir in die Achselhöhle. Voll schlug mir der Okularstutzen des Zielfernrohrs oberhalb des Winkels von Nasenwurzel und Braue gegen die Stirn (wie oft hatte ich über ähnliches Mißgeschick meiner Waidgenossen gelächelt), und während das Blut begann, mir in das rechte Augen zu laufen, konnte ich blinzelnd gerade noch feststellen, daß mein Büffel, vergleichsweise doch härter getroffen und im Schuß verendet, in seiner Fährte zusammengebrochen war.

Bei Rehwildsprüngen, Karibu- und Antilopenherden, aber auch bei Sauen, hatte ich erlebt, daß sie den Schuß dann nicht registrierten, wenn das beschossene Stück im Feuer lag. Hätte mir jedoch jemand erzählt, daß 15 Meter entfernte Büffel in einem entsprechenden Fall vom Schuß völlig unbeeindruckt geblieben wären, dann hätte ich das mit Sicherheit für Jägerlatein gehalten. Nun denn, auf die Gefahr hin, als dessen Verbreiter zu gelten – die Büffel warfen weder auf noch sprangen sie ab, sondern ästen friedlich weiter, bis wir sie eine Viertelstunde später, als die Äste unter dem Achtersteven zu drücken begannen und die Ungeduld wuchs, mit Rufen vertrieben.

»Risase moia« (eine Kugel), sagte Matuko, »risase moia!« Und der Unglaube darüber, daß man auch einen Büffel mit einem Schuß schlagartig töten kann wie einen Elefanten, ließ ihn vor Begeisterung die Augen rollen und das Weiße in ihnen herausblitzen, bevor er mir unterm Baum im unerwarteten Gefühlsausbruch um den Hals fiel und anhaltend auf die Schulter klopfte.

Ich weiß nicht, ob ihm dabei klar war, daß er von uns beiden mit Sicherheit die schwierigere Aufgabe gelöst hatte, bin aber geneigt, es zu bezweifeln. Unser jeweiliges Urteil ist oft eine Frage der Perspektive.

›Bwana risase moia‹

Es gibt Momente im Leben eines Mannes, die ihm unter die Haut gehen, ob es der Tapferkeitsorden im Kriege ist, die Medaille im Frieden, das Ja der Angebeteten oder die Stunde des beruflichen Erfolgs. Für mich gehört zu diesen besonderen Momenten die Verleihung eines ›Kriegsnamens‹ – Bwana risase moia (Herr der einen Kugel) – durch meine afrikanischen Jagdgefährten, Ausdruck eines Vertrauens, das sie nicht leicht zu verschenken bereit sind und auf das ich deshalb stolz bin.

In Afrika sauber zu schießen ist nicht nur, wie überall, waidmännische Pflicht, sondern kann hier leicht zur Überlebensfrage werden. Wagemut und schnelle Entschlüsse haben mich immer gereizt, Vorsicht und Abschätzen des Risikos haben mich dabei jedoch selten verlassen.

So ist es wohl nicht nur die Grundeinstellung zum Leiden der Kreatur, waren es wohl nicht nur die gemeinhin größeren Ziele, sondern sicher auch einige Prisen Abwägen und Selbsterhaltungstrieb, die mich, als ich, jagdlich schon einigermaßen abgeklärt, zum erstenmal nach Afrika kam, von Anfang an gewissenhaft und damit passabel schießen ließen. Die Treffkrisen, von denen man, bezogen auf Afrika, so oft hört und liest, habe ich daher nie durchmachen müssen, wobei sicher auch die Wahl der richtigen Gewehre, der besten verfügbaren Munition, gewissenhaftes Einschießen vor der Jagd und gewissenhafte Pflege von Waffen und Optik eine nicht unbedeutende Rolle gespielt haben.

Ich kann nur hoffen, daß ich in diesem Zusammenhang nicht den Tag vor dem Abend lobe, denn jeder, der jagt, weiß, wie leicht Fehler passieren und Irrtümer unterlaufen und wie leicht gerade auf diesem Gebiet Hochmut vor dem Fall kommt. Wie dem auch sei – mein afrikanisches Hemd ist in bezug auf das Treffen noch immer erstaunlich unbefleckt, sicher wohl auch eine Folge glücklicher Umstände – aber dennoch...

Unseren afrikanischen Gefährten war das nicht entgangen; zuerst war ich ihnen willkommen als verläßlicher Füller der abendlichen Kochtöpfe, dann begannen sie am Lagerfeuer, Vergleiche mit anderen Schützen anzustellen und mein Schießen zu kommentieren. Dann kam der Punkt, bei dem nicht mehr Sorge ihr Gesicht verschattete, wenn sie mir zur Pürsch zugeteilt wurden, sondern ihre Augen aufleuchteten, und am Ende stand das Vertrauen, das gemeinhin nur der in Jahren kritisch erprobte eigene Bwana genießt und das ein Zusammenjagen mit mir zur selbstverständlichen Routine werden ließ. Und, schließlich, eine Serie für sie besonders eindrucksvoller Schüsse, von deren letztem ich berichten möchte und der mir überraschend den Beinamen ›Bwana risase moia‹ eintrug.

Gewöhnlich sind solche ›Kriegsnamen‹, obwohl charakteristisch für die gute Beobachtungsgabe und den Sinn fürs Besondere der Afrikaner, weniger schmeichelhaft. So ist beispielsweise einer meiner Freunde als ›Bwana Dicker Bauch‹ und ein Bekannter als ›Bwana Zitterhand‹ in die afrikanische Buschgeschichte eingegangen. Sven, unser Jagdführer im Meru-Gebiet, hieß ›Bwana Shillingi‹, weil er alle Probleme durch stets in der Jackentasche bereitgehaltenes Kleingeld zu lösen wußte. Wenn er irgendwo auftauchte, liefen ihn wie einen Überseedampfer bei der Hafeneinfahrt alle ›Schiffe‹ der Umgebung an, um Lotsendienste anzubieten.

Die Tage bis zum Ende unserer Reise waren zu zählen, und noch fehlte einem von Adams Jagdgästen das vielleicht am schwersten zu erlegende Wild des Dornbusches, der Kleine Kudu. Ansitz und Pürschen waren erfolglos geblieben, und so entschloß sich Adam, wie er es von der Elefantenjagd gewöhnt war, vom Morgen bis notfalls in die Nacht die Fährte eines Kudubullen auszugehen.

Nun ist ein Kudu mit seinen zierlichen Schalen kein Elefant, und das Vorhaben grenzte schon ans Abenteuerliche und an jene Bereiche, in denen selbst die Wakamba zweifelnd die Stirn in Falten legen. Jedenfalls stand außer Frage, daß der Beste von ihnen gerade gut genug war für diese Aufgabe, und wer war wohl der Beste?

Matuko war ich mithin los. Und für diejenigen meiner Leser, die noch Zweifel haben sollten – natürlich hatte Matuko, bzw. der ihn begleitende Schütze, nachmittags um 5 Uhr, weit entfernt vom Lager, den Kudu zur Strecke.

Mir war Genti zugeteilt worden, die Nummer 2, Matukos Vetter und Schüler, jünger und lebhafter, genauso lustig, genauso begabt, aber noch nicht so besonnen und erfahren wie der Meister.

Am Vorabend hatten die Gefährten flußabwärts vom Lager eine Büffelherde im dicken Uferbewuchs verschwinden sehen, mit einem Bullen von (wie alles Wild, das nur gesehen und nicht erlegt wurde) ›sagenhaften Trophäenmaßen‹, die später, wenn die Erlegung zufällig doch gelingt, im Abkochtopf auf seltsame Weise zusammenzuschrumpfen scheinen. Anlaß genug jedenfalls, die Sache näher auszuleuchten. So befand ich mich, in Begleitung von Genti, gegen Mittag erneut im Dornbusch, der sich nur dadurch von dem des ersten Büffels unterschied, daß er eher noch dichter und das Fährtenwirrwarr in ihm noch größer war.

Nachdem wir wohl zwei Stunden im Busch kreuz und quer gezogen waren, wobei ich mich gelegentlich des Eindrucks nicht erwehren konnte, daß Genti eher ›buschierte‹ als systematisch einer Fährte folgte – mir wäre auch unklar gewesen, wie das bei dem trockenen Boden auf den ausgetretenen Wechseln selbst für einen Wakamba hätte möglich sein sollen –, kam uns der Zufall zu Hilfe. Plötzlich war es wieder da, das Zirpen der Madenhacker, diesmal aber ganz schlecht, fast voll in unserem Wind.

Die Büffel standen dort, wo der Dornbusch an das wandartig dichte Ufergebüsch angrenzte. Sie hier unter Wind umschlagen zu wollen, erschien uns aussichtslos. So pürschten wir mit aller Vorsicht und bestenfalls halbem Wind dort parallel zum Fluß vor, wo wir gerade noch ohne Geräusch vorankamen.

Immer mit der Angst im Nacken, der Wind könne jene verhängnisvolle Vierteldrehung machen, deren zwangsläufige Folge nur das Abgehen der Büffel und damit eine Fehlpürsch sein konnte, kamen wir langsam, aber stetig dem Geräusch der Madenhacker näher. Nur gelegentlich war das Brechen eines Zweiges vernehmbar. Offenbar hatten die Büffel – wieviele es waren, wußten wir nicht – verhalten oder waren niedergetan.

Der Busch hatte wenig lichte Stellen, und Sicht bot sich eigentlich nur entlang der Wechsel. Es stand zu befürchten, daß wir die Büffel erst auf kürzeste Entfernung erkennen würden, und mit dem Sehen waren sie ja noch nicht angesprochen. Die Nerven sind in einer solchen Situation angespannt wie Geigensaiten. Man hat das akute Bewußtsein der Gefahr, das sich jedoch weniger in Jagdfieber, wie man es etwa vor einem guten Hirsch oder Bock empfindet, als vielmehr in einer bis in die Fingerspitzen verfeinerten Anspannung aller Sinne niederschlägt.

Jede falsche Bewegung, jede Fahrlässigkeit kann jetzt nicht nur zwischen Erfolg und Mißerfolg entscheiden, sondern bedeutet unter Umständen auch höchste Gefahr. Man ist sich dessen sehr stark bewußt, und das zentrale Nervensystem, mit der Signalstellung auf Leben, lädt das Blut, das brodeln möchte, mit kühlem Eis auf.

In dieser Phase liegen die prägnantesten Unterschiede zur Jagd daheim, und unter diesen knisternden Spannungen wird die Entscheidung darüber getroffen, ob man den Lockungen der afrikanischen Jagd nachgibt. Vielleicht muß man etwas Spielerblut haben, um diese Jagd wirklich zu lieben.

Schließlich saßen wir wie die Katze vor dem Mauseloch unmittelbar vor den Büffeln, traten ein paar Schritte hierhin und ein paar Schritte dahin, knieten nieder, richteten uns auf und versuchten, irgendwo einen Flecken Schwarz im eintönigen Silbergrau des dürren Holzes aufzufassen. Mit jeder Sekunde wuchs die Gefahr, von den Büffeln oder den Madenhackern wahrgenommen zu werden.

Vor mir, links vom Wechsel, ragte eine Schirmakazie aus dem Busch, und ich war fast sicher, daß die Büffel unter ihr stehen würden. Zu sehen aber war nichts. Da kam uns einer jener plötzlichen Zufälle zu Hilfe, die gelegentlich auch aussichtslose jagdliche Situationen in Sekundenschnelle doch noch zum Erfolg wenden. Ein einzelner Madenhacker strich in unsere Richtung, nahm uns wahr und stieg mit schrillem Zirpen auf.

Ich kniete auf dem Wechsel, Genti stand vorgebeugt rechts hinter mir. Einen Augenblick herrschte Totenstille, dann ein leises Knacken, und 20 Gänge vor uns schob sich der graue Grind eines Büffelbullen windend ins Freie. Das Haupt wendete sich sichernd Genti zu, dessen helles Hemd von dem monotonen Hintergrund abstach. Im Wenden des Hauptes erkannte ich den von den Gefährten beschriebenen, nach innen gerichteten Schwung des Horns und hatte im gleichen Augenblick bereits die Büchse im Anschlag.

Zwischen Lauscher und Licht sog sich das Absehen des auf 2½fach gestellten Zielglases fest, ging, wegen der nahen Entfernung, einen guten Fingerbreit an den Rand des Helms hoch, dann berührte der Finger den Abzug. Im Schuß links und rechts vor uns das dröhnende Abgehen der Herde und dazwischen, deutlich vernehmbar, der dumpfe Aufprall des getroffen zusammenbrechenden Bullen, das metallische Gleiten des repetierenden Schlosses, Stille. Jetzt, im Lösen der Spannung, beginnen meine Hände zu zittern.

Wie ein ungestümer junger Stöberhund ist Genti im Bogen um den Büffel herumgesprungen, und jubelnd klingt sein Ruf: »Kufa (verendet) Bwana, kufa!« Ich rufe ihn zurück. Vorsichtig treten wir gemeinsam näher an den Bullen heran. Ein Zittern läuft über den gewaltigen Leib, stöhnend entweicht Luft aus der Lunge, dann streckt sich der Büffel und ist verendet.

Genti tanzt in der Gegend herum, schreit: »Risase moia, risase moia«, wendet sich mir zu, schüttelt mir die Hände und sagt, fast andächtig: »Bwana risase moia!«

Auf dem Heimweg erlegen wir noch einen jagdbaren Wasserbock, und diesmal klingt Gentis »Eine Kugel« schon fast wie eine gelangweilte Selbstverständlichkeit.

Im Lager liegen tatsächlich der Kleine Kudu, dazu ein Krokodil von Karl, Grund genug, eine Flasche zu entkorken und mit stolz geschwellter Brust zu lauschen, wie vom Lagerfeuer der Afrikaner unter Wortfetzen immer wieder ›moia‹ zu uns herüberklingt.

Oh, ihr afrikanischen Nächte, wer könnte euren Zauber beschreiben! Im Fluß springt ein Fisch, das Whupp-whupp der Hyänen jammert aus dem Busch, und weit aus der Steppe grollt Simba. Über uns, auf samtblauem Grund, das Leuchten der Sterne.

Wiedersehen und Abschied

Im Herbst 1986 war ich noch einmal in Kenia. Zehn Jahre waren vergangen, seit ich dieses Land das letzte Mal gesehen hatte, und mir wurde erschreckend bewußt, in wie wenigen Jahren unsere schnellebige Zeit, nun nicht mehr nur im Herzen Europas, das Gesicht der Welt verändert. Ich hatte das Land immer mit den Augen des Jägers gesehen, und es war ein Land der Jäger.

Wenn man im Zentrum Nairobis im ›Thorn tree‹ saß, jenem hübschen, originellen Café-Restaurant, das um eine riesige Schirmakazie herumgebaut ist, kühl und entrückt im Schatten und dennoch mitten im Trubel der Großstadt, dann war im Kommen und Gehen, im Treiben auf den Straßen die jagdliche Komponente unübersehbar. Staubige Safariwagen, eben aus dem heißen Norden, der N.F.D. (Northern Frontier District – Nordregion), zurückgekehrt, entluden ihre Insassen zu einem ersten erfrischenden Drink, während am Nebentisch ein sonnengebräunter White Hunter seine zum Aufbruch gerüsteten, in frisch gebügeltes Khaki gekleideten Klienten begrüßte. Elfenbeinschmuck am Arm der Damen, Elefantenarmbänder am Handgelenk der Herren und ›leopard tails‹, die gefleckte Rute des Leoparden, als Hutband um die ausgebleichten Hüte der Berufsjäger fand der suchende Blick, wo immer er hinschweifte. Fast alle Schaufenster erinnerten mit Zebrahäuten, Gehörnen und Federschmuck an Jagd, an die Weite von Busch und Savanne. In den Auslagen von Rowland Ward und denen der Waffengeschäfte hingen die präparierten Häupter kapitaler Büffel und Antilopen, und in den Dukkas der ›Wahindi‹, der Inder, leuchtete im Dämmerlicht das weiße Gold Afrikas, die Stoßzähne kapitaler Elefanten.

Mit dem Verbot der Jagd aber war auch der Handel mit allen Produkten aus Wildhaar, -horn und -zähnen sowie jede Zurschaustellung von Trophäen verboten worden. Der Eifer, mit dem junge Völker Auflagen dieser Art befolgen, hatte so weit geführt, daß selbst im Nationalmuseum die Kopfpräparate in der Empfangshalle entfernt und nur die Ganzpräparate belassen worden waren. Der Welt wohl größte und berühmteste Firma für Tierpräparation, Zimmerman's Nairobi, war geschlossen.

Das Zahlenverhältnis von Weißen zu Schwarzen hatte sich deutlich zugunsten der Schwarzen verschoben, und auch meine Freunde Adam und Andy hatten mit ihren Familien das Land verlassen, nicht abgeschoben oder hinausgeworfen, aber mit einer Vielzahl kleiner administrativer Schikanen und durch die sich ständig verschlechternde finanzielle Situation im Lande langsam, aber stetig zu diesem Schritt getrieben. Nur Adams Bruder Andrew lebte noch in Kenia und führte einen harten Existenzkampf als Farmer auf von den Massai gepachteten Feldern im Hochland.

Noch immer blühte an den Straßen in seinem betörenden Blauviolett der Jacaranda, taumelten die Blüten der Bougainvillea wie Schmetterlinge im Wind, lag der Duft tropischer Blumen und exotischer Gewürze über den Außenbezirken der Stadt. Und noch immer boten an allen Ecken die geschickten Holzschnitzer und Specksteinschleifer ihre entzückenden Schnitzwerke und Skulpturen an. Die Ränder der Straßen aber waren jetzt, wo immer ich hinkam, belagert von einer Heerschar von Kindern. Im Gegensatz zur Stagnation unseres Volkes war die Bevölkerung Kenias in den zurückliegenden Jahren explodiert. Und wie bei uns fast jeder gern sein eigenes Häuschen hätte, war in Kenia der verständliche Wunsch nach der eigenen kleinen Shamba erwacht. Die aufgegebenen riesigen Viehzuchtbetriebe und Farmen der weißen Siedler boten reichlich Platz für die Verwirklichung dieses Traumes, soweit sie nicht von den neuen Herren des Landes bereits übernommen waren. Den Jäger und Naturliebhaber mußte diese Entwicklung, so unvermeidlich und zwangsläufig sie auch sein mochte, traurig stimmen.

Mein Zauberwald in den Mau Hills war weitflächig abgeholzt. Ich fand mich dort nirgends mehr zurecht. Kiambogo, den ›Platz der Büffel‹, sah ich nur von weitem. Von dorther, wo einmal der dichte Urwald gestanden hatte, in dem ich mit den Hunden der angeschweißten Büffelkuh gefolgt war, leuchteten jetzt, aufgereiht wie Kasernengebäude, die Wellblechdächer Dutzender und Aberdutzender von Hütten kilometerweit grell in der Sonne.

Wirklich entziehen kann man sich dem Zauber Afrikas nie, aber schon nach wenigen Tagen hatte ich begriffen, daß man versunkene Träume nicht mehr zum Leben erwecken kann, daß man sie, im Gegenteil, zerstört, wenn man es versucht. Adam fehlte mir, Andy und natürlich Matuko, der irgendwo im Busch verschollen war. Zudem war ich älter, illusionsloser geworden, meine Begeisterungsfähigkeit hatte nachgelassen, und der Drang nach Gewohntem, die Scheu vor Veränderung hatten sich tiefer eingefressen. Hinzu kam, daß eine Bandscheibenoperation und die ihr vorgeschaltete monatelange Quälerei meine physische Leistungsfähigkeit eingeschränkt und meine hochfliegenden Pläne für den Ruhestand jäh gestoppt hatte, ein Umstand, der mich zusätzlich deprimierte.

Damals, als ich zum erstenmal nach Kenia kam, da war mein Herz offen gewesen, voll von Begeisterung, Hunger nach Neuem, nach Düften, Bildern und Geräuschen, und im Glauben an das große Abenteuer. Ich hatte all das gefunden, hatte ganz tief aus dem Kelch der Wunder geschöpft, hatte schließlich, als dort Halali geblasen wurde, Kenia in meinem Herzen mitgenommen als eine köstliche Blume, die nie verwelken würde, ein ›wirkliches Paradies‹, verloren und doch unverlierbar.

Nun war ich zurückgekehrt, um, ohne es zu wollen, all das zu zerstören, es zu verspielen wie ein Hasardeur. Es fing damit an, daß das Vibrieren, von der Spannung der Jagd erzeugt, nicht mehr in der Luft war. Es setzte sich fort über erstmalige Besuche der Wildparks, in denen das fast zahme Wild die Scheu vor dem Menschen weitgehend verloren hat und mit der Scheu auch die Eleganz seiner Bewegung. Der Staub der hintereinanderherrollenden Busse verdeckte Impalasprünge und Warzenschweinrotten, und es ›stank‹ eher nach Mensch, als daß es nach Wild und Wildnis roch. Und es kulminierte schließlich in einem Surrogat, einem Ersatz von wirklicher Jagd, der einzigen Form von Jagd, die außer der auf Flugwild noch geblieben war, der noch erlaubten ›Kontrolljagd‹ auf den Farmen. Eine Jagd ohne Finesse und Rücksicht, ohne Auswahl und Trophäe, bei Tag und bei Nacht, abzielend auf Vernichtung, nicht auf kostbare Beute. Heute weiß ich, daß ich Andrew, nach allem, was mir schon vorher über diese Form des Jagens bekannt war, nicht hätte drängen dürfen, sie mir zu ermöglichen. Aber die Verlockung, noch einmal in Kenia die Büchse führen zu dürfen, war übermächtig.

Andrew, meinen liebenswürdigen Gastgeber, bedrückte die gegebene jagdliche Situation in Kenia sicher weitaus elementarer als mich. Andererseits aber bedeutete der Ertrag von den Feldern im Hochland seine Existenz, die Existenz seiner Familie, und er war einfach gezwungen, seine Ernte mit allen Mitteln zu schützen. Die Wilderei in Kenia, vorrangig auf Elefant, Nashorn und Kleinantilopen konzentriert, hatte Büffel und Buschbock weitgehend verschont, die Bestände an diesen Wildarten waren eher besser als früher, und der Schaden, den sie im Getreide anrichteten, war groß.

Andrew setzte mich also mit Adams alter .338-Büchse, die mir noch in guter Erinnerung war, bei seinen Massai im Hochland ›aus‹, in just der Gegend, in der ich vor vielen Jahren meine Riesenwaldschweine erlegt hatte. Sein Auftrag lautete, ständige Pürsch- und Patrouillenfahrten entlang seiner Felder durchzuführen und an Büffeln, Buschböcken und Schweinen zu erlegen, was mir vor die Büchse kam. Auch hier kannte ich mich kaum noch aus. Wo früher dichter Wald stockte, war inzwischen vielerorts Feld entstanden.

Andrew hatte Braugerste angebaut, und das Schießen im Getreide war schwierig, da man von den Buschböcken, dem einzigen Wild, das noch bei Büchsenlicht auszog, zumeist nur das Haupt sah und auf den Träger schießen mußte. Dennoch erlegte ich mehrere Böcke und notgedrungen auch einige der zauberhaften Geißen. Damit aber zerbrach ich ein Tabu und zerstörte mir eine zärtliche, romantische Erinnerung, zumal ich, zu allem Unglück, eine Geiß auch noch mit einem ganz schlechten Schuß erwischte und abfangen mußte. Die Umstände machten auch öfter das Schießen vom Wagen aus erforderlich, ein weiteres Sakrileg gegen die reine Lehre, der ich im Kielwasser von Adam und Andy einmal angehangen hatte. Plötzlich war es, als ob ein kostbares Glas einen Sprung bekommen hätte und fortan nicht mehr tönte. Sicherlich hätte ich das Buschbockkapitel nach dieser meiner letzten (?) Keniareise nicht mehr schreiben können, obwohl es aus damaliger Sicht meine Gefühle sehr treffend wiedergibt.

Einmal gelang es mir, am Rand der Gerste einen uralten Bock zu erlegen, der dort, von den Halmen fast verdeckt, unbeweglich verhoffte und zu mir heräugte. Der Bock stand spitz, und der Schuß war sehr weit. Zudem hatte ich eine ganze Meute von Afrikanern im Rücken und einen Ruf zu verlieren. Die gute alte Winchester aber ließ mich nicht im Stich, und hinter mir klang heller Jubel auf, als der Bock im Schuß zusammenbrach. Er hatte, was man bei den Kudus ›the third curl‹, die dritte Drehung im Gehörn nennt (beim Buschbock ist es die zweite), vollendet, und seine Hornspitzen zeigten (wie beim alten Kudu über der dritten Drehung) weit nach außen. Der Bock war kohlschwarz mit einem leichten, grannenartigen Grauschimmer über der Decke; in Wildbret und Trophäe war er gering und stellenweise kahl, so als ob er die Räude hätte. Angesichts dieses Befundes schlug der anfängliche Jubel meiner Begleiter in stille Bekümmerung um.

Bei einer anderen Gelegenheit hatte ich auf der Abendpürsch in der Nähe einer Massai-Boma ein spaßiges Erlebnis. Im Zwielicht glaubte ich am Bestandsrand vor mir ganz deutlich einen Massai-Moran zu sehen, einen Krieger, der auf seinen Speer gestützt, auf einem Bein stehend unbeweglich zu mir herüberschaute.

Solche Begegnungen im Dämmerlicht mit einem dieser heißblütigen, oft recht sturen und arroganten Jünglinge können unter Umständen etwas problematisch sein, wenn diese auf der Jagd oder voll des süßen Pombe (Bieres) sind. Ich entbot deshalb mit erhobener Hand ein fröhliches ›Jambo‹, worauf mein ›Massai‹ auf der Hinterhand kehrt machte und mit weiten, lautlosen Fluchten im Dickicht verschwand.

Der Anblick eines spitz stehenden Buschbocks hatte mir vor dem dunklen Hintergrund so täuschend einen Massaikrieger vorgegaukelt, daß ich es nicht einmal für nötig gehalten hatte, das Glas zu heben. Der Vorfall gab mir, da die Täuschung so vollendet war, später zu denken.

Was, wenn man umgekehrt einmal einen Massaikrieger für einen Buschbock halten würde?

Die Büffel waren durch die ständige Verfolgung so scheu und unstet, daß sie nur in schwärzester Nacht und selten zweimal an derselben Stelle auszogen. Wir warteten in den Mondscheinnächten viele Stunden vergeblich. Diese Nächte hatten einen besonderen Zauber. Es schien, als ob der Mond hier unter dem Äquator heller leuchtete, und wenn ich die Augen schließe, sehe ich noch immer die bleichen Felder vor dem dunklen Strich des Waldes, höre die Hyänen kichern und rieche den Kuhstallduft des in seine rote Wolldecke gehüllten, mit im Mondlicht glitzernden Speer vor mir hertappenden Massai.

Auch mit den Sauen klappte es in der hohen Gerste und auf den riesigen Schlägen nicht. Sie waren noch unsteter als die Büffel und zogen nur selten aus. Vielleicht mochten sie die langgrannige Gerste auch nicht, obwohl ich in Spanien einmal zu meiner Überraschung das Gegenteil erlebt hatte. Einmal hörte ich eine Rotte, vermutlich von Buschschweinen, vor mir im Getreide, aber es war unmöglich, zu Schuß zu kommen.

Einer der Massai in unserem Lager hatte eine Hundemeute, zähnefletschende dürre Gesellen undefinierbarer Rasse, ständig auf der Suche nach Fraß, teils halbblind, teils mit gebrochenen, schief zusammengewachsenen Läufen und übersät mit Narben und Geschwüren. Diese Meute setzte er zur Jagd auf Büffel und Sauen ein, war aber offensichtlich selbst ein zu leidenschaftlicher und eifersüchtig auf seine Privilegien bedachter Jäger, um sie in meinem Dienst zu verwenden. Den Massai in seiner gelegentlich schroffen, eigenbrötlerischen Art trennen Welten von den freundlichen Stämmen Kenias, wie etwa den Kikuyu und den Kamba. Kurz nach meiner Rückkehr schrieb mir Andrew, daß diese Meute einen Riesenwaldschweinkeiler zu Stande gehetzt und die Massai ihn mit ihren Speeren abgefangen hätten. Angst ist für die Massai ein Fremdwort.

Gegen Ende meiner Reise gelang es mir dann doch noch, mit Andrew gemeinsam und an einem anderen Platz eine Büffelherde im dichten Dornbusch anzupürschen und das einzige Stück, das wir freibekamen, eine Kuh, zu erlegen. Ich war eigentlich ganz froh, daß es kein Bulle war, denn es hätte mir das Herz gebrochen, seinen Helm im Busch liegenlassen zu müssen.

Diese Büffelkuh war das letzte Stück Wild, das ich in Kenia schoß, und wird es voraussichtlich bleiben. Wie sagte doch Proust? – Die wirklichen Paradiese sind jene, die wir verloren haben. – Ich weiß jetzt, daß nichts sie zurückbringt.

Faszinierende Räuber

Füchse, Schakale und Hyänen, Kojoten und Wölfe

Ende der 60er Jahre spielte sich bei uns ein mittleres Familiendrama ab. Um meine bis dahin gesammelten rund 50 gegerbten Fuchsbälge vor Unbill zu schützen, hatte meine Frau sie in bester Absicht in einem Plastiksack luftdicht verschlossen und diesen dann noch dazu in einem nicht ganz trockenen Wandschrank aufbewahrt. Als ich eines Tages die Bälge herausnehmen wollte, um sie zu Felldecken verarbeiten zu lassen, zerfielen sie – o Schreck – unter meinen Händen wie Zunder. Zwar saß das Haar noch fest, die Haut jedoch hatte jegliche Elastizität verloren und wirkte fast wie verglimmtes Papier. Ein bitterer Verlust, wenn man bedenkt, welche Mühe es allein bedeutet, 50 Füchse mit Branten und Lunte zu streifen, und welche Kosten, sie gerben zu lassen. Von den endlosen Stunden in Eis und Schnee, die es brauchte, sie zu erbeuten, ganz zu schweigen.

Zwar sagte mir später ein Präparator, die Bälge wären mir auch ohne luftdichte Verpackung über kurz oder lang kaputtgegangen, denn sie waren ausnahmslos noch nach dem alten Alaun/Salz-Verfahren gegerbt worden; so recht mochte ich das aber nicht glauben, denn in meiner Jugend wurden noch die meisten Felle, zumindest für den Privatgebrauch, so gegerbt, und ich kann mich an einen ähnlich gespenstischen Verfall von Rauchwaren nicht erinnern. Man sollte also gewiß am Gerben nicht sparen und immer auf der heute, glaube ich, vorwiegend angewandten Chromgerbung oder anderen zeitgemäßen Gerbeverfahren bestehen. Bei der Chromgerbung färbt sich die Unterseite des Balges gelblich, nicht weiß wie bei der Alaungerbung.

Für mich ist der Fuchs ein so liebenswertes Wild, daß es mir um jeden leid tut, den ich aus dem Gedächtnis verloren habe. Aber während die Erinnerung sich bei den Böcken und Hirschen immer noch an Enden und Sprossen zurückhangeln kann, verliert sie sich angesichts der von silbergrau bis brandrot schimmernden Bälge nur zu oft im Ungewissen. Und doch haben sich aus jenem auf so unglückliche Weise zerstörten Berg seidig glänzenden Haars einzelne Bälge und deren ehemalige Träger meinem Gedächtnis unverrückbar eingeprägt. Dieser hier, zum Beispiel, mit dem großen Ausschuß auf dem Blatt, von einer Kugel entwertet und gleichzeitig deren Denkmal.

Ich war damals an einem Wintermorgen auf der Heimfahrt vom Füttern im Lampertheimer Stadtwald dabei, den Wald zu verlassen, um in meinen Wohnort Hüttenfeld zurückzukehren. Rechts von mir lag eine Kieferndickung, links, hinter einem Graben, wild verwachsenes Brachland. Als ich am Ende der Dickung die Feldkante erreichte, sah ich vor mir auf demselben Weg, den ich befuhr, einen Fuchs ins Feld schnüren, 150 Gänge mochten es sein, die uns trennten. Der Schnee hatte das Geräusch des Wagens verschluckt, und der Fuchs war völlig vertraut.

Im Halten sprang ich aus dem Fahrzeug und lud den Bockdrilling. Inzwischen war Reineke, der munter voranschnürte, vielleicht 200 Meter entfernt, für einen sicheren Schuß jedenfalls schon zu weit. Aber noch gab es eine Möglichkeit, das Blatt zu meinen Gunsten zu wenden. Ich hatte sie als Junge einmal mit der Kleinkaliberbüchse an einem unschuldigen Hasen erprobt, den ich damit kreuz und quer durchs Gelände dirigierte, sehr zum Unwillen meines zufällig des Weges kommenden Vaters, der für derartige Experimente nichts übrig hatte. Dennoch war die Erfahrung im Gedächtnis geblieben, und in deren Nutzanwendung schaltete ich auf die Hornet um, hielt gut einen Meter über den Fuchs und schoß ihm die kleine Kugel über sein Haupt hinweg auf dem hartgefrorenen Weg vielleicht 20 Meter vor die Läufe.

Im Auftreffen des Geschosses riß es den Fuchs nach rechts rückwärts vom Weg weg ins Feld, und in voller Flucht versuchte er nun die hinter ihm liegende Dickungskante zu erreichen. Dabei kam er auf etwa 70 Gänge breit an mir vorbei, zu weit für die Schrote. Nach dem Hornetschuß hatte ich automatisch auf große Kugel gestellt, und als der rote Strich auf meiner Höhe war, zog ich mit, faßte am Windfang an und ließ fliegen. Wie einen Lappen warf es den Fuchs in den Schnee, eine herrliche, unvergeßliche Beute!

Noch einmal verwendete ich, Jahrzehnte später, den gleichen Trick in Afrika und verdanke ihm einen sehr starken Kleinen Kudu. Auch ihn trieb ich mit einer hinter ihm ins Buschwerk geschossenen Kugel in meine Richtung zurück. Es war dies die einzige Chance, ihn noch zu bekommen, da er im Abwechseln war. Wahrscheinlich verstärkt in diesen Fällen das Echo des Schusses noch die Wirkung der vor dem Stück einschlagenden Kugel und trägt zu dessen Desorientierung bei.

Ein weiterer Balg löst Erinnerung aus, jener, dessen Luntenspitze so weit aus dem traurigen Bündel ragte, 30, 40 cm länger als der Rest. Er gehörte dem stärksten Fuchs, den ich je schoß, fast ein kleiner Wolf.

Damals hatte ich in den Vogesen in einem Steilhang gesessen, auf einem offenen Hochsitz im Bestand, direkt unterhalb eines Querwegs. Vor mir stieg raumer Hochwald an, rechts neben diesem lag eine verfilzte Kieferndickung, ein Einstand, in dem alles stecken konnte, Sau, Fuchs,

Dachs, Wildkatze. Es war ein Winterabend ohne Schnee. Als es zu dämmern begann, holte ich das Zauberzeug fürs Rehwild-Angstgeschrei aus der Tasche und ließ mehrmals kurz hintereinander das jammervolle Klagen den Hang hinauftönen.

Fünf Minuten vielleicht waren vergangen, als ich an der Dickungskante schräg rechts über mir eine winzige Bewegung wahrnahm. Wie eine Geistererscheinung war ein starker Fuchs am Dickungsrand aufgetaucht und stand dort unbeweglich, gebannt nach unten äugend. Unmöglich, die Waffe zu heben. In völliger Erstarrung, die Augen halb geschlossen, hockte ich auf meinem Hochsitz, für den Augenblick zur Untätigkeit verdammt.

Endlose Sekunden verharrte der Fuchs, bevor er sich schattengleich, jede Deckung nützend, nach unten hin in Bewegung setzte. Dabei konnte ich sein Gesicht beobachten, und ich kann mich auf Anhieb an keine andere Gelegenheit erinnern, bei der ich je soviel Anspannung und Gier im Ausdruck eines Raubtiers gesehen hätte wie bei diesem Fuchs. Das Wasser lief ihm erkennbar im ›Munde‹ zusammen, und bei aller Vorsicht konnte er es kaum erwarten, an mir vorbei den Hang hinunter zu dem erhofften Festschmaus zu kommen. Die ganze Zeit über war sein Blick dabei starr hangabwärts gerichtet.

Kurz nachdem er etwa 30 Meter vor mir den Weg gekreuzt hatte, verschwand er für Sekundenbruchteile hinter einer dicken Buche. Kaum waren seine Lichter verdeckt, riß ich lautlos die Bockbüchsflinte hoch, und als noch im selben Atemzug Kopf und Blatt wieder auftauchten, faßten ihn die Schrote aus dem verläßlich tötenden 28er-Läufchen. Im Herbst des folgenden Jahres schoß ich am selben Platz, an derselben Stelle, auf dieselbe Weise und mit demselben Gewehr einen ebenfalls sehr starken Dachs. Auch er lag im Feuer.

Ich gehöre zu jenen vielleicht etwas naiven Jägern, die den Fuchs im allgemeinen für einen ›anständigen Menschen‹ halten. Wir hatten zu Hause in Schönfelde einmal zwei Jahre lang jedem erlegten Sommer- und Winterfuchs den Magen aufgeschärft, und 90 % von dem, was wir damals an Fleischlichem fanden, waren Mäuse, Mäuse, Mäuse, der Rest Federn, ganz selten Haar von Hase oder Kaninchen. Dennoch lebe ich – zumal das Mäuseangebot dank unserer modernen Feldwirtschaft nachgelassen hat – nicht in der Illusion, daß er Gelegenheiten ausläßt, warum sollte er auch? Das obige Beispiel zeigt es.

Einmal hatte ich im Allgäu beim Kahlwildansitz unter meinem Hochsitz eine Ricke mit Kitz stehen. Plötzlich hörte ich das Kitz erschreckt fiepen und sah im selben Augenblick die Ricke mit trommelnden Läufen auf eine Fuchsfähe losgehen, die im Begriff war, das Kitz zu reißen. Vielleicht eine halbe Stunde lang versuchte diese Fähe immer wieder aus wechselnden Richtungen dem Kitz an die Decke zu gehen, und immer wieder wurde sie im letzten Augenblick von der Geiß vertrieben. Dabei überraschte mich mehr als alles andere, wie diese sich nach jedem abgeschlagenen Angriff sofort wieder beruhigte und vertraut und gierig weiteräste.

Aus verläßlicher Quelle hörte ich, daß im Hochgebirge einzelne Spezialisten unter den Füchsen, zumeist alte, starke Rüden, unter bestimmten Bedingungen gelegentlich sogar Rotwild reißen, und zwar, wenn bei hohen Schneelagen mit Harsch das Wild tief, manchmal bis zum Träger einbricht, der Fuchs aber auf dem Harsch läuft. Alles, was ihm in einem solchen Falle zu tun bleibt, ist, sich dem zumeist sowieso am Rande der Erschöpfung laborierenden Wild an die Drossel zu hängen.

Füchse mit Kaninchen im Fang sind mir wiederholt begegnet, und das letzte Erlebnis dieser Art, bei dem ich als Lieferant diente, ist mir als besonders erheiternd gut im Gedächtnis geblieben.

Ich hatte damals an einem Herbstabend in Lampertheim von einem sehr hohen, geschlossenen Hochsitz aus ein Kaninchen mit der kleinen Kugel geschossen. Bei Einbruch der Dämmerung tauchte vielleicht zehn Meter oberhalb des Karnickels ein fast ausgewachsener Jungfuchs auf und äugte gebannt zu diesem hin. Ehe ich's mir versah, schnürte der Fuchs auf den Lapuz zu, nahm ihn ohne weitere Umschweife auf und trug ihn breit an mir vorbei zur gegenüberliegenden Dickungskante.

Mir blieb, wie wir in Berlin sagen, die Spucke weg. Schießen mochte ich nicht, weil ich die Füchse einfach zu gerne mag, um sie zu meucheln, bevor der Balg reif ist, und so krabbelte ich mit dem Oberkörper aus der Schußluke – sicher ein höchst läppischer Anblick – und trommelte mit der flachen Hand auf die Außenseite des Hochsitzes, dabei finstere Drohungen ausstoßend. Das alles veranlaßte jedoch den Fuchs lediglich, vor der Dickungskante zu verhalten, sich mit dem Kaninchen im Fang mir zuzuwenden und mich in milder Verwunderung anzuäugen. Ähnlich aufdringliches Gehabe hatte er in unserem von Besuchern überlaufenen Lampertheimer Wald scheinbar schon öfter erlebt, und es ließ ihn, da es stets ohne Konsequenzen geblieben war, auch diesmal erkennbar kühl. Ohne Anzeichen von Hast wendete er erneut und verschwand in der Dickung, Kaninchen inklusive.

Ich schäumte. So etwas gab es doch nicht! Es gab's, und während ich noch im Schäumen war, tauchte Fuchs Nummer zwei auf, folgte Brüderleins Spuren und bewindete angelegentlich die Stelle, wo bis vor wenigen Minuten meine noch warme Beute gelegen hatte. Ich sah rot, vergaß alle Prinzipien und entschied mich statt weiterer Überzeugungsversuche spontan für das biblische ›Auge um Auge‹. Nachher tat's mir leid. Aber so ist der Mensch: Wenn man ihm etwas wegnimmt, wird er übellaunig und böse.

Mit ähnlich schlechtem Gewissen denke ich auch an zwei Füchse, die ich im Schlaf überrascht habe. Den einen von ihnen traf ich in den Vogesen im Thaenchelmassiv an, als ich, wie er von der Morgenpürsch müde, einen schräg den Berg hinabführenden Pfad hinunterschritt. Im hohen Bestand lag er plötzlich auf einer in den Hang ragenden Felsnase auf etwa zehn Meter vor mir, zusammengerollt wie ein Hund, den spitzen Windfang an der Viole und unter der buschigen Lunte verborgen. Die Morgensonne spielte in seinem leuchtend roten Haar, und er schien nach anstrengender Nachtjagd für diese Welt verloren. Für den rauhen Schuß war es zu nah. So trat ich erst vorsichtig einige Schritte zurück, wechselte auch noch die 3½-mm-Schrote im 20er-Lauf meines Bockdrillings gegen 2½er aus. Dann mäuselte ich mit angeschlagenem Gewehr den Fuchs an. Verschlafen blinzelnd hob er das Haupt. Blitzartig trat Erkennen in seine Lichter, und im Hochfahren faßten ihn die Schrote.

Der zweite, ebenfalls im Thaenchel erlegt, mußte noch fester geschlafen haben, denn bevor ich ihn überraschte, hatte ich vielleicht 150 Meter Luftlinie von ihm entfernt, eine Sau geschossen. In einem besonders wilden, urwaldartigen Teil des Thaenchelmassivs war ich an diesem Winternachmittag völlig unerwartet auf eine Rotte Sauen gestoßen. Die Rotte stand weit auseinandergezogen auf einer steil ansteigenden, mit Fallholz und Felsbrocken übersäten Lichtung im Gebräch. Das heißt, daß es sich um eine Rotte, noch dazu eine größere, handelte, wußte ich im Augenblick der Begegnung noch nicht, denn ich sah lediglich ein schwächeres Stück etwa 70, 80 Gänge vor mir und ein stärkeres weit oben unter dem Kamm. Schneeflecken und apere Stellen wechselten auf dem Hang, und als das schwache Stück silhouettenhaft vor einen der weißen Flecken zog, wartete ich nicht länger und ließ fliegen.

Auf den Schuß hin erwachte der Hang zum Leben; von überall her wusselten Sauen hinter Stämmen und Felsbrocken hervor und gingen in wilder Flucht hangaufwärts ab. Vielleicht 25 bis 30 Sauen waren da unterwegs, darunter zumindest ein grober Keiler, dessen feistes Hinterteil ich nicht ohne Kümmernis wippend über den Kamm verschwinden sah. Einem geschenkten Gaul aber schaut man nicht ins Maul. Mit diesem Trost machte ich mich ans Aufbrechen meines Frischlings und ließ dabei noch einmal das Bild der davonstiebenden Rotte an mir vorüberziehen. Kein Jagdmaler hätte die Szene wilder, urwüchsiger erdenken können; in der Galerie der Bilder meiner Seele hat sie für immer einen prominenten Platz.

Zu diesem Bild aber gehört auch der rote Fleck, den ich wenig später beim Weiterziehen, aus dem Augenwinkel fast und eigentlich am Rande des Bewußtseins, links unter mir aufleuchten sah, fremdartig, so wie ein silbernes Markstück plötzlich aus dem bunten Herbstlaub am Wege aufleuchtet. Von der Lichtung war ich auf einem Saumpfad wieder ins hohe Holz getreten. Zu meiner Rechten stieg das Gelände an, links von mir fiel es ab. Die Spätnachmittagssonne strahlte vom Gegenhang durch das Gewirr der Stämme und zeichnete Kringel auf den Waldboden, grünspanfarbene und weißgoldene, je nachdem ob sie auf Schneereste oder das satte Grün feuchten Mooses traf. In ihren Strahlenbahnen tanzte feiner Dunst wie Moskitos an einem Sommerabend. Es war schwer, in diesem Wechsel von Licht und Schatten, Blendung und Schärfe klar zu sehen, jeden Meter des zerklüfteten Geländes zu erfassen, auf das meine Aufmerksamkeit gerichtet war. Fast hatte ich so den Flecken Rotgold unter mir schon übersehen, als das Unterbewußtsein ihn gerade noch signalhaft als Abweichung im Kaleidoskop der Farben registrierte und meine irdischen Bestandteile sozusagen auf der Hinterhand durchparierte. Ich nahm das Glas hoch, und da lag, gut 80 Meter unter mir und zusammengerollt wie zuvor beschrieben, ein Füchslein auf einem Baumstumpf und genoß in tiefstem Schlaf die letzten wärmenden Strahlen der sinkenden Sonne.

Aus dem Abstand heraus scheinen sich die Grenzen, an denen der Urinstinkt des Jagens auf die Humanitas unserer modernen Erziehung stößt, stets auf unbegreifliche Weise zu verschieben, je älter man wird, um so mehr. Während ich beim Schreiben über das Erleben von damals nachdenke, vermag ich nur schwer zu begreifen, daß ich dieses Bild tiefen Friedens nicht genoß und dankbaren Herzens weiterging, kann plötzlich die Menschen verstehen, die als Nichtjäger verständnislos vor einem wie mir stehen. Aber ich erinnere mich deutlich, daß ich damals nicht einen Augenblick zögerte, das Gewehr schußfertig zu machen und dem leichtsinnigen Rotrock die Hornet gezielt aufs Blatt zu setzen, und ebenso deutlich, daß ich voller Freude war über mein doppeltes Waidmannsheil. Vielleicht löst gerade die Begegnung mit einem so scheuen, so überaus vorsichtigen, so überaus reizvollen Wild, wie es der Fuchs ist, Spontanreaktionen bei uns aus, denen man sich jagend kaum entziehen kann. So bleibt denn auch meine Vermutung, ich würde heute anders handeln, in letzter Konsequenz Theorie.

Die interessantesten Füchse sah ich in Neufundland, schwarze, silbergraue, rote, zum Teil gewaltige Exemplare. Elch, Karibu und Bär standen damals im Vordergrund meines Interesses; es war mein erster Besuch in Kanada, und die Zeit war knapp, aber diese Füchse spuken noch heute durch meine Erinnerung und haben mit den Wunsch nie ganz einschlafen lassen, im seenreichen schönen Neufundland, dem Land der klaren Wasser, noch einmal zu jagen.

Ganz anders die Füchse Alaskas. Ich hatte gehofft, gerade hier auf besonders starke, besonders faszinierende Exemplare zu stoßen. Das Gegenteil war der Fall. Die Füchse waren Füchslein, viel schwächer als die unseren, nur ihre Lauscher wirkten größer, fast mochte man an eine arktische Variante des Wüstenfuchses denken. Dazu waren sie zumeist so vertrauensselig und wenig scheu, daß man guten Gewissens nicht auf sie schießen mochte. Als ich dann doch einmal in der Tundra auf ein etwas stärkeres Exemplar traf, schoß ich es, um wenigstens einen Fuchsbalg aus Alaska mitzunehmen.

Ein zauberhaftes Erlebnis mit einem Fuchs in Alaska aber hat sich mir unvergeßlich eingeprägt, zumal es das Vorspiel war zur Erlegung eines Elches. Der Fuchs agierte dabei als Statist auf einer Bühne, von der man hätte meinen können, Gott habe sie mit besonderer Liebe hergerichtet.

Wenn ich mich meiner Tage in Alaska erinnere, dann denke ich nicht an die vielen, an denen über den Schaumkronen der bleigrauen Beringsee der Sturm die Regenböen nach Südosten peitschte, waagerecht, jede Naht und die Poren des feinsten Gewebes durchdringend. Ich denke an die wenigen Tage um Mitte September, als die Karibus zogen, an denen der Indianersommer der Landschaft Farbe, Reinheit und Weite gab, die Glut der Sonne Moosbeere, Preiselbeere und Erdbeere mit praller Süße füllte.

Ich denke an jenen Abend nach endloser Wanderung und Pürsch, an dem ich an einem See vorbeikam. Hinter den schneebedeckten Bergen der Alaskahalbinsel war gelb der volle Mond aufgegangen, und über dem Horizont im Westen grüßte ihn, in Dunst gehüllt, der rote Ball der sinkenden Sonne. Zum ersten Mal sah ich bewußt Sonne und Mond zur gleichen Zeit am Firmament, und Kälte und Glut schufen ein Zauberspiel der Farben, das unvergleichlich war. Zartestes Lichtgrün, Purpur, Silber und Violett spielten auf den Fluten des Sees, während der Mond einen Schleier fluoreszierenden Lichts über die Umbratöne der Täler breitete. In den Kronen der Bäume, auf den Spitzen der Hügel aber lag noch wie verglimmendes Feuer karminrot der Widerschein der Sonne.

Am Ende des Sees ragte, einem auf halber Bughöhe leck geschlagenen Schiff vergleichbar, eine Landzunge in das Wasser. Dort, wo sie über dem Wasserspiegel ausgespült war von schmelzendem Eis, hatte sich eine tiefe Einbuchtung mit flachem Boden gebildet, und Wurzelwerk hing hier wie Filigran von dem überhängenden Stück Mutterboden herunter.

Mitten in der Einbuchtung saß als dunkle Silhouette, die großen Gehöre aufgerichtet, das Haupt zur Seite geneigt, ein Fuchs auf den Keulen und beäugte hingebungsvoll die tanzenden Wellen. Sie schienen Dinge von höchstem Interesse für ihn verborgen zu halten. Zwei große weiße Eulen umgaukelten den einsamen Grübler, berührten ihn fast, doch selbst

Der von Andrew Yakas 1970 westlich von Garissa erlegte hochkapitale alte Bulle
(Foto: A. Yakas)

Diana, eingerahmt von den Stoßzähnen zweier starker Elefantenbullen aus Meru

Nachsuche auf ›Kiambogo‹

Der Büffel aus dem Norden Tansanias. Rechts: Lazarus Massi

die taumelnden, bleichen Schatten vermochten nicht, ihn aus seiner ange-
spannten Betrachtung zu lösen. Es war ein Bild unsagbaren Friedens, zart
und verträumt wie die Gemälde der Romantik, die verspielten Scheren-
schnitte vergangener Zeiten.

Auch einer meiner in der Türkei erlegten Füchse steht mir noch deutlich vor Augen, vielleicht, weil er in eine Stunde tiefster jagdlicher Depres-
sion, wie ich deren nur wenige erlebt habe, ein wenig Licht brachte.

Ein ganzes Jahr lang hatte ich fast jede freie Minute benutzt, einen VW-
Bus zum Jagd- und Campingwagen auszubauen. Ich war stolz auf das Resultat. Mit diesem Wagen waren mein Freund Charles de F. und ich von
Deutschland bis in die Bergwelt Ostanatoliens gezogen, um dort Bären
zu jagen. Alle, aber auch alle Vorzeichen standen günstig. Wir hatten zunehmenden Mond und herrliches Oktoberwetter, in den Walnußwäldern
nahe der persischen Grenze waren die Früchte reif und mußten, allen
Quellen zufolge, die Bären über weite Strecken hinweg magnetisch anzie-
hen, ähnlich wie die steigenden Lachse in Alaska die dortigen Braunbären.
Da brach, knapp 100 km vor unserem Ziel, der Wagen zusammen. Der
rote Staub Zentralanatoliens hatte trotz Ölwechsels alle 1500 km seine
Wirkung getan, die Kurbelwellenlager waren ausgelaufen. Ein des Weges
kommender Wagen schleppte uns nach Van zurück. Hier ergaben die Er-
hebungen der Werkstatt, daß in der gesamten Türkei, von Istanbul angefangen über Ankara bis Adana, keine Kurbelwelle für einen VW-Bus aufzutreiben war. In Van existierten auch keine Werkzeuge, um die Welle zu
schleifen, für GM und Ford ja, aber nicht für VW. Schließlich entschloß
sich unser Monteur in typisch türkischer Hilfs- und Opferbereitschaft
über Hunderte von Kilometern nach Antalya zu fahren, wo seinen tele-
fonischen Erkundigungen zufolge die benötigten Werkzeuge verfügbar
waren.

Wir nutzten die Zeit mit Keklik-(Steinhuhn-)Jagden und Ausflügen in
die umliegenden Berge, bei denen wir wenigstens Scharwild vom Bezoar
sahen. Mit seiner rotbraunen Decke ist dieses Wild dem gleichfarbigen Ge-
stein der Berge so hervorragend angepaßt, daß es nur sehr schwer auszumachen ist. Inzwischen plagte mich ein grippaler Infekt, wahrscheinlich
in einer der abenteuerlichen Herbergen im Vorland von Van aufgegabelt,
den ich mit Medikamenten mühsam zu unterdrücken versuchte. Apa-
thisch sah ich zu, wie unser Monteur den Motor wieder zusammenbaute,
dabei die Luftleitbleche gedankenverloren ansah, hierhin und dorthin
drehte. Einen Augenblick lang quälte mich der Gedanke: Hoffentlich
weiß er, wie er die Dinger anbauen muß. Dann wischte ich diesen Anflug
von Skepsis im Vertrauen darauf beiseite, daß Zwangspassungen ihm
schon den rechten Weg weisen würden, und vergaß die Angelegenheit.

Die Zeit verstrich, wurde knapper und knapper, was besonders Charles, der damals als Offizier in der belgischen Luftwaffe diente, mit Sorge erfüllte, denn er mußte ja pünktlich wieder in seinem Standort sein. In buchstäblich letzter Minute war der Wagen fertig. Noch am Abend brachen wir auf. Ich fuhr die Nacht hindurch, während Charles hinten im Wagen schlief. Mitten in der Nacht setzte heftiger Regen ein und verwandelte den Lehm der holprigen Rollbahn in Schmierseife. Da platzte uns hinten rechts der Reifen. Im strömenden Regen knickte uns der Wagenheber weg, und der Wagen rutschte von der Piste.

Im Bus zur Frühschicht fahrende türkische Arbeiter scheuten Regen und Schlamm nicht und halfen uns aus dieser verzweifelten Situation, indem sie den Wagen so lange anhoben, bis wir den Reservereifen montiert hatten. Dieses und andere Erlebnisse übrigens haben mein Bild vom türkischen Menschen so fest geprägt, daß ich mich heute für meine Landsleute schäme, wenn ich ihre gelegentlich abschätzigen Bemerkungen über Türken höre.

Als der Morgen graute, war ich geschafft. Wir befanden uns zu diesem Zeitpunkt etwa 100 km vor Kayseri in Zentralanatolien. Charles übernahm nach kurzer Rast das Steuer. Im seligen Zurücklegen war ich hinten im Bus schon fast im Land der Träume, da riß mich ein scheußlicher Laut wieder in die Wirklichkeit zurück – das dumpfe ›Wupp wupp‹ fressender Kolben! Unser Held in Van hatte es gegen alle Wahrscheinlichkeit fertiggebracht, die Luftleitbleche so zu montieren, daß sie die Kühlluft nicht auf den Motor, sondern von diesem wegleiteten. Deswegen auch war der Wagen in der kühlen Nacht gelaufen wie eine Biene, mit Superbetriebstemperatur sozusagen.

Da saßen wir nun mitten im Nirgendwo und schauten grau, trübsinnig und verknittert in die Landschaft, Charles dank gehabter Nachtruhe ein wenig weniger grau und verknittert, wegen des dräuenden Zapfenstreiches jedoch eher noch trübsinniger als ich. Und während wir so saßen, kam des wenig befahrenen Wegs ein klappriger VW-Käfer, gesteuert von einem Grafen Strachwitz, der damals an der deutschen Botschaft in Ankara tätig war. Der Graf hatte – o Hohn! –, während wir den Bären nach vergeblich durchs ›wilde Kurdistan‹ geirrt waren, just in dieser Nacht einen solchen in einem nicht weit von unserer Unglücksstelle gelegenen Obstgarten dabei überrascht, wie er verbotenen Früchten nachstieg, und war daher auch trotz ebenfalls mangelnder Nachtruhe erkennbar heitereren Sinnes als wir.

Graf Strachwitz nahm mich dann mit nach Kayseri. Von dieser Fahrt ist mir als besonders eindrucksvoll in Erinnerung, daß er mehrmals ohne erkennbaren Grund den Wagen durchparierte, um anschließend mit Hilfe eines in der Brusttasche mitgeführten zierlichen Löffelchens (in ehrfürchtigem Staunen setzte ich als gegeben voraus, daß es sich hierbei um ein silbernes handele) rötlichen Schlamm aus irgendeinem Filter am Motor zu schöpfen. Die Angelegenheit hatte etwas von einer sakralen Handlung, und jedesmal, wenn er sie durchgeführt hatte, verklärten Frieden und Zuversicht seine Züge. Auch ich fühlte mich bald innerlich erbaut, wenn wir danach weiter der Teppichhochburg Anatoliens zustrebten.

Etwa zehn Kilometer vor dieser platzte ein Vorderreifen. Jedoch auch das focht den wackeren Grafen nicht an, und ohne diesem betrüblichen Ereignis weitere Beachtung zu schenken, fuhr er munter weiter, der VW-Werkstatt von Kayseri entgegen, noch ein wenig mehr ratternd und klappernd als zuvor, störrisches Verhalten der Lenkung durch Muskelkraft kompensierend. Der Anblick des VW-Zeichens in Kayseri rührte mich fast zu Tränen.

Obwohl die große Werkstatt nicht glücklicher Besitzer eines Austauschmotors war – mit dem ›weltweiten Service‹ von VW schien in türkischen Landen doch einiges im argen zu liegen –, waren ihre hilfsbereiten Besitzer, echte Türken mit der unverwüstlichen Zuversicht dieses Volkes, fest davon überzeugt, daß sie aus unserem und anderen Schrottmotoren ein funktionsfähiges Modell würden zusammenbasteln können.

Mittlerweile physisch auf dem Nullpunkt, traf ich am Spätnachmittag im Werkstattbus bei unserem Wrack ein und sah eine Stunde später Charles in diesem samt ausgebautem Motor in roten Staubwolken entschwinden. Jetzt war auch der psychische Nullpunkt erreicht, und mit der Kleinkaliberbüchse über der Schulter verließ ich gebeugten Hauptes unsere Via Mala. Das gute Büchslein ahnte noch nicht, daß seine letzte Großtat unter teutonischer Regie vor ihm lag, denn morgen würden wir es mangels finanzieller Reserven in der Werkstatt in Zahlung geben müssen.

Nach kurzer Zeit stand ich unerwartet vor einem in der Abendsonne schimmernden breiten Bach, der sich mit silberhellem Klang durch Buschwerk und Wiesenstreifen wand. Von allen tröstlichen Medizinen ist für mich der Anblick einer schönen stillen Landschaft schon immer eine der tröstlichsten gewesen. Um wieviel mehr mußte das hier im zumeist kargen Zentralanatolien und unter den gegebenen Umständen zutreffen! Verzaubert hockte ich mich ins Gras und sah den spielenden Wassern zu. Schräg vor mir auf vielleicht 50 Meter erweckte eine U-förmige Windung des Baches den Eindruck einer langen, schlanken Landzunge. Während ich zu dieser hinübersah, schob sich ein spitzbübisches, rotes Gesicht aus den Büschen, die gelben Seher und die schwarzumrandeten Gehöre voll konzentriert auf das vor ihnen liegende Naß, vielleicht die Heimat von Forellen oder irgendwelchen anderen Fischen. Jedenfalls schnürte der nun auftauchende starke Fuchs unverzüglich dem Wasser zu, um es regunglos, mit angespanntem Interesse zu beäugen. Schnöde nutzte ich diese Phase seiner Weltentrücktheit, hob vorsichtig die kleine Büchse und schoß. Der Schuß mit der .22 lfB auf den Fuchs ist oft problematisch und eigentlich nicht recht zu verantworten. Gott sei Dank jedoch fiel dieser um wie ein Kartenblatt und war verendet, ohne meinen mühsam wiedergewonnenen Seelenfrieden durch Flucht oder Todeskampf erneut zu gefährden.

Bis gegen Mitternacht Charles zurückkehrte, war der Fuchs gestreift und ich neben der Piste so fest eingeschlafen, daß ich den Wagen nicht hörte. Die letzte schöne, entspannte Stunde in diesem weiten, rätselhaften Land hatte ein Fuchs unvergeßlich gemacht, denn vor uns lag im ununterbrochenen Tag- und Nachtschichtfahrbetrieb nur noch Anspannung und Mühe. Es gelang uns so jedoch, trotz aller Widrigkeiten noch rechtzeitig heimzukehren und Freund Charles vor dem Verdacht der Fahnenflucht zu bewahren.

Schakale sind mir zum erstenmal in Ostafrika, Kenia und Tansania, begegnet, und es wäre uns damals nicht im Traum eingefallen, einen der eleganten kleinen Räuber zu erlegen.

Als Hofnarr des Königs der Tiere, dem einzigen, den der Löwe neben sich am Riß duldet, wurde ihm von der europäischen wie auch der afrikanischen Bevölkerung eine Art von wohlwollender, von letzterer vielleicht auch abergläubischer Zuneigung entgegengebracht, die sich wie ein schützender Mantel über ihn breitete. Vielleicht spielte die Sympathie dabei eine Rolle, die man immer geneigt ist, dem ›underdog‹, dem im Leben Unterlegenen, am Rande Stehenden, entgegenzubringen, obwohl ich bezweifle, daß der gewitzte, wie der Kojote im Erscheinungsbild zwischen Fuchs und Wolf angesiedelte Schakal solche Sympathien wirklich benötigt, um zu überleben.

Im ersten Morgenlicht liefen mich einmal in Kenia am Bestandsrand entlang zwei Schakale an. Ich stand im Schatten eines Randbaumes, und der Wind war günstig. Von nächtlicher Jagd ermüdet, hechelnd, mit weit aus dem Fang baumelndem Lecker, kamen die beiden direkt auf mich zu, voran ein außergewöhnlich starkes Exemplar, vermutlich ein Rüde. Vielleicht zwei Meter vor mir riß es diesen herum, als hätte ihn ein Schuß getroffen, und für einen winzigen Augenblick sah ich den Schreck in den Lichtern aufleuchten, als das Raubtier mich wahrnahm. Völlig synchron mit dem ersten reagierte der zweite, und in Sekundenbruchteilen waren beide verschwunden. Wie tief verwurzelt muß doch die instinktive Furcht fast aller Wildtiere vor dem Menschen sein, daß sie zumeist selbst dort bei seinem Anblick noch panikartig reagieren, wo sie nicht verfolgt werden!

Nach den in Ostafrika gemachten Erfahrungen war ich um so überraschter, als ich nach Südwestafrika kam und dort erfuhr, daß man, zumindest auf den Schaffarmen, den Schakal hier mit gleicher Intensität verfolgte wie bei uns in guten Niederwildrevieren den Fuchs. Zwangsläufig weicht der Schakal in Südwest, wo er nur selten am Riß größerer Räuber partizipieren kann und wo auch der Bestand kleiner Gazellen und Antilopen geringer ist als in Ostafrika, verstärkt auf die Schafbestände aus, in erster Linie natürlich auf die Lämmer. Kein Wunder also, daß die Farmer ihn gnadenlos verfolgen.

Im Großraum von Otjiwarongo, wo ich damals jagte, kam der buntgefleckte Schabrackenschakal in recht dichtem Besatz vor, und mein liebenswürdiger Gastgeber und Jagdherr bat mich sehr dringlich, jede sich bietende Gelegenheit zu nützen, Schakale zu erlegen. Bei den häufigen Begegnungen an der Pad sind die kleinen Räuber jedoch zumeist so schnell verschwunden, daß die Zeit für einen Schuß nur selten ausreicht. An der Tränke, wo ich sie wiederholt sah, mochte ich sie nicht schießen, aber da bot sich unerwartet eine andere Gelegenheit.

Kurz bevor ich eintraf, hatte ein deutscher Jagdgast eine Oryx-Antilope, dort Gemsbok genannt, angeschweißt und nicht gefunden. Durch Zufall stießen wir Tage später auf den von Schakalen schon stark angeschnittenen Kadaver, und in der vagen Hoffnung, daß dessen aberwitziger Gestank vielleicht einen Leoparden anlocken könnte, baute ich mir unter halbem Wind, etwa 60 Meter vom Luder, einen Schirm. Hat ein Leopard das Luder angenommen, so hat es kaum noch Zweck, einen Schirm zu bauen, da er jede nachträgliche Veränderung in Ludernähe genauestens registriert und diese, sofern sie ihn nicht ohnehin abschreckt, so genau unter Kontrolle behält, daß es unmöglich wird, sich zu bewegen. Hier hatten wir jedoch keinen Leoparden gespürt. Die Hoffnung, daß ein solcher das Luder noch entdecken würde, schien mehr als vage, aber dennoch der Mühe wert, den Schirm zu errichten. Ich baute diesen denn auch mit großer Gewissenhaftigkeit so dicht und so gut verblendet, daß er völlig in der Umgebung aufging, und beließ auch nur ein Schußloch zum Luder hin von vielleicht 10×20 cm, das ich durch überhängende Zweige noch zusätzlich verschattete. Solche auf einen Ansitzplatz verwendete Mühe zahlt sich immer aus. Selbst wenn der erhoffte Erfolg ausbleibt, so bieten sich von ihm aus doch nur zu oft Möglichkeiten der Beobachtung, die bei weniger Akribie sicher nicht möglich gewesen wären – das gilt für unsere Breiten genauso wie für Afrika.

Der erste Abend, den ich ganz der hypothetischen Raubkatze und der generellen Orientierung widmen wollte, verstrich, ohne daß sich ein Leopard gezeigt hätte; mit einem Geparden war am Luder ja sowieso nicht zu rechnen. Dafür wimmelte es von Schakalen. Deren ungeniertes Verhalten diente mir als zusätzlicher Hinweis dafür, daß auf einen Leoparden kaum zu hoffen war. Der Schirm bestand die Feuerprobe hervorragend, keiner der anschnürenden Schakale, deren Sinne denen des Fuchses mit Sicherheit ebenbürtig sind, bekam mich spitz. ›Poste niente!‹ pflegte mein im Ersten Weltkrieg am Isonzo eingesetzter Onkel Kurt immer zu sagen, wenn der Briefkasten leer war. ›Niente‹ schien mir auch die lokale Leopardenpopulation treffend zu charakterisieren, und so beschloß ich, meinem Farmer eine Freude zu machen und den zweiten Abend den Schakalen zu widmen.

Als einziges Gewehr stand mir meine Sauer 80 im Kaliber $9,3 \times 64$ zur Verfügung, und das ist natürlich schon ein gewaltiges Kaliber für ein nicht viel mehr als fuchsgroßes Tier, auch wenn dies auf höheren Läufen steht. Es hat jedoch den Vorteil des dumpfen, nicht peitschenden Knalls und tötet schlagartig.

Tatsächlich gelang es mir innerhalb einer Stunde vor Sonnenuntergang, fünf Schakale in unmittelbarer Ludernähe zu erlegen, wobei der jeweils als nächster antrollende, vom Schicksal seiner Anverwandten unberührt, von diesen keinerlei Notiz nahm, sondern sich unbekümmert auf das im Zustand vollendeter Reife dahinschmorende Luder stürzte. Dann aber hatte es sich unter den Schakalen der Farm Ozumbutu anscheinend doch herumgesprochen, daß mit dem bumsenden Reisighaufen etwas nicht ganz koscher war. Jedenfalls entschloß sich einer der Sippe, diesen etwas genauer zu untersuchen. Als er überraschend links von mir am Eingangsloch auftauchte, fuhr ich instinktiv herum. Er nahm mich im selben Augenblick wahr und verschwand in weiten Fluchten.

Ich bin eigentlich recht sicher, daß nach solchen Ereignissen keine ›Gespräche‹ unter dem in näherer Umgebung stehenden Wild stattfinden, und doch scheint sich die Warnung vor dem Feind fast im Sinne der Telepathie fortzupflanzen. Geschieht das durch das Geräusch des Abspringens oder durch eine Schreckwitterung, die der noch einmal Davongekommene absondert? Ich weiß es nicht. Jedenfalls herrscht nach solch einem Erkanntwerden bezogen auf die Gattung fast immer Ruhe, auch wenn keine für uns wahrnehmbaren Schrecklaute ausgestoßen wurden. So war es auch in diesem Falle. Bis zum Einbruch der Dunkelheit galt: Nichts geht mehr! Im letzten Licht sammelte ich meine fünf bunten Gesellen auf und schleppte die nicht ganz leichte Last zurück zum Wagen.

So ein wenig plagten mich meine Ostafrika-Erinnerungen und der von dort mitgebrachte Aberglauben doch, und siehe da – die Rache der Schakale blieb nicht aus. Beim Streifen infizierte sich eine winzige Wunde an meiner Hand, und ich bekam eine ziemlich böse Blutvergiftung, die wir nur mit Hilfe mitgebrachter Antibiotika und von meiner liebenswürdigen Gastgeberin bereiteter Seifenlaugenbäder langsam wieder unter Kontrolle zu bringen vermochten. Sie kostete mich mehrere Jagdtage und, wie das als Begleiterscheinung bei Antibiotikaanwendung leider zumeist der Fall ist, die so wünschenswerte ›geregelte Verdauung‹.

Wie die Schakale in Südwest, so wurden im Hochland von Kenia die Hyänen von den Farmern und Ranchern erbarmungslos verfolgt, da sie unter den Kälbern großen Schaden anrichteten. Im kühlen Hochlandklima und bei der reichlichen Ernährung wuchsen hier wahre Riesenexemplare mit dichten, wolligen Bälgen heran, die mit ihren räudig aussehenden dürren Vettern in Savanne und Steppe kaum noch Ähnlichkeit hatten. Das gleiche galt übrigens für die Paviane. Im Hochland wirkten sie wie zottige Bären und doppelt so stark wie ihre fast nackten Artgenossen entlang der Flüsse im Flachland.

Außerhalb der Berge waren die Hyänen für uns selbstverständlich tabu, denn zusammen mit Geier, Marabu und Schakal sind sie die Gesundheitspolizei in Busch und Steppe und ersparen Afrika stinkende Abdeckereien. Aber auch allein schon aus Rücksicht auf die Gefühle unserer schwarzen Begleiter hätten wir keine Hyänen erlegt. Die im Busch lebenden Stämme sind nämlich fest davon überzeugt, daß in dem scheußlichen Raubtier der Geist ihrer Vorfahren weiterlebt, nachdem die Hyänen diese, alt und gebrechlich vom Stamm ausgesetzt, zuvor verspeist haben. Damit wird auch einleuchtend erklärt, warum keine liebenswürdigere Wildart in diesen Prozeß der Seelenwanderung eingebaut werden konnte. Im Hochland jedenfalls entsprachen wir dem Wunsch unserer Gastgeber und schossen Hyänen wo immer wir auf sie stießen, ob nun mit oder ohne Großvater/Großmutter-Seele.

Eines Abends waren Freund Adam, Matuko und ich im Toyota auf dem Heimweg von einer Pürschfahrt. Wir hatten wieder einmal die reizvolle Farm Kiambogo besucht und entlang dem bereits erwähnten, Urwald von Kulturland trennenden Grünstreifen ›Büffelpatrouille‹ gefahren. Die Büffel zogen jedoch nur selten vor Einbruch der Nacht aus, und außer vereinzelten Ried- und Buschböcken sowie den winzigen Dik-Dik hatten wir nichts gesehen. Die schwarzweißen Colobus-Affen mit ihren langmähnigen Pelzen sammelten sich schon mit wildem Geschrei auf ihren Schlafbäumen, und die Dämmerung sank schnell. Der Büffelzaun war zu Ende, und zu unserer Linken fiel, von Steinen und Fallholz übersät, ein Stück frisch gerodetes Gelände ziemlich steil ab.

Plötzlich spürte ich, wie sich Matukos Hand in meine Schulter krallte, während er mir ein Wort ins Ohr flüsterte, das mich durchlief wie ein elektrischer Schlag: »Tshui, Bwana, Tshui (Leopard)!« Dabei starrte er gebannt den im Dämmerlicht liegenden Hang hinunter. Blitzschnell glitten Matuko und ich aus dem Wagen, Adam fuhr langsam weiter.

Verzweifelt suchte ich den Hang mit dem Glas ab, aber was Matukos Adleraugen im Vorbeifahren erspäht hatten, bereitete mir noch mit dem achtfachen Glas große Mühe aufzufassen. Schließlich entdeckte ich vielleicht 80 Meter unter uns über der Deckung eines gestürzten Stammes zwei runde Lauscher, zwei Lichter und den oberen Teil eines schwarzen Windfangs. Das fleckige Braun des Hauptes verschwamm in dem Braun des Hanges.

Ich atmete tief durch, ging mit dem Absehen 4 kurz unter dem Punkt ins Ziel, wo der Windfang über der rissigen Borke des Stammes gerade noch zu sehen war, und schoß. Im dumpfen Grollen der $9,3 \times 64$ war der Kopf verschwunden, aber nichts war abgesprungen. Matuko wußte, wieviel mir an einem Leoparden lag, und im ersten Jubel führten wir einen Freudentanz auf. Adam hatte inzwischen gewendet, und zu dritt näherten wir uns nun mit aller Vorsicht dem Anschuß, Adam und ich mit entsicherten Gewehren, Matuko mit der Panga (Machete) in Habachtstellung. Da aber brach eine Welt in mir zusammen. Denn hinter dem Stamm lag nicht der heißersehnte Tshui, sondern Fisi, die stinkende Hyäne, ein kapitaler Rüde von wahrhaft gewaltigen Ausmaßen zwar, aber alles andere als ein Leopard.

Während ich noch mit meiner Enttäuschung kämpfte und Adam das schwere Tier auf die Seite wälzte – Matuko stand inzwischen abseits und verdrehte vor Verlegenheit die Augen, daß das Weiße der Augäpfel erschreckend aus seinem dunklen Gesicht leuchtete –, nahm ich aus dem Augenwinkel am oberen Rand des Hanges einen Wischer wahr. Bei genauerem Hinsehen entpuppte er sich als eine zweite Hyäne, die in dem humpelnden Glöckner-von-Notre-Dame-Gang ihrer Art dabei war, das Weite zu suchen. Ohne zu überlegen schlug ich an, zog mit und ließ fliegen. Steintot rollte die zweite Fisi den Hang herunter. Es war eine ebenfalls sehr starke Fähe. Offensichtlich hatten wir Stammvater und -mutter des örtlichen Hyänenbesatzes erwischt.

Das war übrigens das einzige Mal in unserer langen Bekanntschaft, daß sich Matuko beim Ansprechen getäuscht hatte, aber es war eine Täuschung, die besonders bitter war. Das entschuldigt natürlich nicht den Schützen und ist lediglich ein Hinweis darauf, daß letztendlich nichts und niemand ihm die Entscheidung über richtiges oder falsches Ansprechen abnehmen kann. Er ist es, der den Finger krumm macht und so die Verantwortung trägt für den Schuß und das, was er anrichtet. Vielleicht sollte man daran denken, auch oder gerade dann, wenn man seinem Jagdführer blind vertraut. Auch für mich war es das einzige Mal, daß ich auf eine Wildart schoß, die ich falsch angesprochen hatte, wenn man mir den Grünling aus dem ersten Kapitel als Jugendsünde nachsehen will. Das aber machte die Enttäuschung, auch über mich selbst, eher noch bitterer.

Während mir unsere afrikanische Crew sonst jeden Wunsch von den Augen ablas, biß ich diesmal auf Granit. Ich fand einfach niemanden, der bereit gewesen wäre, die Hyäne zu streifen, geschweige denn, ein Haupt abzukochen. Das aber wollte ich unbedingt haben, denn das Gebiß der Hyäne ist wirklich furchteinflößend, das stärkste Raubtiergebiß überhaupt im Vergleich zur Größe des Tieres. Eine Geschichte, die mir damals erzählt wurde, hat mich immer ein wenig schaudern gemacht: Nachts war eine Hyäne in ein Zelt eingedrungen. Der dort schlafende Jäger sprang auf, und das erschreckte Raubtier versuchte an ihm vorbei den Ausgang zu erreichen. Dabei berührte es ihn, und er spürte, was er für einen leichten Schlag gegen seine Hand hielt. Als er nach unten blickte, sah er mit Entsetzen, daß diese am Handgelenk durch einen blitzschnellen Biß abgetrennt worden und mit der Hyäne auf Nimmerwiedersehen verschwunden war.

Auch der Pavian übrigens hat ein Gebiß, das jeden Schäferhund vor Neid erblassen lassen würde, und es passiert immer wieder einmal, daß mehrere Pavianmännchen einen ein Tier der Herde angreifenden Leoparden in Fetzen reißen, ein Tier also, das so schnell ist wie eine Kobra und so stark, daß es das Mehrfache seines eigenen Gewichtes einen Baum emporzutragen vermag.

Nun, mir blieb nichts anderes übrig, als meinen ›Tshui‹ selbst abzuziehen und das Haupt des Rüden selbst abzukochen, denn ein Andenken an das wirklich kapitale Exemplar und meinen ebenso kapitalen Schnitzer wollte ich auf jeden Fall behalten. Dabei war ich schon glücklich, daß ich einen ›aufgeklärten‹ Massai fand, der wenigstens den abgekochten Schädel reinigte. Er schöpfte wahrscheinlich Zuversicht und Mut zu diesem gewagten Schritt aus der Annahme, daß der Geist der Väter sich bereits beim Kochen in Wasserdampf aufgelöst habe.

Die Hyäne ist sicher kein liebenswertes Tier. Ihr gespenstisch klagendes ›Whuup whuup‹ und ihr Kichern und Greinen aber gehören so unlösbar zum Klangbild der afrikanischen Nacht, daß ich die Erinnerung daran nicht missen möchte. Bestimmt habe ich ihr deshalb auch mit diesem Bericht der Erlegung zweier ihrer Art – vielleicht dem einzigen in der Jagdliteratur – nicht zuviel Ehre angetan.

Wenn man einen Bongo erbeuten möchte, so weiß man von vornherein, daß die Erfolgschance gering ist. Nicht sehr viel besser verhält es sich beim Wolf. Als wenigstens bedingte und noch am ehesten realisierbare Erfüllung des wie in vielen abenteuernden Jägern so auch in mir tief verwurzelten Wunsches, einmal einen Wolf zur Strecke zu bringen, hat mich allein deshalb schon der Kojote, oder, wie er auch genannt wird, der Präriewolf, immer besonders gereizt.

Ich begegnete ihm zuerst in Oregon und versäumte dort auch die Chance, einen wirklich starken Rüden zu erlegen. Wenn wir im Morgengrauen mit dem Jeep die Landstraßen abfuhren, sahen wir die Kojoten draußen auf den Weiden bei der Mäuse- oder Erdhörnchenjagd. Sie schienen jedoch einen sechsten Sinn für die Entfernung zu besitzen, auf die sie sich ungestraft den Straßen nähern durften, und war doch einmal einer näher an einer solchen, dann verschwand er blitzartig, sobald ein Wagen auf der Straße hielt. Einmal nützte ich die Gelegenheit, sprang aus dem Wagen und schoß mit der ›9,3‹ auf etwa 150 Meter auf einen davonflüchtenden Kojoten. Er zeichnete deutlich, hatte aber anscheinend nur einen Streifschuß abbekommen, denn trotz eifrigen Suchens fanden wir am Anschuß nur eine Handvoll Wolle von der hellen Unterseite.

Einmal – Ian und ich hatten an diesem Tag Bert zu Gast, einen ungemein harten Burschen, Deutschamerikaner, dem wir mit seinem Deutsch-Drahthaar (!) auf der einsamen Tundra Alaskas begegnet waren – sahen wir einen Kojoten, der im ersten Morgenlicht und bei stürmischem Wind auf offenem Feld den Mäusen oder Erdhörnchen nachstellte. Er verhielt sich dabei genau wie ein Fuchs, sprang mit rundem Rücken senkrecht in die Höhe, steckte dann wieder den Fang in den Boden und fing an, in wilder Intensität zu graben. Anschließend begann das gleiche Spiel erneut. Vom Wagen bis zu dem eifrigen Mäusejäger waren es vielleicht 500 Meter.

»Get him, Hanns!« (Hol ihn dir!), stieß mir Ian in die Seite, aber alles, was ich ihm antworten mochte, war: »You are nuts!« (Du bist verrückt!). Für einen Schuß war es zu weit, und den Kojoten über das offene Feld angehen zu wollen, schien mir absoluter Schwachsinn. Aber man soll auf der Jagd nichts unversucht lassen. Bert jedenfalls griff sich seine Winchester 30/06, holte weit unter Wind nach links aus und ging ohne zu zögern in aufrechter Haltung den Kojoten an.

Damit Wunder geschehen können, müssen immer bestimmte Voraussetzungen gegeben sein. Wie sich bald zeigen sollte, waren sie es in diesem Falle. Zum einen war der Kojote erkennbar so unmittelbar davor, fündig zu werden, daß er im wirklichen Sinne des Wortes Gott und die Welt um sich vergessen hatte, und zum anderen arbeitete er gegen den Wind, also von Bert abgewendet.

Das Unglaubliche gelang, Bert kam bis auf 80 Gänge an den Weltverlorenen heran, kniete sich in aller Ruhe nieder, und bevor wir den Schuß hörten, sahen wir den Kojoten schon wie ein Taschenmesser verendet zusammenklappen. Jagdneid habe ich relativ früh in meinem Jägerleben als sinnlosen Frust abgetan. Auch wenn ich ihn jetzt nicht spürte, so ärgerte ich mich doch gründlich über mein Zaudern. Für Bert, der damals als Fernfahrer quer durch die Staaten geisterte, die Winchester immer hinter dem Führersitz, war ein Kojote nichts Besonderes, für mich war er's. Der Ärger wurde nicht geringer, als der wirklich kapitale Rüde mit der buschigen Lunte vor uns lag. Er verdiente die Bezeichnung ›Wolf‹! Als Selbstkasteiung half ich Bert, den stinkenden Gesellen zu streifen, und brachte ihm gleichzeitig den Luntenstreiftrick mit dem gespaltenen Holz bei, das über die freigelegte Wurzel der zuvor gegen die Wirbelgelenke angeknickten Lunte gesteckt und dann zwischen Zeige- und Mittelfinger gehalten zum Ende der Lunte hin gezogen wird, während ein Fuß den Wildkörper am Boden hält. Die einzig verläßliche und gleichzeitig simple Methode, die Lunte von Raubwild ohne Beschädigung zu streifen.

Meinen ersten Kojoten schoß ich dann, ein oder zwei Jahre später, in den wunderschönen Bergen Colorados, wohin mich mein Freund Peter und seine ebenso hübsche wie kameradschaftliche Frau Wanda auf die Wapitijagd eingeladen hatten. Peter war das gelungen, wovon wir alle träumen. Er war relativ jung aus einer gesicherten Position in ein risikoreiches, aber, wie sich später erwies, lukratives Geschäft umgestiegen und hatte sich, noch in den ›besten Jahren‹, soweit frei gemacht, daß er dieses Geschäft am langen Zügel führen und gleichzeitig das Leben genießen konnte. Wobei er unter ›genießen‹ nicht das verstand, was sich die meisten Menschen darunter vorstellen, sondern das, was wenigen Glücklichen vorbehalten und den anderen, die es ersehnen, für immer oder zumindest für den größten Teil ihres Lebens verschlossen bleibt: die Rückkehr zur Natur, dorthin, wo sie am wildesten ist, das ungebundene Streifen durch Urwald, Prärie und Steppe, verbunden mit zeitlosem Jagen, Fischen und Reiten. Peter hatte die bei schnell reich gewordenen Menschen so seltene Gabe, Erfüllung in den einfachen Dingen des Lebens zu finden und so im tieferen Sinn des Wortes glücklich zu werden. Seine Lebensform war eher spartanisch, und er war auch im Wohlstand sparsam.

Wir wohnten damals höchst komfortabel in Peters großem Wohnmobil, mit dem er kreuz und quer durch die Staaten und Kanada stromerte. Seine Frau oder ein Angestellter kutschierten im Jeep hinterher, in dessen Anhänger drei Pferde und ein Packmuli untergebracht waren.

Wohnmobil, Jeep und Anhänger hatten wir im Tal gelassen und waren mit Pferden und Muli hoch in die Berge hinaufgeklettert, weg von dem

Strom von Jägern, der sich bei Aufgang der Schußzeit wie ein Termiten-
zug über Amerikas abseitsgelegene Straßen müht. Leider gelang es uns in
der trockenen Hitze dieses Herbstes auch in den Bergen nicht, an einen
Hirsch zu kommen, obwohl wir wiederholt auf Kahlwild stießen. Die
Hirsche standen bei den hochsommerlichen Temperaturen noch höher in
den Bergen, kurz unterhalb der Schneegrenze. Vielleicht hatten sie auch
Bogen- oder Schwarzpulverschützen aus unserem Gebiet vertrieben,
zwei Gruppen von besonders passionierten und zumeist auch befähigten
Jägern, denen kein Weg zu weit ist und denen der Gesetzgeber in den USA
immer vor den Nitroschützen gesonderte Jagdzeiten einräumt. So fanden
wir beim Hochreiten auf einer winzigen Lichtung schräg unterhalb eines
improvisierten Hochsitzes die Überreste eines Schafes auf einen Pfahl gesteckt und daneben das frische Gerippe eines Schwarzbären. Ein Bogen-
schütze hatte diesen kurz vor unserem Eintreffen mit dem Pfeil erlegt.

Der Aufritt zum Camp durch den weg- und steglosen Urwald und die
erste Nacht waren strapaziös gewesen; das Muli mit den Zelten war uns
abhanden gekommen, und wir mußten die Nacht vor Kälte zitternd im
Freien verbringen. Das Temperaturgefälle zwischen Tag und Nacht war
hier in den Bergen extrem. Dankbar begrüßten wir die ersten Strahlen der
Sonne, die sich in den schmelzenden Tropfen des Rauhreifs brach und die
unbeschreibliche Farbenpracht der herbstlichen Wälder zum Aufglühen
brachte.

Am Abend saß ich inmitten dieses zauberhaften Panoramas, im Rük-
ken eine sich hangaufwärts ziehende, langgestreckte Blöße, an deren
Rand Eichenüberhälter ihr knorriges Astwerk in den Himmel streckten,
vor mir ein sanft ausschwingendes Tal, dessen gelbes Gras in der Sonne
leuchtete. Etwa 80 Meter vor mir war die Talsohle überriegelt.

Aus just dieser Senke tauchten plötzlich, gerade als ich meinen Blick an
ihrem Rand entlangschweifen ließ, zwei kleine graue Dreiecke und kurz
darauf, unverkennbar in seinem spitzbübischen Ausdruck, das gesamte
Haupt eines Kojoten auf. Schon auf das erste Warnsignal, das Auftauchen
der dreieckigen Lauscher hin, hatte ich den Bergstutzen vorsichtig aufs
Knie gezogen und mich zum Zielfernrohr vorgebeugt, über das hinweg
ich nun mit Spannung verfolgte, was sich als nächstes ereignen würde.

Völlig vertraut bewegte sich der Kojote stichgerade weiter auf mich
zu, gelegentlich verhielt er, äugte auch einmal nach rechts und nach links,
jedoch nie direkt zu mir empor.

Unvermittelt fuhr mir der Schreck in die Glieder. In der beginnenden
Abenddämmerung hatte der Wind angefangen zu küseln und hangab-
wärts zu drehen, und ganz deutlich hatte ich ihn eben im Nacken gespürt.
Den Kojoten jedoch schien das zu meiner größten Verwunderung nicht

anzufechten, obwohl der Wind, wenn auch nur kurz, direkt auf ihn zuge-
strichen war. Dennoch war mir klar, daß ich keine weitere Zeit verlieren
durfte. Ganz langsam senkte ich den Kopf zum Zielglas, und als der helle
Stich des kleinen Wolfes zwischen den Gräsern freistand, zögerte ich nicht
länger und ließ fliegen. Im peitschenden Knall der 5,6 × 50 R Mag. war der
Kojote verschwunden, und ich war nicht ganz sicher, ob er lag oder ob er
in die hinter ihm liegende Senke weggetaucht war. Dennoch hielt ich bis
zur tiefen Dämmerung an meinem Platz aus und wurde dafür durch den
Anblick eines Wapitiers mit Kalb belohnt, die kurz nach dem Schuß hinter mir unter einer der hohen Eichen ausgezogen waren und dort zu äsen
begonnen hatten. Dann stand ich vorsichtig auf und ging zum Anschuß.

Mit dem Schuß mitten auf dem Stich und, gottlob, ohne Ausschuß lag
dort mein erster ›Mini-Wolf‹. Mini-Wolf in doppeltem Sinne, denn es war
ein knapp ausgewachsener Jungkojote aus einem Geheck desselben Früh-
jahrs. In der Stärke glich er einem kapitalen Fuchs, nur Gesicht und Läufe
waren länger. Den Haarwechsel hatte er abgeschlossen, und der herrliche
graue Balg war weich und dicht. Der Abendwind strich über das seidige
Haar, und die Bewegung der Grannen glich dem Wogen eines Getreidefel-
des in der lauen Brise eines Sommerabends. Es schien, als ob der kleine
Wolf schliefe. Irgendwie berührte mich dieser Anblick, stimmte mich auf
unerklärliche Weise ein wenig traurig.

Und da war auch die Erklärung, warum mein armer Kojote mich nicht
wittern konnte. In seiner jugendlichen Unerfahrenheit hatte er sich mit einem Porkie, einem Stachelschwein, angelegt. Sein Windfang war angeschwollen und steckte voller abgebrochener Stachelschweinborsten. Armer Kerl! Vielleicht hatte er im schwerelosen Wegschwimmen des Lebens
ein wenig von der Erleichterung gespürt, die der schmerzgeplagte
Mensch auf dem Operationstisch empfindet, wenn sich die erlösende Evi-
panspritze in seine Vene senkt.

Dem Wolf, diesem Schatten der Schatten, bin ich unmittelbar nur dreimal
begegnet, einmal, als er tief in Ostanatolien nachts vor mir die Straße
kreuzte, und das zweite Mal auf der Tundra der Alaska-Halbinsel. Auf einem Pürschgang sah ich kurz vor mir einen Wischer, ein Wehen von Kraut
und Strauchwerk, und stand gleich darauf vor dem noch warmen Lager eines Wolfes. Der Raubtiergeruch hing noch frisch in der Luft, und das Lager war kreisrund gedreht wie das eines Hundes. Als der große Zug der
Karibus über die Alaska-Halbinsel begann, hörten wir die Wölfe oft
nachts oder in den Morgenstunden heulen, sie folgten den weiß-braunen
Hirschen hier wie ein U-Boot-Rudel dem Konvoi. Sicher ist das Heulen
der Wölfe, so schaurig und verloren es immer klingen mag, einer der

schönsten Laute der Wildnis, ein Tongemälde, einfühlsam komponiert, die Weite und Schwermut der uns umgebenden Landschaft zu unterstreichen. In Britisch-Kolumbien fand ich wiederholt die frische Fährte zum Teil kapitaler Wölfe im Schnee, aber wie minutiös ich auch in den Morgen- und Abendstunden die Gegend mit dem Glas ableuchtete, nie bekam ich einen von ihnen in Anblick.

Erst spät in meinem Jägerleben, vielleicht zu spät, klappte es doch noch mit einem ›richtigen Wolf‹, den zu jagen ich in dem verrückten Winter 1988/89 in Bosniens einsame Berge gereist war.

Es gibt nicht allzu viele Sätze, in denen Sinn und Widersinn, Ernst und Spott so nahe beieinander liegen wie in dem: ›Jagen ist ganz einfach – man muß nur zur richtigen Zeit am richtigen Platz sein!‹ Ganz ohne Frage ist der Jäger, der durch Erfahrung und Instinkt dieser Maxime am nächsten kommt, auch der erfolgreichste. Dennoch bleibt der Beiklang der Ironie, denn im Bewußtsein unserer Mangelhaftigkeit beziehen wir den Satz wohl zumeist auf unerwartete (und unverdiente) Erfolge, bei denen der Zeit- und Ortsfaktor durch blinden Dusel wie nach den Gesetzen des Kismet zusammentreffen. Ich war öfter in meinem Jägerleben ›zur richtigen Zeit am richtigen Platz‹, nie jedoch in klassischerer Manier als bei dem Ereignis, das ich nun schildern will.

In den Bergen Bosniens liegt bei dem kleinen Dörfchen gleichen Namens der riesige Talkessel von Dragnic. Er ist ein Stück Steppe, eingeschlossen von bewaldeten Hügeln und Bergen, in denen Medvjed, der Bär, und Vuk, der Wolf, zu Hause sind. Im Frühling füllt sich das Tal, aus Karstquellen gespeist, und wird zu einem riesigen See, den dann für wenige Monate Scharen von Wasservögeln bevölkern. Als besonderes Phänomen werden aus den Sickerlöchern, sogenannten Ponoren, mit dem Wasser Fische herausgespült, ein Hinweis darauf, daß unterirdische Verbindungen zu permanenten Gewässern bestehen, die weit genug sind, kleineren Fischen Durchschlupf zu gewähren. Wie das Wasser kommt, so verschwindet es im Sommer, und das Tal wird wieder zur Steppe mit festem, fruchtbarem Boden, in dem mit Vorliebe die Sauen brechen.

Einschließlich der Jäger und Hirten leben nicht viele Menschen in Dragnic, die am hellen lichten Tage je einen Wolf gesehen hätten. Fast immer wird er nur als grauer Schatten, der im Abenddämmer hinter den Randbäumen im Wald oberhalb der Schafherden vorüberhuscht, oder für Augenblicke nachts am Luder sichtbar, eine flüchtige Erscheinung, von der etwas Geisterhaftes ausgeht. Wer Wölfe in Europa, Asien oder – nicht gerade vom Flugzeug aus – in Amerika bejagt hat, weiß, wovon ich spreche. Bei der Jagd auf den Wolf trifft der Jäger gemeinhin auf seinen wohl klügsten und vorsichtigsten Gegenspieler, der in aller Regel nur durch Geduld und noch größere Klugheit und Vorsicht zu überlisten ist. So schäme ich mich fast, zu berichten, wie ich in Dragnic einen Wolf schoß, denn seine Erlegung fiel im ironischsten Sinne des zuvor erwähnten Satzes in die Kategorie der blinden Zufälle. Selbst die ursprüngliche, den jagdlichen Erfordernissen entsprechende Zeitplanung hatten wir dabei, von Slivowitz und Rotwein am heimeligen Herdfeuer verführt, über den Haufen geworfen. Aber ›wenn es will‹, um ein weiteres jagdliches Zitat ins Feld zu führen, kann man einfach nichts falsch machen.

Mit Pero und Rade, meinen jugoslawischen Jagdgefährten, näherte ich mich am Nachmittag des betreffenden Februartages der hinter dem Berg Blagodica auf etwa 1300 Meter ü. d. M. gelegenen Hochebene Iza Blagodije. Obwohl die Sonne noch über dem Grat stand, waren wir spät dran, eine Stunde etwa, denn wir wollten bei Sonnenuntergang sitzen, und der Weg zur Luderhütte war weit.

Die Iza Blagodije ist ein weitgestrecktes, leicht welliges Hochtal. Die Sonne hatte hier die letzten Schneereste aufgesaugt, und das Land unter seinem Teppich gelbbraunen, von den Schafen des zurückliegenden Sommers geschorenen Grases atmete Weite und Melancholie.

Es war etwa 16 Uhr, als wir, hinter einer Hügelkuppe auftauchend, plötzlich vor uns mitten im freien Gelände einen Wolf sahen. Vielleicht 120 Meter vor uns flüchtete der schwarzgraue Geselle schräg von uns weg nach links. Der Wolf hatte uns sicher eher bemerkt als wir ihn. Dennoch wirkten die raumgreifenden Fluchten seiner langen Läufe nicht hektisch, eher lässig, fast ein wenig behäbig, zeitlupenhaft.

In solchen Augenblicken fließen Reflexhandlungen zusammen, als wären sie Teile eines Räderwerks reibungslos arbeitender Mechanik. Das im heiseren Flüsterton herausgestoßene »Vuk! Vuk!« meiner Gefährten hing noch in der Luft, da hatte ich in der Tasche schon das Patronenetui geöffnet, eine Patrone herausgezogen und im gleichen Augenblick den Kipphebel des Drillings betätigt. Bruchteile von Sekunden später war er fertig zum Schuß.

Allzu große Chancen rechnete ich mir nicht aus, denn mittlerweile war der Wolf etwa 150 Meter von uns entfernt, nach wie vor flüchtig. Zu allem Unglück war er mittlerweile auch schon fast überriegelt, so daß ich aus meiner Lieblingsposition, sitzend, die Arme auf die Knie abgestützt, nicht schießen konnte. Instinktiv suchte ich nach einer Gelegenheit anzustreichen und fand sie. Gerade als ich begann mitzuziehen, verhielt der Wolf völlig unerwartet auf einer kleinen Kuppe, stellte sich breit und äugte zu uns zurück.

Verhoffen und Eintauchen des Zielstachels ins Blatt flossen in eins zusammen. Einen Augenblick lang stand das Bild des Raubtiers, dem so viele Gedanken eines langen Jägerlebens gegolten hatten, unbeweglich im Blickfeld des Zielfernrohrs: Über der Rückenlinie wehten die Spitzen der Grannen als schwarzer Flor, während das Haar der Flanken gelbgrau aufleuchtete. Die Gehöre und die bernsteinfarbenen Seher in einem Gesicht, dessen Fünfecksymmetrie nur der lange Windfang durchbrach, waren kritisch abschätzend uns zugewandt. Zwischen den Hinterläufen hing die kurze buschige Rute nach unten.

Zwei Jäger sahen sich an, diesen einen Augenblick lang, und beide wußten, daß die Winzigkeit dieses Augenblicks entscheidend war, für den einen, um sich über Eräugtes letzte Gewißheit zu verschaffen, fast schon im Gefühl der Sicherheit einem Reflex gehorchend, und für den anderen, um das unerwartete Geschenk seiner Gunst zu nutzen. Der Rückstoß der 30/06 schlug mir das Gewehr hoch, und ich sah meinen Wolf nicht einmal fallen.

Daß ich schnell schoß und daß ich sauber schoß, war mein einziges Verdienst bei der Erbeutung dieser seltenen Trophäe. Ansonsten wurde sie mir geschenkt wie Hans im Glück die goldene Gans. Es war, als hätte Diana ihr Füllhorn in einem Anfall von Überschwenglichkeit für mich ausgeschüttet, fast zu schnell und ein wenig lieblos.

Wir schritten 180 Meter ab bis zum Wolf. Das 11,7 g schwere Brenneke TUG aus dem 30/06-Lauf saß hoch auf dem Blatt des starken Wolfsrüden. Eine knappe Handbreit höher, und ich hätte für den Rest meines Lebens Grund gehabt, eine verlorene Chance zu beklagen, wie sie mir ganz sicher nie wieder geboten worden wäre und die ich jetzt wegen des blitzartigen Ablaufs des Geschehens – o Mensch in deinem Widerspruch – nur unvollkommen zu würdigen vermochte. Auf der Jagd aber fügen sich die Bilder nur ganz selten so, wie wir sie erträumen. Unzufriedenheit mit einem oft ganz andersgearteten Ablauf der Ereignisse, zu dem schneller, zu leichter Erfolg ebenso Anlaß geben wie etwa ein zu optimistisches Ansprechen der Trophäenstärke, ist Undank und letztlich ein Mangel an Achtung vor dem erlegten Wild.

Jagen ist stets die Auseinandersetzung mit dem Unberechenbaren, und das ist ein wesentlicher Teil seines Reizes. Wieviele Enttäuschungen und vergebliche Mühsal stehen doch in der Bilanz den leichten Erfolgen gegenüber! Ein wenig komme ich mir vor, während ich dies schreibe, wie das Kind, das sich im dunklen Wald laut Mut zuredet; andere Komponenten kommen hinzu, verwirren mich, die ganze Problematik der Wolfsjagd in unserer Zeit, und dennoch weiß ich das eine: Die Iza Blagodije in ihrer Schwermut und großen Stille wird für mich immer unverlierbar sein, wird in mir weiterleben im Bild ihres geheimnisvollsten Bewohners und dem aufbrechenden Jubel im Augenblick seiner Erlegung, mochte dieser auch verhaltener sein als an schwer erarbeitetem Wild.

Ian klettert aus seiner ›Comanche‹ (Foto: Ian T. Allison)

Mit dem Packzug in den Bergen von Colorado

Ian (rechts) und ich mit dem alten Karibu aus dem ›Bog‹

Mein Camp am Carmen–Lake in den Chugachs. Vor dem Zelt die Decke des Bären

Am Abend kam Miro, mein liebenswürdiger jugoslawischer Freund, und brachte eine Flasche Sekt mit. Wir tranken sie auf den Wolf: »Za Vuka!«, während draußen in der mondhellen Nacht dessen Gefährten von den Hängen zwischen Cinca und Peca herunter die Totenklage sangen: Aoouuuh, aouuuh, aouuuh.

Die Hunde fürchten sich, und die Hirten ziehen die Decke höher, wenn Vuk, der Wolf, heult. Der Hirten Welt ist noch nicht von ›des Gedankens Blässe angekränkelt‹, die uns das unbeschwerte Jagen so schwer macht, und sie lieben und verehren den noch heute, der sie von ihrer täglichen Sorge befreit, der ihren größten Feind tötet.

In der Tat rauben die Wölfe in den großen Waldgebieten Jugoslawiens im Winter noch kräftig. Der Haß der Bergbauern ist deshalb verständlich, und sie schrecken sogar vor dem Einsatz von Strychnin nicht zurück. Aber selbst in Teilen der USA, einem Land also, das sich für den Tierschutz in anderen Ländern gern stark macht, werden Wolf und Kojote gelegentlich noch durch das Auslegen von Giftbrocken vertilgt, ebenso der Wolf in der UdSSR. Ich sagte zuvor schon einmal, daß der Mensch böse wird, wenn man ihm etwas wegnimmt. Eine solche Behandlung aber verdient keine Kreatur, geschweige denn dieses edle Raubwild.

Sonnenberg

Wir waren neun Stunden geritten, durch einen Wald, von dem der Jagd-schriftsteller Hogrebe einmal gesagt hat, daß in ihm keine Vögel sängen. Im Caribou County in Britisch-Kolumbien hatten wir, mein amerikani-scher Freund Ian und ich, am Morgen Happys Ranch verlassen – Happy war unser kanadischer Guide –, um von einem Waldlager tief in den endlo-sen verschneiten Fichtenwäldern Kanadas aus auf Grisly und Schwarzbär zu jagen. Extraklug hatten wir es anstellen wollen, wach sein, bevor die anderen aufstehen, und hatten den April, statt, wie in solchen Fällen üb-lich, Mai oder Juni, für unsere Expedition gewählt. Nun steckten unsere Pferde todmüde bis zum Bauch im Schnee, und tief darunter schliefen noch selig, Gott weiß wo, die Bären, nur wußten wir das zu diesem Zeit-punkt noch nicht.

Wie die endlosen Felder und Steppen Rußlands unten am Don, so hat auch der kanadische Urwald etwas Unermeßliches, eine Weite und mono-tone Unendlichkeit, vor der man in Winzigkeit erstarrt und die ein Gefühl der Verlorenheit vermitteln kann wie das Meer.

Immer wieder mußten wir aus dem Sattel, die erschöpften Pferde füh-ren, und wie der Körper vom Stapfen durch den hohen Schnee, wurde auch der Blick müde vom ertötenden Anblick der Uniformität in den Himmel ragender, verschneiter Stämme. Wie sagte Rilke von seinem ›Panther‹: »Sein Blick ist vom Vorüberziehn der Stäbe so müd geworden, daß er nichts mehr hält . . .« Auch wir sahen ›hinter tausend Stäben‹ bald ›keine Welt‹ mehr. Hin und wieder kreuzte die Fährte eines Maultierhir-sches, einmal die Spur eines Puma und einmal die eines Rudels Wölfe un-seren Trail und ließen das Blut schneller pulsieren. Unfaßbar die Größe der Spur des Timberwolfes, eine große Männerfaust füllt sie kaum aus!

Der Tag war grau, von jenem Blaugrau, das entsteht, wenn an einem trüben Tag Himmel und Schnee einander reflektieren und jeder von bei-den die Tönung des anderen annimmt. Gegen Abend erreichten wir unser Ziel. Aus dem Dämmer des Waldes heraustretend, sahen wir vor uns ein Tal, durch das sich ein breiter Bach, fast schon ein Strom, wand, in dem das Wasser weiß gischtend zu Tale jagte. Am offenen Gegenhang hatte der Wind einzelne Stellen aper geblasen und verdorrtes braunes Gras freige-legt. Der Hang lag da wie ein schmutziger Flickenteppich. Mitten auf ihm stand eine Blockhütte mit geschlossenen Fensterläden und vielleicht 80 Meter darüber, nahe dem Grat und vor der dunklen Mauer des Urwaldes, eine zweite. Diese jedoch war verfallen. Der Sturm hatte große Placken von Schindeln vom Dach gerissen, und die Fensterhöhlen gähnten schwarz wie blinde Augen im zerknitterten Gesicht brüchiger Wände. Durch das Rauschen des Baches drang das Krächzen eines Ladens zu uns herüber, der lose im Wind schwang. Je länger ich dieses Haus betrachtete, desto abstoßender fand ich es, düster und unheimlich in einer Art, wie sie Edgar Allan Poe in seinen gespenstischen Geschichten so unvergleichlich zu schildern wußte. Vielleicht haben auch wir noch wie die Tiere im Unterbewußtsein gelegentlich ein Gefühl für Drohendes, Unheilvolles.

Doch es blieb keine Zeit zu langem Verweilen. Wir mußten mit den Pferden noch den Bach kreuzen, was auf der primitiven Brücke aus zwei glitschigen Stämmen nicht einfach war. Aber wir konnten die Pferde unmöglich bei der herrschenden Kälte und der Tiefe des Baches durch das eisige Wasser führen. Schließlich war auch das gelungen, die schlechteste Wege gewohnten kanadischen Pferde sind ja erstaunlich trittsicher. Wir sattelten ab, entluden die Packpferde, hobbelten die Leitstute und entließen die Herde in die Freiheit. Dann richteten wir uns in aller Eile in der unteren Blockhütte ein.

Während Ian und Happy sich drinnen am Ofen aufwärmten, trat ich im letzten Licht des Tages noch einmal vor die Tür. Unter mir peitschten die Fluten des Baches, und auf der anderen Seite türmte sich unter dem grauen Himmel schwarz die Wand des Waldes auf. Gerade wollte ich mich abwenden, da zogen von rechts pfeilschnell und mit rauschenden Schwingenschlägen drei schneeweiße Schwäne vor der dunklen Kulisse vorüber.

Wir alle haben bestimmte Bilder, die wir irgendwann in unserem Leben aufnehmen und die wir nie mehr vergessen. Je älter wir werden und je schlechter unser Gedächtnis wird, desto mehr werden sie zu Leuchttürmen im Nebel, an deren Licht sich unsere Erinnerung zurücktastet in die verlorenen Paradiese unseres Lebens. Der Anblick der drei Schwäne über dem Creek, dessen Namen ich vergessen habe, und vor dem Wald, der ›Wald der Verdammten‹ hätte heißen können, gehört für mich zu diesen Bildern, auch wenn mir nur Sekunden blieben, ihn aufzunehmen. Winzig und verloren vor der Wand hoch aufragender Düsternis waren sie wie die Blüten weißer Lilien, die auf dunklen Wassern schnell vorübertreiben.

Während ich stand und ihnen nachsann, begannen ganz ganz weit, irgendwo in der Unendlichkeit um uns, die Wölfe zu heulen, schwermütig, klagend und drohend zugleich, und in ihr Heulen mischte sich das ächzende Knarren des Ladens der unheimlichen Hütte am Waldrand in meinem Rücken.

Als wir gegessen hatten und die Stühle zum Feuer rückten, fiel mein Blick auf die Rückenlehne des meinen. Auf deren nach außen gewölbtem oberen Blatt war von ungeübter Hand, aber mit viel Liebe und Akribie die Kuppe eines Berges eingeschnitzt und dahinter die aufgehende Sonne. Als ich daraufhin die anderen Stühle näher betrachtete, fand ich auch auf ihnen die gleiche Schnitzarbeit. Dadurch stutzig geworden, fragte ich Happy, ob es mit diesem Schnitzwerk etwas Besonderes auf sich habe.

Happy, aus dessen Gesicht die Fröhlichkeit kaum je zu weichen schien, sah mich unter gefurchten Brauen eine Zeitlang grübelnd an, dann sagte er: »You really want to know?« »Yes, of course«, erwiderte ich. »Okay, then come here and sit down!«

Ich rückte meinen Stuhl näher ans Feuer, auch Ian zog den seinen heran, und Happy begann uns die Geschichte von Sonnenberg zu erzählen:

»Ihr habt doch die alte Hütte oben am Hang gesehen, als wir herkamen. Well, die Hütte hat einmal ein Guy gebaut, der mit dem Leben fertig war. Er hatte eine junge Frau, und sie ist ihm mit irgend so einem Kerl aus der Stadt durchgebrannt. Da hat er seine Farm verkauft, das Notwendigste zusammengepackt und ist in die Wälder gegangen, weiter, immer weiter, einem Bachlauf nach, dem Bach da unten, bis er hierher kam, wo der Sturm eine Lichtung geblasen hatte. Hier hat er dann seine Blockhütte gebaut, die da oben, und hat von der Jagd und vom Trappen gelebt. Es gibt hier eine Menge Biber und auch andere Viecher. Im Frühling ist er dann immer runter, bachabwärts zum nächsten Ort, 30 Meilen von hier, hat seine Felle verkauft und das Nötigste zum Leben besorgt, Salz und Tabak und Tee, Whisky sicherlich auch, was weiß ich. Er war ja schon ziemlich alt, als er herkam, und von Jahr zu Jahr ist es ihm sicher schwerer gefallen, den schwierigen Weg zu gehen. Dann wurde es ihm wohl zu einsam hier oben, das Reißen kam dazu, und von einem Trip hat er sich deshalb zwei Katzen mitgebracht, eine rote und eine schwarze, die ihm Gesellschaft leisten sollten und abends seine steifen Knochen wärmen.«

Happy nahm einen tiefen Schluck von dem Grog, den wir uns gebraut hatten, zündete sich seine Pfeife an und fuhr fort:

»Well, ich hab' ganz vergessen zu erwähnen, der Guy hieß Sonnenberg, must have been a German, Old Sonnenberg haben sie ihn unten genannt, und die Schnitzerei auf den Stühlen ist sozusagen seine Visitenkarte auf deutsch, the sun and the mountain, die Sonne und der Berg – Sonnenberg.

Neunzehnhundert . . . – ich hab' vergessen, welches Jahr genau es war – hatten wir einen besonders harten Winter, und es wollte und wollte nicht Frühling werden. Sonnenberg war da so um die 70 bis 75, und ihm waren anscheinend die Verpflegung und das Holz ausgegangen. Anders jedenfalls konnten wir uns nicht erklären, daß er bei der großen Kälte und dem hohen Schnee aufgebrochen ist, um ins Tal zu gehen. Er muß aufgebrochen sein, denn nach der Schneeschmelze, als er unten nicht auftauchte, haben sie vom Ort einen Suchtrupp hochgeschickt, und der hat unten am Bach auf der großen Felsplatte, vielleicht drei Meilen von hier – ich zeige sie euch morgen –, sein Fellbündel gefunden, von den Füchsen zerfetzt natürlich, und seine Pfeife. Bis hierher muß er es wohl geschafft haben, dann war ihm klar, daß er es nicht packen würde und daß es hieß, entweder hier umzukommen oder in die Hütte zurückzukehren. Vielleicht wußte er auch schon, daß er so oder so sterben mußte, und wollte nur vermeiden, daß die Füchse oder die Wölfe seinen Leichnam auffressen. Er hat's dann auch noch bis zur Hütte geschafft, aber er muß wohl so ziemlich fertig gewesen sein, als er ankam. Das Holz war alle und seine Essensvorräte auch. Er hatte all sein Mobiliar schon verbrannt, nur die Stühle nicht, weiß Gott, warum. Vielleicht damit etwas von ihm bleibt, von Sonnenberg, vielleicht auch nur, weil er schon zu schwach war, um sie kleinzuhacken.

Er hat dann die Tür verrammelt, ist ins Bett gekrochen und hat sich mit allem zugedeckt, was er hatte. Als der Suchtrupp später die Tür aufbrach, sprang den ersten aus der dunklen Hütte heraus kreischend die schwarze Katze an, mit glühenden Augen, dürr wie ein Skelett, und biß sich in seinem Ärmel fest. Aus der Hütte stank es entsetzlich nach Katze und nach süßlichem Aas.«

Happy unterbrach seine Rede erneut, schaute einen Augenblick lang gedankenverloren in die Ecke des Raumes, wo die Flammen flackernde Schatten an die Wand warfen, nahm einen tiefen Schluck, räusperte sich und fuhr fort:

»Die Jungs haben dann Licht gemacht, und, by Jove, ich glaub's ihnen, als der Schein ihrer Lampe auf das Bett fiel, da sind sie raus, wie von Furien gepeitscht, grün im Gesicht, und haben erstmal den Hering vom letzten Wochenende ausgekotzt. Später haben sie's mir erzählt, und auch mir ist ganz schlecht geworden.

Im Bett lag Old Sonnenberg, oder das, was von ihm übrig war. Mittlerweile war er aufgetaut. Er hatte den Kopf auf der Seite liegen und einen Arm auf der Decke. Alles was vom Kopf nach oben freigelegen hatte, war ein Totenschädel, der Rest war sein Gesicht, wie sie es kannten. Der Arm, der draußenlag, war abgenagt bis auf die letzte Sehne, die Fingernägel hingen noch an der Hand, und ein alter Silberring, auf dem die Sonne und der Berg eingraviert waren, klapperte am Ringfinger. In der Achselhöhle aber, wo Sonnenberg die Decke fest um sich gestopft hatte, lag die rote Katze, dürr wie ein Besen, die Lefzen zurückgezogen und mit den Vorderzähnen in eine Sehne verbissen. Sie war wohl nicht weitergekommen, und jeder Fetzen Fleisch, der freigelegen hatte, war aufgebraucht. Da ist sie dann verhungert, vielleicht aber auch erfroren.«

Happy zog tief an seiner Pfeife und blies den Rauch durch die Nase.

»Well, men, das ist die Geschichte von Old Sonnenberg, und das da oben am Hügel war seine Burg. Sie haben die Stühle noch rausgeholt und eine Woche in den Bach gehängt, dann ist keiner mehr reingegangen da oben.«

Unwillkürlich rückte ich etwas vor auf meinem Stuhl und hielt die Hände ans Feuer, denn mir war kalt.

Jagdlich ist von dieser Reise – einer der weitesten, die ich je unternahm, wir waren von Kalifornien mit dem Wagen hoch nach Britisch-Kolumbien gefahren – wenig zu berichten. Bären sahen wir, wie gesagt, keine, auch anderes Wild nicht. Happy, der auch in die Jahre gekommen war und die Zeiten jagdlicher Hochleistungen mit Sicherheit hinter sich hatte, gehörte zu allem Überfluß zu jener in Nordamerika gar nicht so seltenen Sorte von Guides, die das Schwelgen in Erinnerungen zur Wirklichkeit der Gegenwart hochstilisieren: »Dort an der Felskuppe haben wir 19.. den großen Silvertip erlegt ... Siehst du die Kratzer dort am Baum, es gibt Grislies hier! ... Hier unten am Bach habe ich X an den starken Maultierhirsch rangebracht ... In der Schlucht eben hat Y die Dublette auf Schwarzbären geschossen« usw., bis die ganze Gegend bevölkert war von erlegtem Wild mit Happy als dem großen Zampano mitten drin.

So etwas nervt nach anfänglich regem Interesse zunehmend mehr, je länger der Erfolg auf der Jagd ausbleibt. Das allerdings führt, aus nun verständlicherweise auch bei dem Guide selbst zunehmender Hektik, erfahrungsgemäß aber lediglich dazu, daß die Intervalle zwischen den einzelnen Ereignissen der Vergangenheit noch kürzer und ihre Schilderung noch dramatischer werden. Schließlich erinnert das Ganze an das Kind, das sich im dunklen Wald mit lauter Stimme selbst Mut zuspricht, und löst dann schon eher Mitleid als Ärger aus. Eigentlich hätte Happy auch das mit den Bären im April besser wissen müssen, aber das Hoffen auf Wunder war eine seiner größten Stärken, auch sind natürlich nicht alle Jahre gleich, und das Honorar war ja so oder so sicher. Fairerweise muß ich hinzusetzen, daß die Investition eines Outfitters und Guides bei Erfolg und Mißerfolg fast die gleiche bleibt und daß es wohl kaum sehr viele Guides gibt, die lieber Mißerfolg hätten als Erfolg, nur überschätzen einige nach meinen Erfahrungen ihre Fähigkeiten und Möglichkeiten doch ganz erheblich.

Und doch war ich nicht vergeblich in Sonnenbergs düstere Wälder gekommen. Eines Tages saß ich mit Happy am Ufer eines zugefrorenen Sees und leuchtete mit dem Glas das gegenüberliegende Ufer ab. Wegen der Bären hatte ich meine ›Elefantenbüchse‹ dabei, die Sauer 80 im Kaliber

9,3 × 64, ein ungewöhnlich akkurat schießendes Gewehr, das sich bei zum Teil schwierigen Schüssen auf Büffel, Elefanten und Großantilopen hervorragend bewährt hatte. Für das, was sich nun ergab, erschien sie jedoch eher überdimensioniert.

Plötzlich nämlich tauchte, offensichtlich aus einem Loch im Eis, das wir von unserem Standpunkt aus natürlich nicht als solches erkennen konnten, mit schlangengleichen Bewegungen ein schwarzbraunes Etwas auf, buckelte wieselflink ein Stück über den zugefrorenen See, um ebenso blitzartig wieder zu verschwinden – Fischotter! Einen, das hatte ich mir schon vor Jahren in Neufundland und dann in Alaska wieder geschworen, wollte ich haben, mit geschlossenen Augen und verstopften Ohren alles gewaltsam wegschiebend, was ich von den zauberhaften Spielen dieser Kobolde des Wassers wußte. Und dieser hier – das zu erkennen hatte seine kurze Vorstellung genügt – war noch dazu ein ganz kapitaler.

Happy brummelte etwas von »Können wir nur auf meine Traplizenz verbuchen, kostet extra«, da tauchte der Fischmarder schon wieder aus dem ersten Loch auf, einen noch zappelnden Fisch quer im Fang, den er sich umgehend zu verzehren anschickte. Ich hatte inzwischen auf Vollmantel umgeladen – bei der 9,3 × 64 schießen Brenneke TUG und Vollmantel erfreulicherweise perfekt zusammen –, saß bequem in einer Schneekuhle, die Ellenbogen auf den Knien abgestützt, und hatte die Büchse hoch, knapp daß der Otter erschienen war.

Später schritten wir 120 Meter ab, und das Ziel, auch wenn es faktisch für seine Art und damit, relativ gesehen, ungewöhnlich groß war, wirkte auf diese Entfernung doch eher zierlich. Das aber ist das Schöne am Absehen 4, daß man auch kleine Ziele damit noch mit großer Präzision anvisieren kann. Mir war sehr wohl bewußt, daß bei einem schlechten Schuß der Otter verloren war, ich zielte deshalb gewissenhaft, was die schwere, ruhig liegende Waffe sehr erleichterte, und schoß, noch während Happy neben mir munter weiter über die Implikationen und Komplikationen der kanadischen Jagdgesetzgebung referierte.

Im Schuß streckte sich der Otter über seinem Fisch und rührte kein Glied mehr. Dennoch spurtete ich eilends los, um etwaigen Reflexbewegungen zuvorzukommen. Der prächtige, dunkelbraune Otterrüde mit seinem seidig glänzenden Haar jedoch war mausetot. Bleistiftdick war die Kugel auf dem einen Blatt ein- und auf dem anderen wieder ausgetreten, eine Waffe im Kaliber .22 hätte es nur 3,7 mm im Durchmesser schonender machen können. Ob sie auch bei Verwendung einer Vollmantelpatrone zum in diesem Falle unbedingt erforderlichen schlagartigen Verenden ausgereicht hätte, steht auf einem anderen Blatt. Fraglos war der Schuß ein besseres Ende für den Otter als der zappelnde Tod in einer Falle auf Happys Trapline. Gestreift reichte sein Balg von der Höhe meines Kopfes bis zum Boden. Leider habe ich nur Filmaufnahmen und kein Foto, das diese Feststellung belegen könnte. Ganz sicher war der Otter hochkapital und das spannende Erlebnis, die seltene Trophäe, letztendlich doch die weite Reise und alle Mühe wert.

Ganz ohne Komplikationen aber sollte uns Sonnenbergs Reich nicht entlassen. In der Nacht, bevor wir unser Camp abbrechen wollten, gelang es Sheila, der Leitstute, irgendwie ihre Fesseln loszuwerden, und in wildem Galopp stob die Treulose davon und nahm den fröhlich wiehernden Rest der Herde mit. Offensichtlich ging es auch ohne Brücke.

Überlebenstraining à la Sonnenberg mit schwerem Gepäck war angesagt, und beim ersten Morgengrauen des nächsten Tages brachen wir auf, mit trüben, sehr trüben Gedanken angesichts des endlosen Weges durch die verschneite Wildnis.

Aber der Herr verläßt die Seinen nicht. Auf dem Herritt hatten wir auf etwa halbem Wege in einer Waldläufer-Cabin kurz gerastet und dort – der Ehemann war auf Berglöwenjagd – die resolute Dame des Hauses kennengelernt, die uns gastlich bewirtet hatte.

Wir waren vielleicht zehn Kilometer in der Spur unserer Rosse – das wenigstens hatten sie für uns getan – dahingestapft, mittlerweile schweißgebadet und mit ersten Anzeichen der Erschöpfung – da, Heureka, ich glaubte eine Erscheinung zu haben, kamen diese brav und friedlich, von unserer gastlichen Buschläuferin auf halbem Wege eingefangen und anschließend auf den Pfad der Tugend zurückgeführt, uns entgegen.

Well, das war's, Sonnenbergs Schicksal blieb uns erspart.

Alaska

Rückblick

Durch eine Artikelserie in ›Wild und Hund‹ unter dem Titel ›Alaska allein‹ löste ich Anfang der siebziger Jahre wahrscheinlich mit eine Welle aus, die nicht allzu viele Jahre danach so hochschlagen sollte, daß sie die jagdliche Situation in Alaska insgesamt grundsätzlich veränderte – leider!

Damals war es für Ausländer noch möglich, allein und ohne Begleitung Elch, Karibu, Maultierhirsch, Schneeziege, Schwarzbär, Wolf und Vielfraß zu jagen. Nur für das weiße Schaf und den Braunbären war ein Berufsjäger als Führer gesetzlich vorgeschrieben; das sowohl aus Sicherheitsgründen als, besonders beim Schaf, wohl auch wegen einer genaueren Kontrolle der Bejagung dieser nicht häufigen Wildart. Da die Bejagung der Schneeziege ähnlich schwierig und gefährlich ist, hätte sich sonst wohl kaum eine Begründung für den Führungszwang auf Schaf finden lassen, es sei denn die, die ›professional guides‹ (Berufsjagdführer) nicht ganz arbeitslos machen zu wollen.

Den Zuschriften und Anfragen nach zu urteilen, die mich erreichten, stieß ›Alaska allein‹ damals auf reges Interesse, versprach es doch das große und eines der letzten jagdlichen Abenteuer in unserer Welt zu überschaubaren Kosten. Man erwartet für solche Auskünfte ja keinen besonderen Dank, aber wenigstens einen kurzen Bericht nach der Rückkehr, wie es gelaufen ist. Zumeist aber wartet man da vergebens, und auch von den Autoren, die später selbst über ihre Erlebnisse in Alaska schrieben, meldete sich nur einer von selbst wieder, der spätere Hauptschriftleiter von ›Wild und Hund‹, Horst Reetz, der mir noch dazu eine entzückende Skizze eines der großen Jagdmaler unserer Zeit zum Geschenk machte. Angesichts solcher Erfahrungen läßt der Spaß nach, Briefe mit zum Teil endlosen Fragen zu beantworten.

Bald griffen auch einige Jagdreisevermittler ›Alaska allein‹ als Werbeslogan auf, und die Welle rollte. Rollte, bis einige Waidgenossen, ausgerechnet aus dem Land, das sich auf die Erziehung seiner Jäger und deren waidgerechtes Verhalten seit jeher etwas zugute hält – Sie dürfen raten, welches Land das wohl sein könnte –, so sehr über die Stränge schlugen, das ihnen entgegengebrachte Vertrauen so sehr mißbrauchten, daß die Regierung von Alaska schließlich die Tür zuklappte und Fremden jegliche Jagdausübung ohne Führer verbot. Dadurch aber ist die Jagd in Alaska so teuer geworden, daß sie für viele nicht mehr erschwinglich ist, die sie vorher, wenn auch zumeist mit bescheidenerem Erfolg als unter Führung, dafür aber in zeitlicher und örtlicher Ungebundenheit, hätten genießen können.

Einige der Ursachen, die zum Alleinjagdverbot führten, waren das Liegenlassen von Wildbret – die Amerikaner sind hierin, zu Recht, besonders eigen, da sie in der Erbeutung des Wildbrets die vorrangige Berechtigung für die Jagd an sich sehen –, aber auch Lizenzverletzungen. Elche wurden zusammengeschossen und dann liegengelassen, weil ihre Geweihe den Erleger zu schwach dünkten. Der kostbare ›tag‹, die Wildmarke, die vom Schützen gekauft und später unlösbar an der Trophäe des erlegten Wildes befestigt werden muß, wurde erst dann aus der Tasche geholt, wenn der Passende lag. Auch Braunbären wurden gewildert, zum Teil sogar in Schutzgebieten. Kurz, eine Kette unsäglicher Schweinereien, die damals die Zeitungsspalten in den USA füllten und für die nur kalte Wut im Bauch bleibt auf die wenigen charakterlosen Gesellen, die durch ihr Tun vielen anderen die Möglichkeit zu freiem, ungebundenem Jagen nahmen.

Ich habe mir nach dieser Entwicklung Vorwürfe gemacht, ›Alaska allein‹ je geschrieben zu haben, wie groß oder klein auch die Rolle gewesen sein mag, die es in deren Vorgeschichte spielte. Aber da Alaska nach dem vorher Gesagten auch für mich unzweifelhaft in den Komplex der ›wirklichen‹, das heißt der ›verlorenen Paradiese‹ gehört, muß ich wohl oder übel auch in diesem Buch noch einmal über meine Tage in Tundra und Berg dieses nördlichsten und rauhesten Staates der USA berichten.

Der große Zug

Ich hatte das Glück, eine Zeit zu erleben – gerade noch –, in der sich jagdliches Abenteuer in eigener Initiative gestalten ließ. Heute haben die Jagdagenturen den letzten Winkel der Erde abgedeckt und bieten das Abenteuer fein portioniert als fertiges Paket an. Ich will nicht ungerecht sein, auch so bleibt noch genug an Ungewissem und Abenteuerlichem. Der letzte Reiz aber, das Selber-Finden, die Gedankenarbeit vor der Jagd und der Mut, in unbekannte Wasser zu springen, fehlen.

Alaska mit seiner nur durch Schonzeiten und Abschußbegrenzung beschränkten Möglichkeit zur freien Jagd in fast dem gesamten riesigen Land war damals eine der verbliebenen Möglichkeiten zur ›jagdlichen Selbstverwirklichung‹ unter selbstdiktierten Bedingungen.

Die Bücher des Grafen Szecheny und von Hans Otto Meißner hatten das Feuer in mir gezündet, und die konkrete Planung begann. Am Anfang stand die Kostenrechnung. Es ist leicht, einen ›Roundtrip‹ nach Anchorage auf der Polarroute zu buchen, aber auch teuer. Wenn man sich etwas näher mit den Reisemöglichkeiten zu diesem fernen Ziel beschäftigt, findet man bald heraus, daß es billige Charterflüge, heute auch Standby-Flüge nach New York oder selbst weit in den Westen der USA gibt und dort selbst sehr günstige Inlandflugpakete der nationalen Fluggesellschaften. Auch mit dem Greyhound-Bus kann man sehr billig, wenn auch nicht gerade allzu bequem, kreuz und quer durchs Land reisen und dem Endziel Anchorage näherkommen.

Der Flug fiel unter den damaligen Bedingungen noch als bedeutendster Kostenfaktor ins Gewicht, obwohl auch das Leben in Alaska selbst unwahrscheinlich teuer war. Aber dem konnte man sich ja durch die Flucht in den Busch entziehen. Die Kosten für Lizenzen und ›tags‹ waren in den gesamten USA niedrig und sind es im Vergleich zu anderen Erdteilen auch heute noch.

Meine Ausrüstung schleppte ich von zu Hause mit, würde das aber, von einzelnen Artikeln abgesehen, nie wieder tun. In den Army and Navy Stores im Lande selbst, die unseren Stegwaren-Geschäften gleichen, kauft man sehr billig für die Jagd geeignete Armee- und Marineausrüstungen. Diese sind von vornherein besser auf die besonderen Bedingungen rauher klimatischer Verhältnisse abgestellt als die Masse unserer zentraleuropäischen Jagd- und Campingutensilien. Denn Alaska, das sollte man auch heute bei einer gebuchten Jagdreise nicht vergessen, ist ein rauhes, ein hartes Land. Von der Intensität des Regens und der Stürme angefangen, zu Sümpfen, Gletschern und weglosen Weiten, ist dort für das Greenhorn aus dem gezähmten Europa vieles neu, ungewohnt und potentiell gefährlich. Aber wo wäre der Reiz, wo wäre das Abenteuer, wenn es anders wäre!

Der Rucksack ist in Alaska keine große Hilfe. Weitaus geeigneter für den Transport von Schlafsack, Decken, Zelt und was immer, aber auch und besonders für den Wildtransport, ist das in Nordamerika gebräuchliche, mittlerweile auch bei uns in vielen Ausführungen erhältliche ›Packboard‹. Hierbei handelt es sich um ein federleichtes Aluminiumrohrgestell, das mit breiten Schultergurten und einem Hüftgurt getragen wird, an der ganzen Länge des Rückens anliegend Mount-Everest-hoch nach oben bepackt werden kann und auf phantastische Weise das Tragen schwerer Lasten über große Strecken ermöglicht. Die jeweilige Last wird mit einem raffinierten System von Schnüren rutschfest vertäut.

Es gibt wohl nichts Besseres für den 1-MS-Transport auf der ganzen Welt. Und auf diesen mußte man sich damals, ohne die wohltuende Hilfe von Führer und Gehilfen jagend, in einer Weise einstellen, die einen das Gruseln lehren konnte. Die Wildschutzverantwortlichen kontrollierten ständig von Helikoptern und Buschflugzeugen aus die Hauptjagdgebiete und achteten sehr genau darauf, daß alles verwertbare Wildbret geborgen wurde. Dies oft über viele Kilometer hinweg tun zu müssen, war eine Qual, die dem Gast im Gegensatz zum Einheimischen nicht einmal dadurch erleichtert wurde, daß am Ende der Via dolorosa die eigene Tiefkühltruhe gestanden hätte.

All das und vieles mehr wußte ich damals noch nicht. Heute sagt es Ihnen ebensogut oder besser Ihr Jagdvermittler oder -ausrüster vor der Reise, vorausgesetzt, er taugt etwas.

In Anchorage lernte ich zwei Unteroffiziere der US Air Force kennen, die gerade eine Jagdexpedition in die Berge und Tundra der Alaska-Halbinsel vorbereiteten und mir anboten, mich ihnen anzuschließen. Im gecharterten Buschflugzeug flogen wir zuerst in die Berge zum Painter's Creek, pürschten dort vier oder fünf Tage und flogen Ende August weiter in die Tundra an der Ugashik-Bay.

Auf der Alaska-Halbinsel wurden einmal viele Ölversuchsbohrungen durchgeführt. Verlassene Landebahnen, auf denen Buschflugzeuge ohne Schwierigkeiten aufsetzen konnten, und alte verfallene Schuppen, in denen sich immer noch besser kampieren ließ als im Zelt, fanden sich an mehreren Orten mitten in Tundra und Berg. Natürlich boten sie ideale Ausgangsbasen für die Jagd. Nachteilig schien lediglich, daß sie jedermann zugänglich waren und man vor dem überraschenden Einzug ›neuer Mieter‹ nie sicher war. Garantierte Weltabgeschiedenheit hätte nur der Ausflug mit dem teureren Wasserflugzeug zu einem der zahlreichen Seen der Peninsula geboten. Ich bereute des Elches wegen später, daß ich hier wohl am falschen Platz gespart hatte. Aber dann wären mir andere einmalige Erlebnisse entgangen, und auch ›neue Mieter‹ haben, wie wir sehen werden, oft ihre Vorzüge.

Painter's Creek, obwohl landschaftlich außerordentlich reizvoll, hatte sich als jagdlich unergiebig erwiesen. Die Schaufler saßen im vollen Bast faul hoch in den Bergen, und auch die vereinzelten Karibus, die wir sahen, waren ausnahmslos noch im Bast und kletterten auf den steilsten Berghängen herum wie die Gemsen.

Vielleicht sollte ich hier einflechten, daß auf der Alaska-Halbinsel die Karibus gegen Mitte September beginnen, von Südwesten nach Nordosten zu ziehen. Um diese Zeit haben, bis auf Tiere und junge Hirsche, alle Geweihten verfegt, was Anfang des Monats noch nicht der Fall ist. Die Amerikaner schießen oft ihre Hirsche im Bast. Wir sollten uns diesem Brauch nicht anschließen, zumal keine Notwendigkeit dafür besteht. Eine des Bastes entkleidete und künstlich nachgealterte Trophäe hat nie die Ausstrahlung der verfegten, und allein schon unser jagdliches Empfinden und unsere jagdliche Erziehung sollten uns vor dem Schuß auf den unverfegten Hirsch zurückschrecken lassen.

Mitte September ist die Elchbrunft in vollem Gange, und unter diesem Wild ist dann viel Bewegung. Für Schaf und Ziege wird es höchste Zeit; nach Einsetzen des ersten Schnees in den höheren Lagen wird ihre Bejagung schwierig und teilweise unmöglich. Bären sollte man, wenn irgend möglich, nicht vor Anfang Oktober schießen, da der Pelz vorher noch nicht reif ist. Während die Oktoberdecke eines in Alaska geschossenen Schwarzbären zauberhaft weiches Pelzwerk mit langem, dichtem, seidigem Haar liefert, hat der August- und Septemberbär eine storrige, schmucklose Decke, die man mit der eines Stockhaar-Schäferhundes verwechseln könnte.

Meine beiden Bekannten schossen am Painter's Creek auf einer Morgenpürsch in schöner Gemeinsamkeit einen Luchs vorbei, obwohl sie auf der Scheibe Vorzügliches leisteten, ein Beweis, daß Jagdfieber auf allen Kontinenten zu Hause ist. Ich selbst kam nicht zu Schuß, lernte aber einen interessanten Mann kennen, Kirk Gay, den Juniorpartner einer kleinen Charterfluggesellschaft in Anchorage, einen verwegenen Waldläufer, Buschpiloten und Jagdführer. Kirk hatte beim ›Spotten‹ (Ausmachen des Wildes aus der Luft) in einem schmalen Bachbett fast eine Bruchlandung gebaut, nachdem ihm beim Aufsetzen ein Reifen geplatzt war. Gemeinsam mit seinem deutschen Jagdgast hatte er anschließend eine kühle Nacht im Busch verbracht. Dann waren die beiden mit leerem Magen einen halben Tag marschiert und geklettert, um wieder ins Camp zu kommen, einer Waldläuferhütte, in der wir uns inzwischen eingenistet hatten.

Wir überließen Kirk die Maschine, die uns ausfliegen sollte, um einen Reservereifen herbeizuschaffen. In typisch alaskanischer Unbekümmertheit hatte er natürlich keinen an Bord. Wie (fast) alle guten Taten, trug auch diese später Früchte, als Kirk mir, Wochen später, in Anchorage den richtigen Tip für meinen Bären gab und mit Zelt und anderem Gerät aushalf.

Erstmals in meinem Leben sah ich im Gebiet von Painter's Creek die berühmten Braunbären Alaskas, ›Herren der Wildnis‹, wie Graf Wurmbrand sie in seinem fesselnden, heute leider vergriffenen Buch einmal nannte. Als Junge hatte ich es dreimal hintereinander verschlungen. In die Fährte dieser Bären paßte mein Hensoldtglas plus einer Fingerspanne. Es verschlägt einem den Atem, wenn man vor solchen Tritten steht.

Das Bachbett in Painter's Creek war übersät mit den Gerippen von Lachsen, und in einem Bäreneinstand und an dem ›Straßensystem‹ der dort fischenden Bären fand ich auch eine Speisekammer mit den Überresten zweier Karibus. Es ist schon faszinierend, sich in einem solchen Gebiet zu bewegen, das nicht nach Bär riecht, sondern stinkt, auch, wenn man weiß, daß der Finger geradebleiben muß.

In Ugashik war es das gleiche wie in den Bergen: Regen, Regen, Regen, in der gemeinsten Art, in der es regnen kann. Man hätte gleich ins Wasser springen können, um den Prozeß abzukürzen, irgendwie drang der Regen immer durch. In unserem Schuppen tropfte es dauernd aus einem anderen Loch, und wie Ahasver waren wir mit unseren Schlafsäcken ständig auf der Wanderschaft.

Ein Pfeil-und-Bogen-Jäger aus Rochester aber, den wir hier trafen, schien die nötige Alaskahärte zu haben, nur sporadisch tauchte er in seinem verschlissenen Tarnanzug für kurze Zeit in der Hütte auf, wärmte über einer Art technisch weiterentwickeltem Hindenburglicht ein gallertartiges Fertiggericht, von dem er eine Wochenration vorgekocht hatte, würgte etwas davon hinunter und war wiederum in Regenböen verschwunden wie der Fliegende Holländer. Bis er dann, während wir schimpflicherweise noch am Schlafsack rochen, mit der Trophäe seines Schauflers schweißbedeckt und sturmumtost im Türrahmen stand. Es gibt doch noch Männer auf dieser schnöden Welt!

Nun, jedenfalls trieb uns dieses Ereignis, Regen oder nicht Regen, fortan zu passender Stunde aus den Federn, wenn es auch nicht viel half, denn wir waren in dem weiten, unübersichtlichen Gebiet noch nicht wirklich zu Hause. Natürlich hatten wir den Kompaß eingepackt und uns in Anchorage das Beste an Karten besorgt, was zu haben war. Damit tasteten wir uns in der Einförmigkeit der Tundra die erste Woche zaghaft von einem mehr oder weniger, meist weniger, markanten Geländepunkt zum nächsten, zappelten ab und zu bis zum Bauch im Moor oder kämpften uns durch den Erlenunterwuchs, bis uns die Tränen der Wut in die Augen stiegen, verloren so nacheinander alles, was nicht niet- und nagelfest war, von den Handschuhen angefangen über Schal und Mütze, und sammelten unerhört aufschlußreiche Erkenntnisse über die Qualität sogenannter Jagdkleidung. Jagdlich aber bewegten wir herzlich wenig.

Es dauerte geraume Zeit – meine Bekannten waren inzwischen schon nach Anchorage zurückgekehrt –, bis ich stur wurde und damit – endlich – entspannt. In dieser Entspannung werden plötzlich lange schlummernde Urinstinkte wach, man – die Amerikaner sagen das so nett – ›gets the feel of the country‹, beginnt sich im Land zu Hause zu fühlen und fängt an, natürlich zu laufen, Nägel mit Köpfen zu machen. Plötzlich fügt sich die Landschaft von selbst in eine Struktur, man vergißt Kompaß und Karte; die ferne Bergkette, der Wind, Sonne und Sternbild beginnen zu führen, lassen Kopf und Sinne frei für das Jagen. Man ist wieder Jäger geworden im ursprünglichen Sinn, ein Handwerker, der weiß, wie die Faser im Holz läuft.

Vorerst aber waren die Tage recht trostlos, obwohl ihnen allen natürlich die Spannung des Jagens zugrunde lag. Unser Essen wurde immer armseliger, keiner hatte große Ambitionen zu kochen, die Karibus kamen nicht, und bei den Elchen hatten wir noch nicht begriffen, daß sie einen Zehn-Meilen-Radius um das Camp für einen ungesunden Landstrich hielten.

Dann kam der Tag, an dem nicht ›der Regen‹ – der war ja schon da –, wohl aber ›Ian kam‹. Schon im Morgengrauen hatten wir auf dem ›Point‹ gehockt, der einzigen nennenswerten Erhebung inmitten der Tundra, etwa fünf Kilometer vom Camp, und der Aussichtspunkt, von dem wir die Karibus herbeibeteten. Kleine Rudel mit geringen Hirschen hatten begonnen, nach Norden zu ziehen, aber noch fehlte der erste Frost, der die großen Herden schlagartig in Bewegung setzt.

Meine beiden Bekannten, denen die Zeit auf den Nägeln brannte und die kurz vor ihrer Versetzung aus Alaska standen, hatten nach dem Motto ›Lieber wenig als gar nichts‹ der Versuchung nachgegeben und jeder einen für alaskanische Verhältnisse geringen Hirsch, dazu noch im Bast, zur Strecke gebracht. Gott sei Dank hatte ich noch genügend seelische Widerstandskraft, um meinerseits nach dem Motto zu leben ›Lieber gar nichts als solches‹. Die Nase aber hatte ich mittlerweile auch so voll, daß ich bereit war, mit den beiden aus dieser Einöde nach Anchorage zurückzufliegen und mein Glück woanders zu suchen.

Am Nachmittag, wir froren inzwischen auf unserer Beobachtungsstelle wie die Hunde, tauchte eine Sportmaschine über Ugashik auf und begann über unserem Gebiet Kreise zu ziehen. Natürlich tippten wir auf ›Fish and Game‹, die Wildschutzbehörde, und machten drei Kreuze in dem Bewußtsein, unser gesamtes ›verwertbares Wildbret‹ als brave Bürger im Camp deponiert zu haben. Ab und zu tauchte die Maschine im Tiefflug auf einen See hinunter und begann anschließend wieder zu kreisen. Eine gute Stunde vor der Dämmerung sahen wir sie auf der Landebahn bei unserem Camp heruntergehen und hörten bald darauf Motorgeräusche von Landfahrzeugen sich von dort in verschiedene Richtungen entfernen.

Während wir uns noch den Kopf zerbrachen, was das zu bedeuten habe, begann schon ein Schützenfeuer, dessen Lebhaftigkeit ausgereicht hätte, um eine Verfilmung des Sturms auf die Bastille mit Ton zu unterlegen. Wir nahmen flugs unsere bibbernden Gebeine auf und begannen, Ungutes witternd, dem heimischen Herd zuzustreben.

Und siehe da, unsere sonst nur von Hindenburgkerzen kümmerlich beleuchtete Behausung strahlte heute schon von weitem wie ein Christbaum im Schein zahlreicher Butanlampen, von denen eine hoch über der Hütte an einem Stock im Winde schwankte, um etwaige verlorene Seelen heimzuwinken. Gut, daß wir morgen sowieso die Kurve kratzen, war mein erster Gedanke.

Entsprechend gestimmt betrat ich unser spartanisches Heim, das sich in seiner innenarchitektonischen Gestaltung überraschend verändert hatte, und fand dort, in rot-, grün- und blaukarierte Buschhemden gehüllt und sich mit Whisky und kalifornischem Sekt zuprostend, eine illustre Gesellschaft vor. Tischherr war Hemingway oder sein Geist, ein Mann von jenem besonderen Charme, wie man ihn gelegentlich unter Amerikanern findet, dessen natürliche Ausstrahlung, ein Lachen der zusammengekniffenen, leuchtend blauen, immer ein wenig spöttisch wirkenden Augen, aus einem Gewirr von Krähenfüßen heraus, den Fremden sofort in seinen Bann zieht. Was immer kommen mochte – viel Gutes konnte es kaum sein –, diesem Mann zu grollen, würde sich in jedem Falle als schwierig erweisen.

Hier saß, wie sich in Kürze ergab, also Ian T. A., Millionär aus dem sonnigen Kalifornien, und hielt Hofstaat im Kreise einiger seiner jungen ›Executives‹, deren Blicke andachtsvoll an seinen Lippen hingen. Der Glanz seiner Persönlichkeit, die Spuren eifrigen Besenschwingens und ein Berg voller lukullischer Köstlichkeiten, die auf dem Tisch aufgetürmt waren und unsere frugalen Trockenkostgerichte wie Gespenster aus einer finsteren Vergangenheit erscheinen ließen, hatten unsere triste Hütte wahrlich in zauberhafter Weise verwandelt.

Nun, es dauerte nicht lange, bis wir, den unbekümmerten Landessitten entsprechend, mitten in diesem Kreis saßen, als hätten wir dazugehört, seit wir mit Erfolg aus den Windeln geschlüpft waren, voll des süßen kalifornischen Weins und einer Fülle nahrhafter Speisen. Physisch und seelisch so disponiert, vermochte mich dann auch Ians Jagdbericht, dessen Grundtendenz – wie konnte es anders sein – unter dem guten alten amerikanischen Motto stand, ›Time is Money‹, nicht mehr aus der Fassung zu bringen.

Die braven Krieger aus dem Süden, ausnahmslos nette Kerle, von denen Ian jedoch der einzige mit wirklicher jagdlicher Erfahrung war, hatten, um ja keine Zeit zu verlieren, den Nachmittag ihrer Ankunft nach der obigen Maxime dafür genützt, ›Aufklärung‹ zu fliegen. Nun muß man wissen, daß der alaskanische Elch auf der Erde im Erlendschungel nur aus nächster Nähe, mit seinen weit ausladenden, leuchtend hellen Schaufeln aus der Luft aber wahrscheinlich noch von Bord eines Sputnik aus auszu-

Massai mit Hundemeute im Hochland von Kenia

Mit meinem Freund Adam Yakas an dem von uns im Norden Kenias erlegten ›Hundertpfünder‹

Als Gast von Peter und Wanda zu Besuch in einem Holzfällercamp in Colorado

In den Bergen Colorados

machen ist. »He sticks out like a sore thumb« – Er hebt sich ab wie ein wunder Daumen –, würden die Amerikaner sagen.

Ian und seine Mannschaft hatten also mit viel Akribie die Landschaft auf ›wunde Daumen‹ hin untersucht und jeden von ihnen fein säuberlich in ihren erstklassigen Karten eingetragen, dazu die Trails, die vom Camp zu den Einständen führten. Dann waren sie gelandet, hatten drei ›Trail Bikes‹, japanische Geländemotorräder, zusammengebaut und waren aufgebrochen, den oder besser die Drachen zu töten. Einer von den ›Drachen‹ schwamm mittlerweile als Forellenfutter im See, einen zweiten sollten die Bären bis zum nächsten Mittag, inklusive Schaufeln, beigerodet haben, und über den dritten waren die Nachrichten ungewiß.

So einfach konnte es sein, in Alaska einen Elch zu erlegen, und wenn Boone und Crockett auch im Grabe rotieren, ich habe den heftigen Verdacht, daß die meisten Elche im nördlichsten Staat der USA damals auf diese Weise starben, die sicher nicht die feine englische genannt werden kann.

Heute hat die Wildschutzbehörde dem einen Riegel vorgeschoben. An dem Tag, an dem ein Jäger sich in der Luft befindet, darf er nicht jagen, das heißt, zwischen Flug und Pürsch muß eine Nacht liegen. Immer wieder verlieren Outfitter, die im Vertrauen darauf, daß in der Einsamkeit Alaskas Kläger und Richter Urlaub haben, ihre Lizenz, wenn sie bei einem Verstoß gegen diese Vorschrift ertappt werden. ›Garantiejagden‹ jedenfalls sind seither zu einem harten Brot geworden.

Nun, ich will rückblickend keine Legenden zerstören, denn die beschriebenen Drachentötermethoden trafen, mehr oder weniger variiert, natürlich auch auf viele Elche zu, deren Schaufeln in Richtung Europa diesen Staat verließen. Tatsache bleibt, daß es bei Mangel an Zeit ohne Luftaufklärung sehr schwer ist, einen wirklich guten Elch in Alaska zu erlegen, die eigentliche Schwierigkeit der Jagd dort besteht im Finden des Wildes, und ich ziehe deshalb meinen Hut tief vor denjenigen Berufsjägern, die sich noch immer der harten Aufgabe unterziehen, im Boone und Crockett-Stil zu versuchen, ihren Klienten an einen Elch zu bringen, auf den dieser dann, nicht nur der guten Trophäe wegen, stolz sein kann.

Um Mißverständnissen vorzubeugen – die vorbereitende Luftaufklärung vor Aufgang der Jagd, die allgemeine Orientierung vom Flugzeug aus und die Verwendung des Flugzeuges als Transportmittel sind nicht gemeint, sie waren gestern und sind heute in Alaska so selbstverständlich wie das Flugzeug selbst, und gegen sie ist in Anbetracht der riesigen Ausdehnung des Landes auch nichts einzuwenden.

Weiter zur Ehrenrettung meines Freundes Ian: Er streckte seinen eigenen, übrigens recht braven Schaufler später auf gerechte Weise. Das Spiel des ersten Abends spielte er nur mit aus seiner gutmütigen Natur heraus, die all sein Tun kennzeichnet – dem Wunsch, seinen Freunden ›a good time‹ zu bieten. Es liegt, ohne generalisieren zu wollen, wahrscheinlich in der Natur des Amerikaners, daß das Wild in solchem Bestreben immer die Rolle des Objekts spielt und lediglich eine Schachfigur auf dem Brett ist, auf dem gespielt wird. Ich habe unter amerikanischen Jägern nicht allzuviele gefunden, die eine echte Beziehung zum Wild als Lebewesen haben, wie sie bei uns unter Jägern doch recht häufig anzutreffen ist. Einer der Gründe hierfür ist wohl, daß uns in unserem Reviersystem das Wild vertrauter wird und sich so eine engere Beziehung aufbauen kann.

Nun, es ergab sich im Laufe der Nacht, daß ich als fester Bestandteil in König Artus' Runde aufgenommen wurde, meine Luftwaffenbekannten am nächsten Tage des Weges ziehen ließ und fortan in gehobenem Stil die Jagd in der Tundra betrieb. Bis zum Abend des nächsten Tages hatte Ian aus King Salmon Dachpappe einfliegen lassen, und als der letzte Schönheitsfehler an unserem Palast beseitigt war und wir äußerlich trocken saßen – innerlich war das fortan, wie man sich denken kann, nicht mehr der Fall –, wurde natürlich auch das Wetter schön, es kam Frost, und die Karibus zogen.

Kaum faßlich, wie sich eine triste Landschaft verändern kann, wie sie aufblüht unter der Sonne! Kaum faßlich auch, wie plötzlich der Schwung wieder da ist, die Hoffnung, das Vertrauen in den jagdlichen Erfolg.

Trotz der Geselligkeit am Abend blieb ich tagsüber in meinem Tun zumeist der ›lone wolf‹, der Einzelgänger, der ich von Natur aus bin. Nur einmal, nachdem ich geholfen hatte, den Elch aus dem See zu bergen, pürschte ich gemeinsam mit Ian. Bei dieser Gelegenheit fanden wir, von Schnee und Sonne ausgebleicht, von Füchsen benagt, die Abwurfstange eines Karibus. Ich hatte bis zu diesem Zeitpunkt noch keinen wirklich guten Barren-Ground-Caribou gesehen. Diese Stange warf mich um, zündete das sengende Feuer des Verlangens in mir an, koste es was es wolle, einen solchen Hirsch zu erlegen. Ich wußte nicht, wie nahe ich der Erfüllung dieses Wunsches war, den ich nach der langen Reihe deprimierender Tage noch kaum zu denken wagte.

Viele Meilen vom Camp, jenseits des ›Point‹, wo das Moor, ›Bog‹ nennt man es in der Tundra, begann, pürschte ich am nächsten Tage. Der Himmel war leuchtend blau, und man konnte in unendliche Fernen sehen. Hin und wieder äste ich mich auf den Knien durch einen Flecken Erdbeeren oder Moosbeeren. Gerade hatte ich mich von solchem Tun wieder erhoben und erneut in den auch heute noch sturmartig blasenden Wind gestemmt, als ich weit draußen im Moor das Weißbraun und Grau eines Kariburudels bemerkte, das dort vertraut äste.

Während ich es, wohl gespannt, aber noch ohne wirkliche Erregung, mit dem Glas abtastete, wurde plötzlich ein etwas abseits vom Rudel niedergetaner Hirsch hoch, dem ich bis dahin keine besondere Beachtung geschenkt hatte. Waidgenossen, die ähnliches vor Rothirsch, Sau oder Bock erlebt haben, werden mich verstehen, wenn ich sage, daß plötzlich alles, was ich im Glas noch zu sehen vermochte, der flirrenden Luft in der Hitze eines afrikanischen Mittags glich.

So wie Goliath über einer Reihe von Davids, türmte sich dort in weiter Ferne neben geringen Hirschen und Tieren ein Wildkörper auf, der alles um sich herum winzig erscheinen ließ, ragten über schneeweißem Brunftkragen zwei Stangen in den Himmel, von denen man versucht war anzunehmen, das Haupt könne sie nicht in Balance halten.

Wups, saß ich wieder in meinen Moosbeeren, holte die Knie als Stütze herbei. Aber auch die zitterten, und so blieb mir nichts weiter übrig, als die Hinterläufe in den Vorderlauf zu nehmen und dem Ort so großartiger Versprechung näherzueilen. Das aber war leichter gesagt als getan, denn dort, wo der ›Bog‹ begann, hörte bis auf kümmerliche Reste das Buschwerk auf. Dafür aber schimmerte überall zwischen dem Gras hervor Wasser, Wasser, Wasser.

Auf diesem Moor kann man sich nur bewegen wie ein Eintänzer, von Grasbülte zu Grasbülte hüpfend. Wenn man danebentritt oder an einer Stelle zu lange verweilt, versinkt, mit einem gluckernden, schlürfenden Geräusch, das an die Edgar-Wallace-Filme der fünfziger Jahre erinnert, der Fuß immer tiefer in dunkle Abgründe, von denen man nie weiß, wann und ob sie aufhören, solche zu sein. Normalen Sinnes hätte ich mich nicht in diese Moorlandschaft gewagt, aber wer ist schon ›normalen Sinnes‹, wenn vor ihm ein solcher Karibu mit den Stangenenden ›an den Wolken kratzt‹. Es ist verblüffend, wie die Karibus mit ihren großen, weit gespreizten Schalen wie selbstverständlich über diese Landstriche ziehen und von dem Untergrund getragen werden.

Am Rande des ›Bog‹ war ich noch an die 600 Meter vom Rudel entfernt, und lediglich ein kümmerlicher Busch lag etwa auf halber Strecke zwischen mir und dem Wild. Den galt es zu erreichen. Wie mir das, vom Wild unbemerkt und ohne abzusaufen, gelang, vermag ich nicht mehr zu sagen. Alle Handlungen sind ja in solchen Situationen instinkthaft. Jedenfalls erreichte ich die rettende Insel, in deren unmittelbarer Umgebung der Untergrund wenigstens etwas vertrauenserweckender wirkte. Hier ließ ich mich aufatmend nieder und merkte alsbald, wie die kühle Moorbrühe auf halber Backenhöhe einen unerfreulich hohen Pegelstand erreichte. Aber, wen stört das schon, wenn . . . usw.

Der Hirsch stand jetzt breit nahe beim Rudel, und wenn er das schwere

Haupt zum Äsen neigte und wieder hob, dann wirkte das, als ob ein Kranausleger abgesenkt und wieder angehoben würde. 1,55 Meter Stangenlänge bei einem ungewöhnlich steilgestellten Karibu sind viel Horn, um mit dem Auge daran hochzuklettern! Es war noch immer eine elende Entfernung, aber an dem sonnigen Tag und bei dem völlig offenen Gelände konnte ich nicht hoffen, unbemerkt weiter an das Rudel heranzukommen. Auch wenn die Karibus den ruhenden Menschen selbst auf kürzeste Entfernung nicht als Gefahr zu identifizieren scheinen, tun sie dies bei dem sich bewegenden bereits auf größere Entfernung, zumal, wenn diesen die Umstände zwingen, sich ungedeckt aufrecht oder gebückt zu bewegen.

Ich brachte also versuchsweise das Gewehr in Anschlag, aber, o Himmel, ich hatte die Rechnung ohne den Wind gemacht! Wie ein Lämmerschwanz wackelte mein Lauf im Sturmesbrausen hin und her. Wie ich die Arme auch in die Knie und den Rücken in das Buschwerk stemmen mochte – es war unmöglich, das Gewehr ruhig zu halten.

Hubertus und ihr Waidmänner, die ihr gerechter seid als ich, schließt jetzt einmal die Augen und überspringt den nächsten Absatz. Denn statt aufzugeben, begann mein schnöder Sinn, ballistische Berechnungen anzustellen. Die Höhe war kein Problem, denn mein alter Bockdrilling ist wie ein dritter Arm, aber wie sollte ich den Seitenwind einkalkulieren? Der Hirsch stand mit dem Haupt aus dem Wind, und nach einigem Überlegen entschied ich mich für eine Handbreit über der Rückenlinie hinter dem Blatt angefaßt und für das Abdrücken, wenn der Lauf nach dem ›Hü-und-Hott-Prinzip‹ wieder nach ›Hott‹ in den Wind, das heißt in die Mitte des Wildkörpers, schwingen würde. Gedacht, getan, im stillen drei Kreuze, und ›blupp‹ hatten Moor und Sturm den Schall des Schusses verschluckt wie der Schnee im Winterwald.

Alles, was geschah, war, daß mein Karibu plötzlich einen Meter niedriger erschien und sein Haupt flach auf dem Boden auflag. Die Stangen ragten immer noch in die Höhe, und wenn man nicht genau hingeschaut hätte, wäre eigentlich keine Veränderung zu bemerken gewesen. Das Rudel jedenfalls nahm keine wahr, warf nach dem Schuß nicht einmal auf und äste weiter, als wäre nichts geschehen. Erst ein langer, sorgfältiger Blick durch das Glas überzeugte mich, daß dort mein Hirsch lag, auf der Stelle verendet, ohne den Hall des Schusses noch vernommen zu haben.

Es gibt für mich ein wirkliches, ungetrübtes Glücksgefühl nach dem Schuß nur, wenn ein reifes Stück Wild blitzartig oder in kurzer, wilder Flucht verendet. Das ist der reine Kelch der Erfüllung, der einzigen Erfüllung, die ohne Mitleid und Vorwurf ist. Hier wurde sie mir geschenkt, obwohl ich sie sicher nicht verdient hatte. Der Schuß saß – nach der Sachlage konnte es kaum anders sein – abgezirkelt mitten auf dem Träger und damit fast einen Meter links vom Abkommen. Starker Seitenwind ist ein Faktor, den man beim Schuß immer in Rechnung stellen muß!

Ich mochte das Wild nicht stören, so wartete ich gut eine Stunde, bis das Rudel sich aufnahm und weiterzog. Lediglich ein stärkerer Beihirsch blieb bei dem Alten, konnte offensichtlich nicht begreifen, warum dieser die Siesta nicht abbrach und dem Rudel folgte. Die Nacht wollte ich nicht abwarten. Bis auf 80 Gänge ließ der Hirsch das hüpfende Ungeheuer, das da über das Moor gegeistert kam, an sich herankommen, ehe er sich widerwillig, immer wieder verhaltend und zu dem Alten zurückäugend, in Bewegung setzte.

Man erspare mir eine ausführliche Schilderung der Bergung, sie würde den Leser wohl auch nur langweilen. Selbst bis an die Knie im Wasser stehend, hatte ich dem mittlerweile halb im Moor versunkenen Hirsch bis zum Abend die Decke von Vorschlag und Träger gestreift, das Haupt abgeschlagen und ihn aufgebrochen. Gegen Mitternacht traf ich am Rande der Erschöpfung mit Haupt und Decke im Camp ein. Den Rest holte ich in Etappen an den folgenden zwei Tagen. Damals war ich noch zu stolz, Ians großzügig angebotenes ›Trail Bike‹ hierfür zu verwenden. Es hätte mir auf der schlimmsten Strecke im ›Bog‹ auch wenig genützt.

Eines Morgens wachten wir auf. Die Erde war in Bewegung geraten. In riesigen Herden zogen die Karibus links und rechts am ›Point‹ und an unserer Hütte vorbei, über die Rollbahn und durch die See-Engen, unaufhaltsam, in stetem fördernden Troll, hin und wieder verhaltend, um kurz zu äsen und dann weiterzutrollen nach Norden, in Richtung auf die Ugashik-Bay.

Optisch wirkt der Troll der Karibus langsam. Wie schnell sie sich in Wirklichkeit bewegen, bemerkt man erst, wenn man versucht, ihnen im spitzen Winkel den Wechsel zu verlegen, um besser ansprechen und eventuell schießen zu können. Oft hing mir in den nächsten Tagen die Zunge zum Halse heraus, kam ich zu spät, um noch ordentlich ansprechen zu können. Solange die Karibus im Ziehen sind, ist das Schießen ziemlich schwierig. Dauernd deckt ein Stück das andere, und besonders die guten Hirsche sorgen entweder, durch schlechte Erfahrung gewitzt, fast stetig für Deckung oder haben schlechtweg einen Schutzengel. Das ist auch gut so, denn bis sie die Brunftplätze im Norden erreicht haben, müssen sie an vielen lauernden Augen und schußbereiten Büchsen vorbei.

Die besten Hirsche ziehen, meiner Beobachtung nach, zumeist schon auf dem Weg zu den Brunftplätzen mit den Wildrudeln – Kahlwild kann man ja schlecht sagen, da auch das Kaributier ein Geweih trägt. Meist sind in solchen Rudeln, sofern er nicht schon herausgeschossen wurde, ein hochjagdbarer Hirsch und ein etwa gleich starker Beihirsch zu finden, sonst nur Kroppzeug. Daneben wechseln reine Hirschrudel, oft bis zu 100 und mehr Köpfe stark. Auch in diesen Rudeln findet man gute, jedoch vorwiegend noch nicht reife Hirsche. Es ist ein faszinierender Anblick, ein solches Rudel dichtgedrängt über die Tundra ziehen zu sehen, und das geflügelte Wort vom ›Wald von Geweihen‹ trifft wohl nirgends besser zu.

Das Ansprechen in einem Hirschrudel ist, solange die Stücke in Bewegung sind, so gut wie unmöglich, Stangen und Enden beginnen einem vor den Augen zu flirren. In Schottland sah ich einmal ein altes Schloß, dessen Wände und gewölbte Decke im großen Saal dicht an dicht mit Hunderten von Hirschgeweihen behangen waren. Auch dort war es nur bei äußerster Konzentration möglich, ein einzelnes Geweih anzusprechen, obwohl diese Geweihe sich in Ruhe befanden. Sie hatten rein dekorativen oder ornamentalen Charakter angenommen und ihre Identität völlig verloren. Ähnlich ist es mit den Geweihen der ziehenden Karibuhirsche in Alaska.

Irgendwie erinnerten mich die Hirschrudel der Tundra an eine gedrängte Phalanx angreifender Kavallerie, deren Lanzen und Säbel in der Sonne blitzen. Das Bild ist, hier wie dort, überwältigend, aber wenn man es schildern soll, verliert sich jede Einzelheit im Eindruck wogender Masse.

Es soll auch noch ausgesprochene Alte-Herren-Rudel geben, in denen Hirsche mit besonders wuchtigen, doch zumeist endenarmen Geweihen zu finden sind. Leider sah ich selbst kein solches.

Einmal lag ich an einem Vormittag, mit dem Rücken an einen Erdwall gelehnt, dösend in der Sonne. Irgendwie spürte ich die Erde vibrieren oder hörte im Unterbewußtsein das Dröhnen von Schalen. Als ich die Augen öffnete, trollte ein Rudel von vielleicht 50 Karibus direkt auf mich zu. An diesem Tage war ausnahmsweise kein Windhauch zu spüren, und ich war fast sicher, daß die Lawine mich überrollen würde. Der Wall aber erschien den Karibus als ein Hindernis, sie teilten sich auf, verfielen in langsames Ziehen, verhielten und begannen 20 bis 30 Meter links und rechts von mir vertraut zu äsen. Im vorsichtig gehobenen, achtfach vergrößernden Glas wirkten ihre Lichter wie dunkle Waldseen. Es roch, als läge ich mitten in einer Kuhherde, und auch das Mahlen der Kiefer erinnerte an eine friedliche Weideszene.

Ohne mich bemerkt zu haben, trollte das Rudel nach etwa zehn Minuten weiter, und wie der Hufschlag einer abziehenden Schwadron verklang hinter mir das Trommeln der Schalen. Gott sei Dank war kein guter Hirsch im Rudel, so daß ich dieses Erlebnis offenen Sinnes genießen konnte.

Man kann sich kaum ein größeres Dilemma vorstellen – nach Tagen der jagdlichen (wenn auch nicht klimatischen) Dürre, diese übersprudelnde Flut von Wild, diese tausendfachen Versuchungen, das immer wieder Abwägen und Zögern, das Nichtwissen, wie lange dieses Wunder noch dauern und wann es endgültig zu spät sein wird, den Finger krummzumachen. Ein hochkapitaler Hirsch mit einem märchenhaften Gewirr von Enden im oberen Stangenteil und wunderbar ebenmäßigen Schneeschaufeln kam mir aus, sein Wild deckte ihn so gut, daß ich keinen sicheren Schuß anzubringen vermochte. Ich lief dem Rudel noch kilometerweit nach, aber es war völlig unmöglich, es einzuholen. Von einem hohen Hügel aus sah ich es später durch die Ugashik-Bay rinnen und, gemein wie man gegen seinesgleichen ist, wünschte dem Hirsch von Herzen, daß sein Glücksstern halten möge.

Dann klappte es doch. Hinter einer Hügelkette gedeckt, konnte ich einem Rudel, dessen Zugrichtung ich zutreffend eingeschätzt hatte, den Wechsel verlegen. Schon von weitem hatte ich ausmachen können, daß zwei gute Hirsche dabei waren. Als das Rudel auf 80 Gänge unter mir durch eine Senke trollte, rief ich es an. Der eine der Hirsche verhoffte und erhielt die Kugel, dann ritt mich der Teufel, und als der zweite auf 150 Gänge verhielt und zu seinem Gefährten zurückäugte, streckte ich auch ihn.

Ich weiß nicht, wieweit im Unterbewußtsein hierbei der Tatbestand eine Rolle spielte, daß mich vom Camp nur etwa zwei Kilometer trennten, was, im Vergleich zu meinem ersten Hirsch, eine geradezu wohltuende Entfernung schien, zumal ich mittlerweile auch schnöde genug war, zur Bergung die moderne Technik, sprich, eins von Ians Trail Bikes, einzusetzen.

Beides waren hochjagdbare Hirsche mit ebenmäßigen, endenreichen Geweihen, eines davon 1,40 Meter in der Auslage, vom Standpunkt der Ästhetik aus ›schönere‹ Trophäen als die des klotzigen, aber endenarmen ersten Hirsches aus dem Moor.

Den besten Hirsch aber sah ich an einem der letzten Tage im Ugashikgebiet, demselben Tag, an dem ich meinen Elch schoß. Der Zug der Karibus war vorüber. Ich stand hoch im Hügelgelände. Unter mir, kilometerweit draußen in der Tundra, hastete ein schwächeres Rudel dem Heerzug nach. Als letzter kam ein Hirsch. Seine ungewöhnlich hellen Stangen leuchteten wie Elfenbein in der Sonne, und an ihnen starrte ein Wald von Enden, wie ich ihn zuvor nur an den endenfreudigeren, aber in der Geweihstärke weitaus geringeren Woodland-Caribous gesehen hatte.

Ja, Pokerspieler müßte man sein!

Roter Punkt auf alaskanisch

Im Gegensatz zu meinem nordamerikanischen Elch, einem uralten Hirsch, der meine kühnsten Erwartungen übertroffen hatte, denke ich an meinen Alaska-Elch nur mit einem Gefühl der Bedrückung zurück. Obwohl er nach nordamerikanischen oder gar europäischen Maßstäben immerhin noch eine beachtliche Trophäe trug, war er viel zu jung, für alaskanische Verhältnisse sogar gering. Mehr noch aber bedrückt mich in der Erinnerung an ihn, daß er mit vier Kugeln im Leben (7×65 R, Brenneke TIG 11,5 g, halbspitz von vorn) nicht zu verenden vermochte und lange Zeit im dichten Erlengewirr röchelnd und stöhnend kämpfte, ohne daß ich ihm den erlösenden Fangschuß zu geben vermochte. Nachdem selbst diese hervorragende Patrone keine vollkommene Arbeit leistete, bin ich der Überzeugung, daß Geschosse im Kaliber 7 mm oder darunter einfach zu leicht sind für ein so gewaltiges Wild wie den nordamerikanischen oder gar den Alaska-Elch, auch wenn man beide damit bei guten Schüssen nicht verliert. Vielleicht würde bei der hochrasanten 7-mm-Remington-Magnum der Schockeffekt ausreichen, bessere Resultate zu erzielen, ich kann das nicht aus Erfahrung sagen, als der sicherere Weg aber erschiene mir in jedem Falle ein schweres Geschoß mit entsprechender Auftreffwucht.

Rückschauend weiß ich, daß es immer einer meiner größten Fehler auf der Jagd war, ›gegen die Bank‹ spielen zu wollen, das heißt, mich von zwei oder mehr Möglichkeiten gern für die schwierigere oder weniger aussichtsreiche zu entscheiden.

So war es auch in diesem Falle. Ian hatte aus der Luft einen kapitalen Elch bestätigt, der seinen Brunfteinstand auf einem windgepeitschten Höhenrücken, nur wenige hundert Meter von der Küste der düsteren Beringsee entfernt, bezogen hatte, in einem Gebiet noch dazu, das ich mittlerweile einigermaßen kannte. Er drängte mich, auf diesen Hirsch zu pürschen, aber irgendwie ging es mir gegen den Strich, einen von einem anderen ausgemachten Elch zu strecken. So fuhr ich an diesem Tage mit einem seiner Trail Bikes in entgegengesetzte Richtung weit in die Tundra hinaus, ließ das Rad dann stehen und pürschte einige Stunden weiter, dem Verlauf einer Seenkette folgend.

Einem wunderschönen Tag, einem der ganz wenigen, die ich in fünf Wochen Jagd in Alaska erlebte, war ein noch schönerer Abend gefolgt. Im Kapitel über das Raubwild ist dieser Abend beschrieben, an dem das Gegenspiel von sinkender Sonne und aufsteigendem Mond eine für mich unvergeßliche Symphonie von Farben schuf und mich in eine Hochstimmung versetzte, wie man sie nur an wenigen Tagen erlebt – einem wie dem heutigen etwa, an dem ich, auf einem Hochsitz im Allgäu auf einen Spießer vom zweiten Kopf wartend, diese Geschichte aufschreibe und über alle Schattierungen von Grün der zu meinen Füßen in dichten Teppichen liegenden, vom Sommerwind bewegten Baumwipfel zu den grauen Schroffen der Gottesackerwände und darüber zu einem Himmel aufblicke, der wolkenlos und fast so tiefblau ist, wie ich ihn nur von Afrika oder Nordamerika kenne, und vor den sich als erster Vorbote des Altweibersommers, oder, wie man drüben sagt, des Indianersommers, ein ganz zarter, durchsichtiger Schleier zieht und allen Konturen die Härte nimmt.

Damals in Alaska war die Sonne gerade untergegangen, aber die volle Scheibe des Mondes verlängerte die Abenddämmerung so trügerisch, daß ich kaum bemerkte, wie mit der Sonne der Tag versunken war. Im fahler werdenden Licht zogen plötzlich zwei Elchtiere vor mir über den Trail, und während ich sie noch betrachtete, schob sich über einem Höhenrücken zu meiner Rechten eine gespreizte Rabenschwinge in mein Blickfeld und stand sekundenlang als schwarze Silhouette gegen den Abendhimmel – die linke Schaufel eines Elchhirsches, der den Tieren nachzog.

Nun weiß selbst der dümmste Elchjäger, daß lange, spitze Enden oben in der Schaufel fast immer auf einen jüngeren Elch hindeuten, während die Schaufeln des alten Hirsches zumeist stumpf sind mit nur noch angedeuteten Enden, auch, daß nur den jungen Hirsch eine lange, dünn baumelnde Glocke ziert, im Gegensatz zum alten, bei dem sie kurz, stumpf und breit wird. Auch ich wußte es, aber der Anblick der ›Rabenschwinge‹, der unerwartet plötzliche Einbruch von Dramatik in eine Stimmung der Beschwingtheit, der Weltvergessenheit hinein, hatte das Adrenalin in wildem Strom in meine Adern gepumpt und mich wie blind den waidmännischen Grundsatz des sorgfältigen Ansprechens vor dem Schuß vergessen lassen. Vielleicht muß man selbst in einsamer Wildnis unerwartet vor einem Elch, diesem auf hohen Läufen ziehenden, massigen Wild, gestanden haben, um das nachempfinden oder verstehen, wenn wohl auch nicht entschuldigen zu können.

Jedenfalls lag, als der Schaufler über den Kamm zog und vielleicht 30 Meter vor mir mit erhobenem Haupt zu mir hinäugend verhoffte, der Schaft des Bockdrillings schon an Schulter und Wange und brach kurz darauf der Schuß. Der Hirsch ruckte kaum merklich zusammen, blieb dann aber unbeweglich stehen. In fliegender Hast lud ich nach, schoß noch zweimal. Wieder quittierte der Hirsch die Schüsse nur mit Zusammenrukken. Es schien, als ob er sich nach jedem Schuß den Kugeln mehr entgegenstemmte, so etwa, wie ein bulliger Rugbyspieler durch Vorbeugen den Angriff des Gegners abzublocken versucht. Erst Sekunden nach dem dritten Schuß wendete er ganz langsam nach rechts und gab mir Gelegenheit, noch einmal zu schießen. Aber nachdem der Schock des ersten Schusses verpufft war, vermochte auch dieser nicht mehr den Hirsch am Fleck von den Läufen zu holen. Schwerkrank zog er einige Schritte von mir weg ins Erlendickicht und brach dort zusammen.

Kurz darauf begann der bereits erwähnte schreckliche Todeskampf. Obwohl ich durch das Zurückfedern von Haupt oder Läufen getroffener Büsche und Bäume den Ort, wo der Hirsch zusammengebrochen war, genau zu lokalisieren vermochte, gelang es mir in dem Gewirr von Schlingholz und der nun schnell sinkenden Dämmerung nicht, ihn für einen sicheren Fangschuß ausreichend frei zu bekommen. Im dichten Erlengewirr stand ich wenige Meter vor ihm, sah, wie er im Todeskampf mit dem Geweih um sich schlagend meterhohe Erlenstämme wie Streichhölzer knickte, wartete mit erhobenem Gewehr jeden Augenblick darauf, daß er noch einmal auf die Läufe käme, und hörte, wie sich sein Röcheln, das qualvolle Röcheln eines gewaltigen Tieres, das in seiner urwüchsigen Kraft nicht zu verenden vermochte, mit dem Rauschen des Windes, dem Rascheln der Blätter und dem Raunen des Grases zu einer schaurigen Symphonie mischte, die mir das Mark in den Knochen gefrieren ließ. Fünf Minuten wurden dabei zur Ewigkeit, bis endlich der stöhnende Atem verebbte, abriß.

Von dem Drama vor mir und meiner Unfähigkeit, es zu beenden, aufgewühlt und tief deprimiert, trat ich an den verendeten Hirsch. Der Boden rund um den Elch schien wie von Pflugscharen umgebrochen, blankgeschlagene Stämme und Äste leuchteten fahl im Mondlicht – eine Walstatt, auf der ein großer Kämpe bis zum letzten Atemzug verzweifelt um sein Leben gerungen hatte.

Nach all der Aufregung war mir schlecht, und ich setzte mich, ein winziges Häuflein Elend, neben den Körper des riesigen Wildes. Ein Blick auf das Verhältnis des langen Hauptes zur Länge der Schaufeln hatte genügt, mir klarzumachen, daß ich gerade einen der größten Fehler meiner jagdlichen Laufbahn begangen hatte, und dieses Bewußtsein vergrößerte noch meine Trostlosigkeit. Welch ein Wechsel vom Zauber eines unvergeßlichen Abends in die schwärzeste Tiefe der ihm folgenden Nacht!

Schließlich brach ich, nun innerlich leer und sehr, sehr müde, den Elch auf, mußte alle Kraft aufwenden, um eine der zentnerschweren Keulen so weit herumzuwuchten, daß ich das Schloß öffnen konnte. Dann schärfte ich mühsam das Haupt ab, bedeckte den Hirsch mit Zweigen, verbrach die Stelle, an der er lag, und machte mich mit dem schweren Haupt auf der Schulter beim Licht des Mondes auf die Suche nach meinem Motorrad.

Nach mehreren Stunden langte ich, mehr taumelnd und stolpernd als laufend, dort an, vertäute das Geweih und begab mich auf die wacklige Heimfahrt. Nachdem ich in das erste Bachbett gefallen war und beinahe Ians Trail Bike ersäuft hätte, sattelte ich beim nächsten ab und erreichte schließlich gegen Mitternacht, noch viele Kilometer vom Camp entfernt, die offene Tundra.

Es rührte mich, als mir auf den letzten Kilometern plötzlich ein Lichtlein durch die Nacht entgegengewackelt kam und kurze Zeit darauf Freund Ian vor mir hielt, einen kurzen Blick auf meine schweißgetränkten Kleider und mein bleiches Haupt warf und mir wortlos eine Zigarre zwischen die Lippen schob. Während alles im Camp schlief, war Ian aufgebrochen, mich, den Fremden, zu suchen. Erlebnisse wie dieses bilden den Grundstock für Freundschaften, deren Substanz aus mehr besteht als aus flüchtigen Worten und Sympathie.

Das also war mein Alaska-Elch, Produkt eines Augenblicks, in dem mich, wie wohl jeden von uns irgendwann einmal, die guten Geister verlassen hatten. Vielleicht ein halbes Dutzend stärkere Hirsche hatte ich nüchternen Sinnes ziehen lassen in der Hoffnung auf Besseres. Nicht nur aus Gründen der Transporterleichterung sägte ich ihm später das Vorhaupt unterhalb der Rosenstöcke ab. So nimmt er sich heute an der Wand für Nicht-Alaskaner noch passabel aus, ich aber vermag ihn nur mit Beschämung anzusehen. Und dennoch hat er – jung oder alt, gering oder stark – in meinem Herzen einen ganz besonderen Platz. Schwermut und Sehnsucht schwingt dort, Ehrfurcht und Trauer.

PS. Mein Spießerlein vom zweiten Kopf im Allgäu übrigens, den ich am vorhergehenden Abend pardoniert hatte, weil ich seine Rosen im schwindenden Licht nicht mit letzter Sicherheit hatte ansprechen können, obwohl Verfegtsein Mitte August eigentlich als Indiz genügt hätte, kam nicht.

Vielleicht habe ich ihn auch über die Erinnerung an meinen Alaska-Elch verträumt und verpaßt. Sei's drum, oder besser: Sei es darum!

›Black and White‹

Es war schon fast vorüber, und noch lag kein Bär auf der Decke. Zuviel Zeit hatte ich bei den Elchen und Karibus auf der Alaska-Halbinsel verbracht, Ians Gastfreundschaft und die nette Gesellschaft in der Hütte an der Ugashik-Bay hatten all meine Zeitpläne über den Haufen geworfen. Nun blieb mir nur noch eine Woche, und nachdem ich auch hiervon noch

einen Tag mit einem per Leihwagen durchgeführten Trip in die Gletscher-
welt der Talkeetnas verschenkt und den Wagen nur mit Mühe wieder aus
dem unwegsamen Gelände herausgebracht hatte, fiel mir als rettender En-
gel meine Bekanntschaft von Painter's Creek ein, Kirk Gay, der Superpilot.

Ihn fand ich, in Zigarrenrauch gehüllt, die Beine auf dem Tisch ver-
schränkt, in dem gemütlichen Büro von Sea Airmotive am Ufer des Lake
Hood unter den Schnecken einiger hochkapitaler Dallwidder und von
Wolfspelzen malerisch eingerahmt.

In Alaska bedarf es nicht vieler Worte und Höflichkeitsfloskeln, und so
standen wir bald über Karten gebeugt und versuchten auszuknobeln, was
man in der verbleibenden Zeit noch an halbwegs Sinnvollem unternehmen könnte. Mit den Tropäen hatte ich leichtsinnigerweise einen Teil meines Gepäcks, darunter Zelt, Eßgeschirr und Gummistiefel, schon nach
Hause geschickt. Kirk, ein Mann von schnellen Entschlüssen, kümmerte
das wenig.

»Ich lass' dich mit einem Wasserflugzeug zum Lake Carmen in den
Chugachs fliegen. Dort hast du eine reelle Chance auf Bär und Schneeziege, obwohl es für die Ziegen schon verdammt spät im Jahr ist. Zelt,
cooking stove (Petroleum-Kochofen) und Watstiefel kriegst du von mir.
Ich mache dir auch einen fairen Preis für den Flug. Sieh zu, daß du jetzt in
die Stadt kommst und dir Kochgeschirr und was zum Futtern besorgst.
Wenn du zurückkommst, fliegt ihr!«

Von solchen, meinem Ohr wohlklingenden Worten beflügelt, enteilte
ich in die Stadt, machte hastig ein paar Einkäufe, Brot, Kaffee, Zucker,
Butter und etwas sehr Wohlklingendes, das sich ›Cream of Wheat‹ nannte
und sich später als gemeiner Grieß herausstellte, dazu eine Art Kasserolle,
Messer, Gabel und Löffel, Streichhölzer. Dann spurtete ich zum See zurück, mußte aber zu meinem Schrecken feststellen, daß sich dieser inzwischen in dicken Nebel gehüllt hatte.

Mit interessanten Berichten Kirks über Wolf- und Bärenjagden verflog
der Tag, ohne daß sich die mißliche Witterungslage geändert hätte, und
schweren Herzens kehrte ich am Nachmittag in die Stadt zurück.

Gerade hatte ich den See umrundet, als ich beim Zurückblicken sah,
wie sich der Nebel aufzulichten begann und die Abendsonne durchbrach.
Von der nächsten Telefonzelle aus rief ich Kirk an, und seine lakonische
Anweisung lautete: »Komm sofort zurück, ihr könnt's gerade noch schaffen!« So startete ich, von der Wurstigkeit Alaskas bereits angesteckt und
genauso nachlässig gerüstet, wie ich zu Anfang meiner Expedition über-
sorgfältig vorbereitet gewesen war, nach perfekter Greenhorn-Manier in
das wildeste Abenteuer meiner Alaskareise, ein Abenteuer, das mich das
Fürchten lehren sollte.

172

Auf dem Flug ließ mein Pilot unzweideutig durchblicken, daß er Weib und Kind zu ernähren habe und ihm die Reise in den sinkenden Abend, noch dazu bei der herrschenden Witterungslage, ein echter Born der Kümmernis sei. Treibholz, Felsenriffe und ein abgesunkener Wasserspiegel machten es unmöglich, die Maschine dort ans Ufer zu bringen, wo Kirk mich eingewiesen und ich mir auf der Karte jede Einzelheit des Geländes eingeprägt hatte. So setzte mich mein braver Pilot im wahrsten Sinne des Wortes an der ersten besten Stelle aus, vor der das Wasser tief genug erschien, um das Flugzeug in Ufernähe zu bringen, und war schon wieder in der Luft und im Abenddämmer entschwunden, ehe ich den Mund zugeklappt hatte. Ein kurzer Rundblick bestätigte meinen Verdacht, daß diese ›erste beste‹ wohl treffender als die ›letzte schlechteste‹ Stelle zu bezeichnen war, und mit gemischten Gefühlen begann ich das Gelände näher zu sondieren.

Links und rechts einer etwa einen Kilometer breiten und 500 Meter tiefen, mit Erlen bestandenen Geröllhalde fielen schroff steile Felsen in das Wasser ab und begrenzten unmißverständlich etwaige Uferpürschvorhaben. An ihrem hinteren Rand war die Geröllhalde durch einen schnee- und eisbedeckten Lawinenhang abgeschlossen, der nach vorn dachförmig überhing. Es war unschwer zu erkennen, auf welche Weise die Geröllhalde mit ihren zum Teil übermannshohen Felsbrocken entstanden war, und diese Erkenntnis erfüllte mich nicht gerade mit Wohlbehagen, da ich, vortrefflich plaziert, sozusagen mitten in der ›Schußlinie‹ saß. Steile Rinnen führten rechts und links des Lawinenhanges zu schneebedeckten Berghängen empor.

Der See war angefüllt mit einer Unzahl von Lachsen, die hierher zum Laichen gekommen waren und die sich nun in allen Stadien des Ablebens, Fast-noch-Lebens, Eigentlich-nicht-mehr-und-doch-noch-Lebens sowie teilweisen oder völligen Verwesens befanden. Der über dem See liegende Geruch war entsprechend. Vom einen Ende des Sees grüßte eisblau ein Gletscher herüber, und sein Anblick vermittelte mir bei aller Schönheit das Gefühl, ich stünde in Unterhosen vor dem offenen Kühlschrank.

Nun, ich suchte erst einmal Trost in der bewährten Erkenntnis, daß selten etwas so schlimm ist, wie es aussieht, und schaute mich nach einem geeigneten Lagerplatz um. Eingedenk des unsympathischen Lawinenhanges wählte ich diesen in schöner Unbekümmertheit und angesichts der friedlich plätschernden Wellen des Sees auf einer kleinen, freiliegenden, aus Geröll bestehenden Landzunge, die sich etwa einen Meter über das Wasser erhob.

Mittlerweile war es dämmrig geworden, und ich ging daran, meine Heimstatt zu errichten. Aber, o Schmerz und Not, es wollte mir nicht gelingen, das Mysterium von Kirks amerikanischem Zelttyp aufzuhellen, und bis ich endlich gefressen hatte, daß es sich hierbei um eine Art Eisenbahntunnel mit Außenverstrebung handelte, war es dunkel geworden. Nun, sagte ich, mir Trost zusprechend, du hast ja deinen ›Cooking stove‹, bald wird er in dem schönen Zelt wohlige Wärme und Licht um dich verbreiten!

Aber, wie die guten Taten belohnt werden, so rächen sich die bösen. Ein ganzes Seminar hätte ich auf der Alaska-Halbinsel in Cooking-stove-Bedienung absolvieren können, jedoch, was hatte ich in schnöder Kochunlust immer wieder verlauten lassen? – »Bratet ihr, ich besorge die Schneehühner!« Hätte ich doch gebraten, dann hätte ich jetzt auch gewußt, wie man solch einen schönen Cooking stove – es sah immer so einfach aus! – in Betrieb setzt.

Was hilft es mir, wenn ich zu meiner Ehrenrettung hinzufüge, daß, wie sich später herausstellte, es nicht nur mangelnde Intuition meinerseits, sondern ein technischer Defekt von seiten des Cooking stove war, der ihn für diese Reise zu totem Ballast werden ließ. In seinem störrischen Verhalten erinnerte er mich lebhaft an eine Geschirrspülmaschine meiner Frau, von der wir auch nie wußten, ob wir einen Defekt oder eine Spülmaschine gekauft hatten. Wie jene, jedenfalls, weigerte sich der Cooking stove, dieses Rübenschwein von einem technischen Gerät, standhaft, den Zusagen seines Herstellers gerecht zu werden, und da ich, im Vertrauen auf seine Leuchtkraft und auf mitgeführte Petroleumvorräte, die einem Ölscheich Tränen des Neides in die Augen getrieben hätten, auch keine Taschenlampe und keine Kerzen mitgenommen hatte – lachen Sie nur verächtlich! –, blieb mir schließlich nichts weiter übrig, als, im Dunkeln durch die Gegend stolpernd, Treibholz für ein Feuer zu suchen.

Gegen 22 Uhr brutzelte ich darauf mit Schneewasser einen ›Cream of Wheat‹, der mehr aus Rußflocken als aus Grieß bestand, und schlang ihn mit den Tischmanieren eines Höhlenmenschen hinunter. Dann schob ich mich hochbefriedigt in mein Zelt ein, zog den Reißverschluß zu, lud die treue Waffe und befand mich bald darauf im Land der Träume.

In diesem Land begab es sich in Bälde, daß röhrend, brüllend und einen, kurz gesagt, nervenzerrüttenden Lärm machend eine riesige Bisonherde auf mich zurollte. In just dem Augenblick, als ihre zermalmenden Schalen mich berührten, fuhr ich schweißgebadet hoch, und tatsächlich, es war etwas über mir. Zwar nicht die Bisons, wohl aber mein Zelt, das sich mit seinem elastischen Gestänge um 45 Grad geneigt hatte und dessen flappende Seitenwand nun in den Böen eines Sturmes kühl und feucht auf meinem Gesicht herumpatschte, als hätten sich alle Lachse des Lake Carmen dort zum Totentanz versammelt.

Die Geräuschkulisse dieser Nacht werde ich nie vergessen, und es fällt mir dennoch schwer, sie zu beschreiben. Auf jeden Fall hat sie mich begreifen gelehrt, warum unsere Vorfahren die Elemente als alles beherrschende Götter verehrten und fürchteten.

In das Heulen und Brausen des Sturmes mischte sich wie Donnergrollen das Dröhnen in den See prasselnder Geröllawinen, das Röhren der aufgepeitschten Fluten und knatternde Regenböen. Während ich mich in der stockdunklen Nacht mit aller Kraft gegen die Zeltwand stemmte und den Boden des Zeltes mit meinem Gewicht auf der Erde zu halten versuchte, flogen die Gedanken wie schwarze Vögel. Der Lawinenhang im Rücken, der unsichere Untergrund, die Verbindung des Sees mit dem offenen Meer – steigt der Wasserspiegel bei Flut? Absolut blödsinnig, wenn man sich's nachher überlegt! Sitze ich schon auf einer Insel? Anhören tut sich's so, und mit der freien Hand fingere ich den Nicker aus der Scheide, um mich wenigstens herausschneiden zu können, wenn mich die Fluten davontragen oder der Sturm in den See bläst.

Vor ›Wiebke‹ wußte man zu Hause noch – ein Sturm kann so und so stark werden, dann aber ist Schluß, hier jedoch, im wilden Alaska, dieser Zwitter aus Tornado und Blizzard – wann erreicht er seinen Höhepunkt, wann kommt die nächste, noch fürchterlichere Böe, die dich wegbläst, in den See trägt wie eine Gänsefeder?

Eine durch und durch miserable, eine elend lange Nacht! Wie klein muß sich eine Ameise fühlen unter dem gigantischen Schuh eines Menschen. Heute lache ich darüber, möchte das Erlebnis nicht missen, in jener Nacht war mir nicht nach Lachen zumute, und sie hat mich eins gelehrt, was ich nie wieder vergessen werde, wenn ich in die Wildnis gehe: Licht macht alles erträglich, der Mensch ist hilflos ohne Licht.

Am nächsten Morgen stand frisch die Fährte eines Bären im Ufersand unterhalb des Zeltes. Er war das einzige, woran ich nicht gedacht hatte, obwohl gerade in Anchorage ein Schwarzbär Tagesgespräch war, der einen Game Scout (Wildhüter) aus dem Bergsteigerzelt geangelt und in höchst unschicklicher Weise skalpiert hatte. Dieser bedauerliche Vorfall sollte jedoch nicht zu der Annahme verleiten, der Schwarzbär sei in die Kategorie der ›bösen Tiere‹ einzureihen, wenn auch, überraschenderweise, von den relativ wenigen Unfällen mit Bären in Alaska mehr auf sein Konto gehen sollen als auf das seines größeren braunen Vetters.

Gewitzigt durch die Erfahrungen der Nacht, verbrachte ich nach einer Sondierungspürsch, die den ungünstigen Eindruck des ersten Abends bestätigte, den größten Teil des Tages damit, meine schwächliche Burg zu befestigen, indem ich sie innenherum mit Felsbrocken auslegte und die Heringe mit schweren Steinen belastete. Außerdem baute ich noch ein

Stützgerüst von Stangen um sie auf und sammelte, nach neuerlichen Fehlversuchen in mein Cooking-stove-Fiasko ergeben, einen ausreichenden Vorrat an Brennholz. Nun empfand ich mich schon als wesentlich besser gerüstet, um den Unbilden der Wildnis die Stirn bieten zu können.

Prompt brachte auch die nächste Nacht eine weitere Kostprobe davon, einen Regen, der an die Sintflut erinnerte. In schlaflosen Stunden verfolgte ich mit reger Anteilnahme, wie im fortlaufenden Abbröckeln der Kiesel und Steine die kümmerliche Bastion, auf der ich horstete, immer kleiner wurde. Wieder sah ich mich, beim Abrutschen des ersten Ankersteins, der einen meiner Heringe belastet hatte, hilflos den Elementen preisgegeben, im See paddeln. Schließlich tröstete ich mich mit dem Gedanken, daß der Wassertod ja ein vergleichsweise angenehmer sein soll, und versank alsbald in stärkenden Schlummer. Gegen Morgen fror ich, wie auch in allen anderen Nächten, fürchterlich, wurde aber progressiv abgebrühter – was konnte denn noch kommen, wenn ich den Lawinenhang mit Nichtachtung strafte?!

Am nächsten Tag begann ich, nunmehr der häuslichen Sorgen ledig, das Gelände gründlicher zu sondieren und fand, links vom Lawinenhang und oberhalb der dort verlaufenden Rinne, einen Bärenpaß, der steil in die Berge führte. Mehr oder weniger auf allen vieren auf ihm hochkraxelnd, mußte ich auf dem glitschigen Untergrund eine dunkle vereiste Höhle überklettern, die vom Boden der Rinne schräg nach unten in den Lawinenhang führte. Der Gedanke, hier abzurutschen und in diesem Loch zu verschwinden, war nur eine weitere der Alptraumdelikatessen, die Alaska vielerorts zu bieten vermag.

Der Wechsel führte bald in ein Erlengewirr. Dieses war so hoffnungslos dicht, daß ich gegen Mittag den Versuch aufgab, mich hindurchzukämpfen, und ins Lager zurückkehrte. Am anderen Ende der Halde war das Steigen etwas leichter, und ich fand hier, hoch über dem See, mehrere Elchwechsel, sah aber außer einigen Adlern nirgends Wild.

Während ich gegen Abend am Zelt herumpusselte und das Feuer für die Nacht vorbereitete, glitt, wie das bei Jägern so üblich ist, mein Blick immer wieder einmal über die Wände und das Seeufer. Plötzlich glaubte ich, der Schlag müsse mich rühren – mitten auf dem Paß von heute morgen stand kohlschwarz ein Bär, bewindete interessiert meine Fährte und tastete sich, immer wieder mit dem Fang in diese tupfend, den Hang hinunter zum See.

Mit einem Hechtsprung, der jedem Turmspringer zur Ehre gereicht hätte, war ich im Zelt, ergriff mein Gewehr und saß gleich darauf wieder draußen, den Rücken gegen meine Holzverstärkungen gelehnt. Es war recht weit bis zum Hang, gute 200 Gänge. Normalerweise hätte ich ge-

Webervogelkolonie vor
dem tiefblauen Himmel
Südwestafrikas

Der alte Wildziegen-
bock aus der Macchia.
Links: Miro Olujic

Dragnic Polje, der schwermütig-schöne Talkessel von Dragnic

Der Wolf von der Iza Blagodije

wartet, bis der Bär zum Seeufer hinuntergezogen wäre, und hätte dort versucht, ihm den Paß zu verlegen. Bei dieser Mission aber, die in meiner Gedankenwelt jetzt schon mehr eine Frage des ›Überlebens‹ als eine solche jagdlicher Triumphe war, wollte ich kein Risiko, aber auch gar keins, eingehen, die sich mir unerwartet bietende Chance zu verpassen.

Als der Bär wieder einmal verhoffte, faßte ich ihn hochblatt an und ließ fliegen. Mit gewaltigen Fluchten verschwand er steil nach oben in den Erlen.

Eine Welt brach in mir zusammen, und ich schwor, beim nächsten Sturm meinen Nicker in der Scheide zu lassen und, von den fernen Meinen beweint, ein stilles Grab in den kühlen Fluten des Lake Carmen zu suchen. Doch während noch die Welle von Enttäuschung, Verzweiflung und Zorn in mir aufbrandete, wackelten plötzlich die Erlen, und aus ihnen herausgepurzelt kam mein Bär, rollte den Hang hinunter und entschwand meinen Blicken. Siedendheiß fiel mir die Eishöhle vom Morgen ein, die nach meiner Erinnerung genau am Ende seiner Absturzbahn liegen mußte, und ich fluchte den Göttern, die geben und nehmen.

Ohne irgendwelche durch Schneewasser und Cream-of-Wheat-Diät verursachte Konditionsschwächen zu zeigen, turnte ich trotz dieses entsetzlichen Gedankens mit der Behendigkeit einer Gemse über Felsen, Geröll und Schneebänke, rutschte dabei selber fast in die Eisspalte und meinem Bären, der keine fünf Meter daneben lag, vor den Windfang. In der bekannten Pose, die wir von den grimmigen Häuptern kunstvoll präparierter Petze so gut kennen, erhob er diesen, ohne jedoch noch einmal auf die Läufe kommen zu können. Da ich es aber in meiner etwas prekären Situation auf eine solche Möglichkeit auch nicht entfernt ankommen lassen wollte, waren Haltfinden und Schuß eins, und im Verenden sank das schwarzbraune Haupt auf die Felsen zurück.

Wenn man in der Wildnis allein ist, fängt man nach geraumer Zeit mit sich selbst zu reden an, und wie spinnert man in einer solchen Situation werden kann, mag vielleicht die folgende Episode erleuchten. Seit meiner Ankunft hatte sich mir ein Elsternpärchen zugesellt, ungewöhnlich vertraut und offensichtlich nicht näher in die schlechte Natur des Menschen eingewiesen. Mit dem scheelen Auge des ›Raubzeugbekämpfers‹ hatte ich sie wiederholt gemustert, das Hornetgeschoß aber im Lauf gelassen, um die Bären nicht zu vergrämen. Nun, als mein Bär in der Senke verschwunden war, strichen beide Elstern, hurtig und vom Schuß in keiner Weise beunruhigt, dem Ort künftiger lukullischer Genüsse zu. Während sie strichen, schwor ich: »Wenn ihr mir den Bären zeigt, werde ich eure Sippe fortan nicht mehr mit Feuer und Schwert verfolgen!« Und siehe da, die klugen Vögel hakten, schackernd und mir gerade noch sichtbar, unmittelbar über dem Bären auf und wurden so zum Zielpunkt meines Laufs durch die Felsen. Nie zuvor habe ich so viele Elstern auf meinem Grundstück gehabt wie seit meiner Rückkehr aus Alaska. Der Schwur aber, wenn auch aus heutiger Sicht übereilt geleistet, ist mir heilig. Warum sollen nur die Gebirgler ihre weiße Gams haben? Ich habe eben meine Elstern!

Das Licht reichte gerade noch, einige Fotos zu machen, dann begann ich, nachdem zuvor meine Hände minutenlang das herrliche, seidenweiche Pelzwerk geliebkost hatten, den Bären aus der Decke zu schlagen.

Es wurde Nacht und begann wie üblich zu regnen. Mehr durch den Tastsinn als durch das Gesicht geleitet, vollführte ich die an anderem Wild hundertfach geübten Griffe und Schnitte und stolperte schließlich, naß bis auf die Knochen, aber überglücklich, mit der ebenso nassen und entsprechend schweren Bärendecke zu meinem trauten Heim zurück, wo diesmal der Charme der Nacht durch feuchte Unterwäsche und Socken sowie den Duft von Bärenschweiß eine neue Komponente erhielt.

Selten hat mich ein Erfolg so glücklich gemacht, selten hatte ich ihn so notwendig gebraucht, um mein inneres Gleichgewicht wieder herzustellen, und es war mir völlig gleich, ob er verdient war oder unverdient.

Bis zu diesem Zeitpunkt hatte ich in Alaska noch keine Schneeziegen in ihrer natürlichen Umgebung gesehen, und ich weiß heute, daß ich alles andere Wild vergessen hätte, wenn dies anders gewesen wäre. Während ich am nächsten Tage, dem ersten mit ein wenig Sonne, an meiner Bärendecke herumpusselte, suchte ich immer wieder mit dem Glas die Hänge ab. Gegen Mittag erschien auf dem Grat links über mir ein weißer Punkt und äste sich auf einer aperen Stelle vielleicht hundert Meter den Hang hinunter. Im Glas konnte ich den Billy, wie die Amerikaner den Schneeziegenbock liebevoll nennen, gut ansprechen. Das Gehörn dieses Wildes ist relativ nichtssagend, fast erinnert es an die Kruken einer starken Gamsgeiß, noch ähnlicher ist es dem der Bezoarziege. Wenn man jedoch dieses urige, klobig wirkende und doch in der Bewegung so elegante Wild in seinem wehenden Mantel fast zur Erde reichenden weißen Haars im Berg stehen sieht, stockt einem der Atem. – Mutter, Mutter, laß mich gehen ...!

Fortan hatte ich keinen anderen Gedanken mehr als zu versuchen, diesen Billy aus dem Berg zu holen, und rüstete das leichte Marschgepäck für den nächsten Tag. Nicht ganz bergungewohnt und mit der Härte der Jagd auf den Brunftgams vertraut, wußte ich, was mich erwartete, und mir war nicht wohl dabei. Die Sehnsucht nach dem weißen Ritter der Berge aber rief lauter als die Stimme der Vernunft.

Nun, ich will es kurz machen. Als ich mich bis zum Mittag verzweifelt durch die Erlen oberhalb des Bärenpasses gekämpft hatte und der Bock auf den Grat zog, stand ich über einer Steilwand, die vielleicht 100 Meter tief abfiel. Sie bildete die Vorderkante einer etwa ebenso breiten Schlucht. Diese Schlucht zog sich den Berg hoch, und auch ein geübterer Kletterer als ich hätte sie nicht vor Einbruch der Nacht umsteigen können. Zu durchsteigen aber war sie allein und ohne Seil nicht. Schweren Herzens gab ich auf und erreichte gegen Abend niedergeschlagen den See.

Am nächsten Tag sollte die Maschine kommen, um mich auszufliegen, und wie ein letzter lockender und ein wenig ironischer Gruß dieses gewaltigen, unbezwingbaren Landes zog auf dem Berg rechts von mir ein Billy aus, dem Berg, von dem ich mittlerweile wußte, daß er allein zu schaffen war, zog auf eine Felsennase und tat sich nieder. Dort saß er bis in die Abenddämmerung, als unter einem heraufziehenden Schneesturm die schon aufgegebene Maschine auf dem See wasserte und die Schneeböen einen Schleier vor das lockende Bild zogen.

Wie arm wäre bald die Welt, wenn sich all unsere Wünsche erfüllten ...

Auf dem Heimflug erzählte mir Bob, der Pilot, daß sie in Anchorage die ganze Woche wegen Nebels nicht hätten starten können, daß die langfristige Wettervorhersage grauslich wäre und es ein reines Wunder sei, daß es heute nachmittag einmal kurz aufgeklart habe. Prost Mahlzeit – das wär's gewesen! Selbst der ungeliebte ›Cream of Wheat‹ war alle, und auf meinen wie Hel in grauen Nebeln versinkenden See, die dunklen Schlunde und schroffen Grate an seinen Ufern zurückschauend, war mir etwas unbehaglich bei der Vorstellung, daß ich dort unten eventuell bei Schneewasser und ungesalzenem Bärenschinken ins Winterlager gemußt hätte.

Wie hätte ich meinem Brötchengeber und den Meinen im Frühjahr wohl glaubhaft machen sollen, voll welcher Probleme Alaska steckt?

Wiedersehen mit Alaska

Zwei Jahre nach meinem ersten fünfwöchigen Aufenthalt in Alaska war ich wieder in den USA, zu Besuch bei meinem Freund Ian in Santa Rosa im sonnigen Kalifornien. Ian besaß noch immer sein Sportflugzeug, eine einmotorige Comanche, und wir hatten vor, mit diesem Alaska einen weiteren Besuch abzustatten. Ian trug sich mit dem Gedanken, einen Bären zu schießen, und hatte dafür schon einen ›Eingeborenen‹ als ›Zwischenwirt‹ an der Hand (eine damals noch gegebene Möglichkeit, die Kosten der Braunbärenjagd bei Verzicht auf einen professionellen Führer drastisch zu reduzieren). Ich selbst hatte noch eine Rechnung offen mit den weißen Ziegen der Berge Alaskas.

Ohne Radar und Peilanlage bedeutet der Flug in ein solches, von wilden, oft unberechenbaren Wettern heimgesuchtes Gebiet ein beträchtliches Risiko. Ian hatte sich deshalb eine Funkpeilanlage in die Maschine einbauen lassen und auch gesunden Menschenverstand genug, einen erfahrenen Kopiloten, Jäger wie wir, für den Trip zu interessieren. Gary, ein ehemaliger Jagdflieger, war in Korea unter schwierigen Bedingungen im Einsatz gewesen und im Gegensatz zu Ian, der als Amateur am heiteren Himmel über Kalifornien, Nevada oder Oregon ohne dies auskam, mit Instrumentenflug unter Schlechtwetterbedingungen vertraut.

Als vierter ›Mann‹ an Bord sollte Mbo mitkommen, ein tolpatschiger junger Labrador, den Ian wegen seines kohlschwarzen Fells Mbogo, kurz Mbo, das Kisuaheliwort für Büffel, getauft hatte. Ich mochte den grobschlächtigen, immer fröhlichen Rüden gern. Mbo war stets geneigt, sein Gegenüber mit der Vehemenz eines spanischen Kampfstiers über den Haufen zu rennen oder ihm zumindest nach Catcherart vor dem Genickbruch die Pfoten auf die Schulter zu legen, um so besser sein Gesicht abschlabbern zu können. Er war jedoch schon als junger Hund außerordentlich passioniert und ein hervorragender Apporteur zu Wasser und zu Lande. Dies war auch der Grund, warum Ian, der gern mit der Flinte jagte und mit dieser hervorragend, auf jeden Fall aber weitaus besser als mit der Büchse schoß, ihn mitnahm.

Nachdem wir alles im hohen Norden benötigte Gepäck verstaut hatten, blieb für mich gerade noch Platz genug auf dem Notsitz hinter Pilot und Kopilot, Mbo aber konnte nur noch auf meinem Schoß untergebracht werden, wo er sich auch wohlig aufstöhnend und mit dem ›ganzen Gewicht seiner Persönlichkeit‹ bereitwillig niederließ. Höchst angetan, wie er von dieser Platzanweisung schien, verlieh er spontan seiner Dankbarkeit durch besonders heftiges Schlabbern Ausdruck, um anschließend übergangslos in tiefen Schlummer zu versinken.

Der Flug in niedriger Höhe entlang der malerischen Küste von Kalifornien und Oregon mit den in blauer Ferne verschwimmenden Höhenzügen der Sierra Nevada und der Kaskadenkette war schön. In Portland machten wir Station. Als wir am nächsten Morgen aufbrachen, um, dem den Rocky Mountains vorgelagerten kanadischen Küstengebirge folgend, weiter nach Norden zu fliegen, war der Himmel trüb, und je weiter wir nach Norden vorstießen, um so schlechter wurde das Wetter.

Etwa auf halbem Wege zwischen Juneau und Seward wurden Wolken und Dunst um uns so dicht, daß Gary auf Instrumentenflug umschaltete. Heftige Windböen beutelten die leichte Maschine, und dichte Regenschauer peitschten gegen das Cockpit. Längere Zeit folgten wir dem monotonen ›Bliep bliep‹ des Richtstrahls, das, mal leiser, mal lauter, in die Kabine drang. Gary hatte alle Hände voll zu tun, die Maschine unter Kontrolle zu halten und gleichzeitig, gemeinsam mit Ian, unseren ungefähren Standort auf der Karte zu bestimmen. Ich saß hinten tatenlos wie das sprichwörtliche fünfte Rad am Wagen und hatte somit Zeit, mich unbehaglich zu fühlen. Mbo schlief den Schlaf des Gerechten.

Plötzlich war es in der Kabine totenstill. Nur das ruhige Atmen des Hundes, das sonore Brummen des Motors und das Trommeln des Regens auf dem Rumpf des Flugzeuges waren noch zu hören. Wenn jemand auf Draht ist, dann sagen die Amerikaner ›He is on the beam‹. Der Satz ist der Fliegersprache entliehen und heißt wortgetreu übersetzt: Er ist auf dem Leitstrahl. Ich habe nie jemanden das Gegenteil von ›on the beam‹, das wäre ›off the beam‹, als Redensart verwenden hören, aber ganz ohne Frage, das waren wir. Mitten im dicksten Dunst hatten wir den Leitstrahl verloren. Um aus der Suppe herauszukommen, drückte Gary die Maschine nach unten, und für Sekunden brachen wir aus dem Wattekokon aus in einen Tag, der wie Nacht zu sein schien.

Unter den weißen Schaumkämmen haushoch aufgepeitschter Wellenberge lag unmittelbar unter uns bleigrau der Pazifische Ozean, wüst und wild, ein gereiztes Raubtier, das mit weit ausladenden Prankenschlägen nach uns griff und sich immer wieder dumpf grollend spannte zum nächsten Schlag. Einen Augenblick lang taumelten wir wie ein Schmetterling im Sturm nur wenige Meter über dem gräßlichen Orkus, dann riß Gary die Maschine wieder hoch, zurück in die weiche, weißgraue Unendlichkeit der tiefhängenden Wolken. Sie schien uns bergend aufzunehmen, sich wie schützende Hände um uns zu legen, und doch bedeutete sie die wirkliche Verlorenheit im Nirgendwo.

Hinter den gekrümmten Rücken von Pilot und Kopilot hockte ich, die Arme fest um das warme, lebende Bündel auf meinem Schoß geschlossen, und schaute in das wabernde Meer grauer Reiter, die mit flatternden Mänteln zu beiden Seiten des Cockpits vorüberjagten. Mehr als ein Mensch sie mir hätte vermitteln können, sog ich aus dem Phlegma des großen Tieres, seiner völligen Entspannung, der animalischen Wärme, die auf mich überströmte wie Glut aus einem Ofen, Vertrauen und Gelassenheit, in einer Situation, in der jeder Nerv, jeder Muskel nur zu willig den psychischen und physischen Gesetzen der Anspannung, der Verkrampfung vor dem alles zerstörenden Aufprall gehorchen wollte. Auf eine nur schwer beschreibliche Weise fühlte ich mich plötzlich dem Tod sehr nahe und gleichzeitig dem Leben. Wenig ist schlimmer, als in einer Krisensituation zu völliger Untätigkeit verdammt zu sein.

Und wieder riß, während wir ziel- und bahnlos dahintaumelten, während Gary verbissen versuchte, die Signale, dieses unendlich tröstliche ›Bliep bliep‹ des Leitstrahls wiederzufinden, für einen Augenblick das Gewebe der Schleier um uns auf, und vor uns stand, düstere Kulisse in einem Horrorfilm, steil aufragend eine Felswand, auf die wir stichgerade zutrieben.

Gary reagierte blitzschnell, schneller als Begreifen Form gewinnen, ein Gedanke zu Ende gedacht werden kann, instinktiv. Wie bei vielleicht keinem anderen Lebewesen paaren sich ja im System des Fighterpiloten, des Jagdfliegers, Instinkt und hohe Intelligenz in blitzschneller, technisch korrekter Reaktion. Steil riß er die unter der Anstrengung ächzende Comanche nach rechts oben weg, und während der Hund auf meinem Schoß für Sekunden zur Zentnerlast zu werden schien, glitten links, zum Greifen nahe, die Schrunde und Schroffen der zerfurchten Felswand wie ein böser Traum an uns vorbei und versanken wieder im grauen Nebel, im substanzlosen, formlosen Nichts, das ohne Ausweg und Ende schien.

Zehn Minuten, zwanzig Minuten, eine halbe Stunde – ich weiß es nicht, wir sind ohne Zeitgefühl in solchen Situationen, irrten wir irgendwo vor der Kenai-Halbinsel zwischen Küste und Meer umher, vom Sturm gebeutelt, hochgeworfen und wieder aufgefangen von den Wattepolstern um uns, bis endlich wie der Herzschlag eines wieder zum Leben Erweckten, zuerst ganz leise und zart, dann kräftiger und voll das rettende ›Bliep bliep‹ das Cockpit füllte – Sphärenmusik für unsere Ohren! Wir waren zurück ›on the beam‹, wir waren gerettet.

Der Rest war Routine für unseren erfahrenen Piloten. Über Cook's Inlet rissen die Wolken auf. Zu unserer Linken lag jetzt in Regenschleiern die Alaska Range, rechts blaugrün Kenai und unter uns das aufgewühlte Wasser der langgestreckten Bucht. Bei seiner Betrachtung wurde ich Zeuge eines eigenartigen Phänomens. Etwa in der Mitte der Bucht schien es, als ob eine schnurgerade Linie diagonal über diese hinweg von einem Küstenstreifen zum anderen gezogen wäre. Vor dieser imaginären Linie brodelte der Ozean, hinter ihr, nach Anchorage hin, lag er übergangslos spiegelglatt ohne Bewegung. Eine klassische Wetterscheide, wie man sie als Erdenwurm bestenfalls dort einmal optisch wahrnimmt, wo geradlinig gezogen ein Schneefeld oder eine Regenbahn am Rande einer Schönwetterzone endet.

In Anchorage selbst erhielten wir keine Landeerlaubnis und humpelten buchstäblich mit dem letzten Tropfen Sprit weiter zu einem kleinen Feld am Rande der Stadt. Der einzige, der den Trip völlig ungeschockt überstanden hatte, war Mbo. Selbst meinen flugerfahrenen Gefährten aus dem sonnigen Süden der USA sah man die Anspannung der letzten Stunden im finsteren Norden ihrer Heimat deutlich an. Für die Einwohner Alaskas, wo es ohnehin mehr Flugzeuge als Autos zu geben scheint und Piloten, die man treffender als Artisten bezeichnen würde, gehört Ähnliches wahrscheinlich zum fliegerischen Alltag. Wir aber empfanden es sehr deutlich als das, was es war, ›a close shave‹, eine sehr hautnahe Rasur. Hautnah genug, jedenfalls, um Ian und Gary davon abzuhalten, weiter, wie ursprünglich geplant, durch die Schluchten der hochaufgetürmten Alaska Range nach Norden vorzustoßen. Aus war es mit den weißen Ziegen!

So flogen wir am nächsten Morgen über den Iliamna-See hinweg auf die Alaska-Halbinsel, zurück zu unseren alten Jagdgründen in der Tundra entlang der Ugashik Bay. Das schlechte Wetter blieb uns treu, und mehr hüpfend und rutschend als rollend landeten wir in Regenschauern auf der holprigen Piste, die irgendeine Ölgesellschaft vor Jahrzehnten hier einmal mitten in die Tundra gesetzt hatte.

Dabei hätten wir am liebsten noch in der Luft kehrtgemacht, denn unsere vormals einsame Tundra im Umfeld der Landebahn war nicht wiederzuerkennen. Wie Metastasen eines Krebsgeschwürs führten zahlreiche Pfade von der alten Hütte, die uns damals als Unterkunft gedient hatte, in alle Richtungen kilometerweit in den Busch. Bis tief in die Brunftplätze der Elche hinein und quer über die Wechsel der Karibuheere hinweg standen Zelte und glimmten Biwakfeuer zu uns herauf. Es stand ganz außer Zweifel, daß hier weder ein normaler Brunftbetrieb der Elche noch die Karibu-Emigration entlang der gewohnten, jahrhundertealten Wechsel stattfinden konnte. Einer Sprengbombe gleich, deren Fragmente in die entlegensten Winkel dringen und mit deren zerstörender Wirkung, hatte sich Homo sapiens im Massenaufgebot hier mitten in den geordneten Ablauf naturgegebener Prozesse plaziert und diesen zerrissen. Seit meinem letzten Besuch in den Staaten waren durch die Rezession die Fleischpreise in die Höhe getrieben worden. Unter uns zeichnete sich die Reaktion auf diese Entwicklung in deprimierender Weise ab. Voller düsterer Gedanken verließ ich das Flugzeug.

Als der Regen am nächsten Tag vorübergehend nachließ, flogen wir Erkundung entlang der Bergkette der Alaska-Halbinsel bis nach Unimak in den Aleuten hinunter, wo Hans-Otto Meissner einst einen Kapitalbären von fast elf Fuß erlegt hatte. Wir sahen Elche und Bären aus der Luft, fanden aber keine geeignete Piste, auf der wir landen konnten. Weit um die Landebahn an der Ugashik Bay versprengt, fern ihrer gewohnten Heerstraßen, zogen kleine Kariburudel nach Norden, der Brunftplatz der Elche war leer. Es war trostlos.

Ian hatte in King Salmon zwei Trail Bikes, kleine, geländegängige Motorräder, deponiert. Nur mit deren Hilfe war es möglich, die menschliche Dunstglocke, die sich mit einem Durchmesser von vielleicht 20 Kilometern über die Landebahn gestülpt hatte, nach außen hin zu durchbrechen. Bei einem dieser Outings hatte ich ein wunderschönes Erlebnis. Während ich auf einem Hügel saß, zog eine Braunbärin mit – unglaublich, aber wahr – fünf Jungbären als Rattenschwanz hinter sich im Gegenhang auf etwa 60 Meter an mir vorbei. Ganz offensichtlich stimmen also die Berichte, denen nach alte Bärinnen ihnen unterlegenen jüngeren Bärinnen gelegentlich die Jungen stehlen, ohne ersichtlichen Grund also regelrechtes Kidnapping betreiben, denn diese Bärin konnte ja unmöglich selbst die fünf Jungen geworfen haben.

Die stolpernden, trudelnden Kobolde, die immerhin schon das Format einer groben Sau hatten, boten ein Farbenspiel ohnegleichen. Während die Bärin selbst rotbraun war, mit dem häßlichen, kantigen, bös wirkenden Kopf der Braunbären, schimmerte das Fell der Jungbären in den unterschiedlichsten Tönen, von Silberhell über Gelb zu Dunkelbraun, keiner glich im Farbton dem anderen. Ich saß unbeweglich, nahm fasziniert das herrliche Bild in mich auf und war froh, daß der Wind mir keinen Streich spielte und die riesige Bärin auf mich aufmerksam machte.

Dann schlug das Wetter wieder zu, mit wüsten Nordweststürmen von der Bering-See her, peitschenden Regenschauern und Fahnen nassen Schnees, die selbst wildeste Passion abzukühlen geeignet waren. Dazu das unerfreuliche Getöse von Menschenhorden dort, wo Ruhe und Stille herrschen sollten – es gab kaum noch etwas, das uns zu bleiben lockte.

Einmal noch fuhren wir hinaus, als ein etwas hellerer Morgen anbrach, und fast hätte es ein versöhnlicher Abschied werden können, aber es wurde das Gegenteil. Außerhalb der verhaßten ›Dunstglocke‹ saßen Ian und ich auf einem Hügel, der den Blick freigab weit über die regennasse gelbgrüne Tundra hin, sahen in der Ferne, nußbraun, einen geringen Schaufler vorübertrollen, auf der Suche nach einer Gefährtin, und konzentrierten uns dann auf ein Kariburudel von vielleicht 20 Stücken, das sich langsam zu Füßen der Hügelkette in unsere Richtung äste. In der unendlichen Weite der Tundra bot das vertraut äsende Wild ein Bild des Friedens. Schlohweiß leuchtete der Kragen des beim Rudel stehenden Hirsches zu uns herüber, und bald war das Wild nahe genug, daß wir diesen als jagdbar ansprechen konnten. Zumeist steht mit dem Kapitalen ein zweiter, oft nur wenig schwächerer Hirsch als Beihirsch bei solch einem Rudel, obwohl die Bezeichnung ›Beihirsch‹ sicher nicht ganz richtig ist, denn sie drückt ja nach unserem Verständnis Rivalität aus. Von solcher habe ich bei den Karibus jedoch nie etwas verspürt. Vielmehr schienen die zwei beim Rudel stehenden Hirsche mir immer sehr eng, fast kameradschaftlich verbunden.

Wenn einer fiel, blieb der andere stets bei ihm, so wie bei den Elefanten der
›Askari‹ bei dem alten Bullen bleibt. Vielleicht, wahrscheinlich sogar, ändert sich dieses Verhalten in der Brunft.

Bei unserem Rudel jedenfalls stand nur ein Hirsch, und so losten wir,
wer ihn erlegen sollte. Ian gewann, und ich konnte somit in schöner Gelassenheit der Entwicklung der Dinge entgegensehen.

Fast war das Rudel schon im Bereich unserer Büchsen und Ian dabei,
sich fertigzumachen, als plötzlich von der Rollbahn her ein dröhnendes
Geräusch auf uns zu kam. Gleich darauf erkannten wir eine Gruppe von
fünf oder sechs Motorradfahrern, die in halsbrecherischem Tempo einem
breit ausgetretenen Wildwechsel nach über die Tundra auf uns, oder wohl
richtiger auf das ahnungslose Rudel unter uns, zubrauste. Noch gut 400
Meter von diesem entfernt, bremsten die Männer ihre Maschinen durch,
daß diese sich querstellten, rissen ihre Gewehre von der Schulter, sprangen gebückt wie eine angreifende Schützengruppe einige Meter vor, warfen sich zu Boden und eröffneten fast im selben Augenblick ein Dauer-
feuer auf das Rudel unter uns. Die dabei entstehende Geräuschkulisse ließ
sich wirklich nur mit der knatternden Feuerfolge eines Infanterieangriffs
vergleichen.

Das alles hatte sich schneller abgespielt, als ich es zu schildern vermag,
und nach dem anfänglichen Schock stieg rote Wut in mir auf. Unter uns
traten die Stücke des Rudels verstört hin und her und drängten sich schutz-
suchend aneinander, um schließlich in wilder Panik auseinanderzustie-
ben. Mit baumelndem Vorderlauf taumelte der Hirsch nach links, während ein weibliches Stück mit weit hinten abgeschossenem Rückgrat auf
den Vorderläufen stehend vergeblich versuchte, auf die Hinterläufe zu
kommen und ein drittes sich mit krummem Buckel nach rechts schleppte.
Und immer noch peitschten die in unsere Richtung gezielten Schüsse in
umgekehrter Folge des gewohnten Doppelknalls von Schuß und Kugelschlag als Kugelschlag und Schuß ›blup – bum‹ zu uns herauf, kreischten
Querschläger sirrend irgendwo ins Nichts. Eine Szene wie aus Dantes Inferno, unwürdig, abstoßend, unmenschlich.

Um die Hälfte näher am Wild als seine Vernichter, war es uns möglich,
wenigstens einige der Stücke schnell von ihren Qualen zu erlösen. Während Ian das weidewunde Stück rechts mit seiner Kugel faßte, schoß ich,
auf seine Aufforderung hin, dem zu meiner Seite hin abziehenden Hirsch
die Kugel auf den Trägeransatz.

Inzwischen war die Motorradkavalkade, verblüfft durch unser Auftauchen und Eingreifen und wahrscheinlich motiviert durch die Sorge, wir
wollten uns ›ihr‹ Wild aneignen, nach schnellem Wiederaufsitzen auf uns
zugedonnert. Noch ehe die sonderbaren Vertreter der ›fair chase‹ sich uns

zuwandten, schossen sie jedoch, mittlerweile auf mehr als einen halben Kilometer Entfernung, ihre Magazine auf das davonflüchtende Wild leer. Dreißig bis vierzig Schüsse waren gefallen, zur Strecke lagen, dank unserer Mithilfe, vier Stücke, wieviele angeschweißt davongekommen waren, ließ sich in der Hektik des Geschehens unmöglich feststellen.

Mit drohender Gebärde, die heißgeschossenen Büchsen in der Hand, wendeten sich die in schwarzes Leder gekleideten, finsteren Gestalten schließlich uns zu. Dem Erscheinungsbild nach waren es irgendeiner Großstadt entsprungene Rocker, die auf nichts weiter aus waren, als Fleisch zu machen, egal wie. Mit der aufgestauten Wut im Bauch verbrannte ich mir als Fremder in diesem Land ausgiebig den Mund, und es war nur Ians besonnenem Dazwischentreten zu verdanken, daß die Angelegenheit nicht in eine Schlägerei ausartete, bei der wir mit Sicherheit den kürzeren gezogen hätten.

Der Spaß an Alaska aber war uns beiden durch dieses Erlebnis gründlich verdorben. Wenn ich daran zurückdenke, kommt mir eine Zeile aus der Urfassung von Mehrhardt-Ilows ›Kanadischem Scherzo‹ in den Sinn, die sich auf den Abschied von einem Präriewinter in Saskatchewan voller schrecklicher Erlebnisse bezog: ›Mir graust, und ich will weiter.‹ Zum ersten und einzigen Mal in meinem Leben brach ich eine Jagdreise früher ab als geplant und zahlte drauf, um von Anchorage vorzeitig heimfliegen zu können. Wenige Jahre später war es aus mit dem freien Jagen in Alaska, war auch dieses atemberaubende Land wie seine jagenden Wolken hinausgetrieben aus meinem Leben in den Bereich der ›wirklichen Paradiese‹.

Geführte Gäste

Ich hätte nie Berufsjäger werden können – aus einem simplen Grunde nicht, weil ich wahrscheinlich die Hälfte der von mir zu führenden Leute vor der Zeit erschlagen hätte. Andererseits hat es mir immer Freude bereitet, Freunde oder Jäger, zu denen die Wellenlänge stimmte, zu führen und, wenn möglich, zu Schuß zu bringen. Leider gelang das nicht immer, aber gerade an einige dieser negativ verlaufenen Versuche denke ich besonders gerne zurück.

So hatte ich einmal einen Gast aus Tirol, einen ganz außerordentlich liebenswürdigen und liebenswerten Menschen, dem mein damaliger Jagdherr im hessischen Lampertheim aus irgendeinem Grunde verpflichtet war. Er sollte bei uns eine Sau schießen, und alle Voraussetzungen dafür waren denkbar günstig: Der Hafer stand in der Milch, der Vollmond am Himmel und das Schwarzwild im Revier.

Wiederholt hatten die Sauen in diesem Jahr, wahrscheinlich geführt und beeinflußt von einer alten erfahrenen Bache, sozusagen einem gebrannten Kind, beim Anwechseln am besten Platz, einem im Lampertheimer Jagen 20 gelegenen Wildacker, nach sorgfältigster Prüfung Wind bekommen und abgedreht. Ich war also dazu übergegangen, die Sauen erst auswechseln zu lassen und dann in der Dunkelheit unter Wind den Hochsitz an diesem Platz auf Strümpfen anzulaufen. Wenn eine Rotte genüßlich schmatzend im Gebräch oder wie in diesem Falle ährenzerknautschend und spelzenaushustend im Getreide steht, ist das verhältnismäßig leicht.

Mein Tiroler Gast, ein kleiner drahtiger Mann mit blitzenden schwarzen Augen, paßte sich meinen Praktiken mit dem Geschick des erfahrenen Jägers an, und so hatten wir keine Schwierigkeiten, auch zu zweit auf den Hochsitz zu kommen. Leider jedoch fehlte ihm als Gebirgsjäger jede Nachtjagderfahrung.

Drei Nächte hintereinander hatten wir eine starke Rotte vor uns, aber wie er es auch drehte und wendete, es gelang ihm nicht, ein Stück mit ihm ausreichend dünkender Sicherheit vor das Absehen des Zielglases zu bekommen, obwohl sich die Sauen bei vollem Mond und vor dem hellen Hafer so gut abhoben, daß man sie fast über die Laufschiene hätte schießen können. Was dieser Verzicht auf einen Schuß bedeutete, kann nur der ermessen, der selbst einmal jiepernd vor einer für ihn gemeinhin unerreichbaren Wildart gestanden hat und den tausend Versuchungen ausgesetzt war, nun doch, endlich, endlich, und sei's auf Deubel komm raus, den Finger krummzumachen. Gerade aber dieser Verzicht auf einen aus seiner

Sicht unverantwortlichen Schuß war es, der diesen ohne Zweifel passionierten und – nur eben nicht auf die Sauen – erfahrenen Jäger adelte und ihn über das Gros derer erhob, die Jagdwaffen führen, mich eingeschlossen.

Ich war der Verzweiflung nahe und versuchte alles, meinem Gast das notwendige Selbstvertrauen für den Schuß zu vermitteln, bot ihm auch meinen Bockdrilling mit einem seinem eigenen Glas überlegenen Zeiss-Glas an, aber das wollte er schon gar nicht, unter schwierigen Verhältnissen auch noch mit einem ihm nicht vertrauten Gewehr schießen. Er blieb standhaft bis zum bitteren Ende, obwohl er bis in die späten Nachtstunden Zielübungen machte.

Am vierten Tag mußte er abfahren, wir schieden als Freunde, ein wenig traurig, beide mit dem Gefühl einer Bringschuld. Ich habe ihn nie wiedergesehen, leider. Am Abend seiner Abfahrt begab ich mich erneut auf die Sockenpürsch, schaute meinen Sauen einige Stunden zu und schoß gegen Mitternacht ein einzelnes Stück, das sich ihnen zugesellen wollte. Es war ein zwei- bis dreijähriger Keiler mit einem zertrümmerten Gewaff, wie ich es nie wieder gesehen habe. Die Gewehre waren etwa 3 cm von der Basis, also tief im Kiefer selbst, gebrochen. Der obere Teil hatte sich über den unteren geschoben und war mit diesem hutartig mit viel Kallusbildung verwachsen. Der obere Teil war voller Risse, teilweise weggesplittert, die Spitzen abgebrochen. Das Ganze wirkte, als habe man die Waffen eines eine Nummer stärkeren Keilers über ein Überläufergewaff geschoben und sie dabei zerbrochen und zersplittert. Da durch die Verletzung das natürliche Wachstum der Hauer gehemmt und sie zudem noch abgebrochen waren, hatten sich die Haderer überdimensional entwickelt, waren jedoch, wie bei einem angehenden Überläuferkeiler, überhaupt nicht abgeschliffen. Da die Sau an Wurf und Haupt keinerlei Verletzung aufwies und auch die Kiefer unverletzt waren, frage ich mich noch heute, wie diese furchtbare Bruch- oder wohl besser Zertrümmerungsverletzung, zumal so tief im Knochen, entstehen konnte.

Ein weiteres Fiasko erlebte ich mit einer lustigen Gruppe von Jägern, Forstbeamten, die unter der Schirmherrschaft meines guten Freundes A. L. aus dem Allgäu angereist waren, um bei uns die eine oder andere Sau zur Strecke zu bringen, wobei dieser Vorsatz eher großzügig auszulegen war. Den meisten von ihnen kam es nämlich vorrangig darauf an, los von Mutters Schürzenzipfel und heraus aus der Einsamkeit der Berge, in der Großstadt – Mannheim lag nahe – einmal richtig auf die Pauke hauen zu können. Nur der mitgereiste Oberförster widmete sich mit heiligem Ernst der Aufgabe, ein wildes Schwein zu erbeuten.

Leider hatte ich während dieser Tage als Führer alle Karten gegen mich, die Sauen waren unstet und nur alle paar Tage kurz im Revier; trotz vorbereitenden Kirrens hatte ich sie nirgends ›festbinden‹ können. Es war Spätsommer und ihr Tisch reich gedeckt, in den umliegenden Getreide-und Maisfeldern mehr als bei uns im Wald. Was ich auch versuchte, nichts klappte. Selbst, wie man noch sehen wird, der spätere Griff zu den Traktätchen alter Waydgesellen vermochte den Erfolg nicht herbeizuführen. Irgend jemand nämlich hatte Heini, einem flachsblonden Revierförster und dem Lustigsten der Gruppe, überliefert, daß Anis auf die Sauen eine höchst anziehende Wirkung ausübe. Mir war die Wirkung dieses Stoffes nur in bezug auf die Marderartigen bekannt, ich erinnere mich noch gut, wie unsere Wieselfallen in Schönfelde intensiv nach Anis rochen, aber auf der Jagd lernt man ja bekanntlich nie aus.

Wir kauften also den eingelagerten Anisvorrat aller umliegenden Drogerien auf, bereiteten daraus unter dem Gemurmel von den Altvorderen überlieferter Zaubersprüche, in die Heini hin und wieder Ansätze einer Arie aus dem ›Freischütz‹ einflocht, einen Sud und bestrichen mit diesem sämtliche alten Zaunpfähle am Wildacker des Jagens 20. Aber wie lange der Oberförster hier auch verbissen ausharren mochte – die Korona hatte ihrem Chef natürlich auf diesem erfolgsträchtigen Platz den Vortritt gelassen –, keine Sau erschien, um sich am Duft des Anis zu laben, nur ein Fuchs pinkelte, Pardon, näßte, am letzten Abend verächtlich an einen der Pfähle.

Heini hat übrigens nie verraten, wem er den Tip mit dem Anis verdankte. Während der Oberförster im finsteren Wald getreu seine Pflicht tat, war der Rest der Gruppe (zu dem gelegentlich zu stoßen mir trotz meiner Fürsorgepflicht vergönnt war) inzwischen in Mannheim, frei von vorgesetzlicher Aufsicht und dem Zwang, unschuldige Borstentiere umzubringen, munter und guter Dinge.

Es gibt Jagden, auf denen ist man an den Führer gebunden. Ist man landesunkundig, nimmt man das zumeist dankbar hin, kennt man sich jedoch erst einmal aus, dann wird es leicht zur Last. Die wirklich guten Führer waren für mich immer die, die mir lange Leine gaben, sobald sie gemerkt hatten, daß ich mich mit einiger Kompetenz allein bewegen konnte. Jagd ist Einsamkeit, persönlichstes Erleben, Herausforderung an das eigene Können und das eigene Entscheidungsvermögen. Nicht umsonst heißt es zudem: Auf der Pürsch ist schon einer allein zuviel.

Mein Freund Charles de F. war in diesem Punkt allerdings besonders hart, er ging ins andere Extrem. »Das (ein Blick auf die Revierkarte des mir völlig unbekannten Reviers, ein Zeigefingerwink nach hier und dort im Gelände) ist dein Revierteil, such dir einen Bock, der dir paßt!« Offener Mund. Nach anfänglichem Suchen und Irren, viel Zeit hatte ich nicht, schoß ich ihm am letzten Tag bei strömendem Regen einen seiner wirklich guten Böcke tot. Der auch im Wildbret sehr starke Bock ging übrigens mit durchschossenem Herzen (Brenneke 11,5 g TIG aus dem 7×65R-Lauf) noch gut 80 Meter weit, ein Phänomen, wie man es bei dieser besonders auf schweres Hochwild oft schlagartig wirkenden Patrone nicht selten beobachtet. Ohne die leichte Wut im Bauch ob der bescheidenen Einweisung hätte ich den Mut zur Erlegung dieses Bockes wohl nicht gehabt. So schoß ich ohne Skrupel, und Charles, der Gentleman alter Schule, beglückwünschte mich mit seinem charmantesten Lächeln.

Ich habe so weit ausgeholt, um noch ein Erlebnis zu schildern, bei dem ich auf Sauen führen durfte und bei dem nach dem Empfinden des Schützen und meinem eigenen alles stimmte. Dr. Jürgen K. – mit ihm, seiner charmanten Frau und den Kindern verbindet meine Familie seit Jahren ein enges Freundschaftsverhältnis – leitete, als wir uns über den damaligen Jagdpächter der Lampertheimer Jagd kennenlernten, ein großes chemisches Werk in Mannheim. Wie alle Manager in ähnlicher Position hatte er nie Zeit und mußte sich die wenigen Stunden im Revier wirklich freikämpfen. Mir war er als Mensch und Jäger auf Anhieb sympathisch, und so empfand ich die Bitte des Pächters, ihm zu einer Sau zu verhelfen, nicht als Last.

Damals standen im Stadtwald Lampertheim auch ostwärts der dieses Revier zertrennenden Autobahn, das heißt zum Odenwald hin, noch Sauen, und da dieser Revierteil bei der knappen Zeit des Gastes schneller zu erreichen war, entschied ich mich, hier eine Sau ›festzumachen‹, wie vage immer dieser Begriff in bezug auf das unstete Schwarzwild sein mag. Ich hatte jedoch wiederholt einen Überläuferkeiler an der einzigen Suhle in diesem Revierteil bestätigt, der scheinbar recht früh am Abend dort anwechselte.

Nachdem ich ein- oder zweimal zum Zweck des gegenseitigen Beschnupperns mit Jürgen gesessen hatte, beschloß ich, ihn allein auf diesen Keiler anzusetzen, denn bei aller gegenseitigen Zuneigung spürte ich bald, daß sich unser Empfinden bezüglich der idealen Form des Jagens deckte und er seinen Keiler lieber allein schießen würde. Ich ließ ihm also die Alternative, sowohl zwischen mehreren aussichtsreichen Plätzen zu wählen als auch mit oder ohne meine Begleitung zu jagen. Wie nicht anders erwartet, entschied er sich mit ebensoviel jagdlichem Gespür einerseits wie entwaffnendem Charme andererseits für die Suhle und die Alleinpürsch. Es klappte auf Anhieb, und mit sauberem Schuß brachte er seinen Überläuferkeiler zur Strecke. Es war, wenn ich mich recht erinnere, seine erste Sau, und seine Freude darüber hätte nie so groß und spontan sein können, hätte ich ihn bei deren Erlegung ohne wirkliche Not gegängelt.

Wir feierten den Keiler bei einem veritablen Festessen im Hüttenfelder Gasthof ›Zum Rebstock‹, in dem unsere Freundin Gisela damals noch ihre weithin berühmte Wildküche führte, und das Erleben dieser Tage ist sowohl Jürgen wie mir als ein Idealfall jagdlicher Zusammenarbeit zwischen Gast und Führer im Gedächtnis geblieben.

Auch auf der Hirschbrunft habe ich wiederholt Gäste und im Vogesenrevier meines Freundes R. R. diesen selbst mit Erfolg auf den Hirsch geführt. Mit Bedauern denke ich deshalb an eine Brunft zurück, in der mir der bekannte Jagdmaler Prof. Buddenberg zur Betreuung übergeben worden war. Monsieur R. hatte das damals etwa so formuliert: »Führen Sie doch bitte den Herrn Buddenberg und schießen dann Ihren eigenen Hirsch.«

Dieses ›dann‹ aber schien nie kommen zu wollen, denn der liebenswürdige alte Herr nahm sich, sicher ohne jeden bösen Hintergedanken, einfach aus der Zeitlosigkeit des geruhsamen Alters heraus, unendlich viel Zeit und belegte mich permanent. Dieser Hirsch war ihm zu gut, jener nicht gut genug, der nächste zu weit usw. Im Grunde seines Herzens, glaube ich, wollte er gar keinen Hirsch schießen, sondern nur die wunderbare Vogesenlandschaft und den Anblick des Wildes genießen.

»Wir haben ja Zeit, lieber Herr Polke, warum sollen wir uns eilen?« Mein Urlaub aber ging unerbittlich dem Ende zu, ohne daß ich auch nur einen Schritt hätte tun können, meinen eigenen Hirsch zu bestätigen. Mit der Ungeduld und Selbstgerechtigkeit der Jungen, verstärkt durch den brunfttypischen Mangel an Schlaf, begann ich finstere Gefühle für den alten Herrn in meiner Brust zu nähren, auch wenn ich noch Beherrschung genug besaß, sie nicht zu zeigen. Feinnervige Menschen, wie es Künstler gemeinhin sind, aber spüren wohl solche inneren Spannungen doch ein wenig. Dennoch lehnte der alte Herr meine gelegentlichen Suggestivfragen, ob er denn nicht einmal einen Nachmittag ausspannen, einen Morgen ausschlafen möchte, stets mit der lakonischen Bemerkung ab: »Mein lieber Freund, die Brunft ist kurz!« »Ja, auch für mich!« hätte ich ihm gerne geantwortet, aber ich ließ es. Schließlich verlor ich die Lust und begnügte mich damit, den Professor auf irgendeinen Brunftplatzhochsitz mit schöner Aussicht zu begleiten, wo ich bei einem Nickerchen wenigstens verlorenen Schlaf nachholen konnte.

Trotz regen Brunftbetriebes, die Hirsche schrien in jenem Jahr wie wild, und uns standen mit dem Schwarzenberg und dem Muesberg die besten Brunftplätze des Reviers zur Verfügung, war dies für mich eine durch und durch unglückliche Brunft. Ja, wenn ich selbst keinen Hirsch frei gehabt hätte!

Ich schäme mich heute noch meiner damaligen Charakterschwäche.

Warum konnte ich mich nicht voll und entspannt auf den alten Herrn einstellen? Warum mußte ich ihm zuletzt meine Abwehrhaltung doch noch zeigen, als ich eine sehr hübsche Skizze ablehnte, die er mir als Geschenk überlassen wollte? Er war ein großartiger Künstler und als solcher gewohnt, daß man ihn trug, ertrug. Bis zu diesem Augenblick war meine Mißstimmung bestimmt nicht wirklich in sein Bewußtsein gedrungen, und da ich meine Ablehnung unter dem Vorwand mangelnder Leistung meinerseits in höfliche Worte kleidete, drang sie auch jetzt vielleicht nicht durch. Hoffentlich, denn wenige Jahre später war Wilhelm Buddenberg tot, und ich wäre heute sicher glücklicher, wenn ich sagen könnte: »Er hat mit mir seinen letzten Hirsch geschossen.« Aber wie eine verschossene Kugel nicht in den Lauf zurückkehrt, so läßt sich auch Fehlverhalten, selbst wenn es nur im eigenen Bewußtsein gelebt hat, nicht nachträglich auflösen oder rückgängig machen.

Ironie des Schicksals: Am Abend vor Professor Buddenbergs Abreise, die Brunft war praktisch zu Ende, und er wollte packen, saß ich verbittert und gallegelb, denn es war auch mein vorletzter Abend, an einem Steilhang in Fréland und schoß dort, völlig unerwartet und auf besonders aufregende Weise, einen guten Ib-Hirsch. Mir gelang übrigens bei diesem Hirsch, was bei einem beim Rudel stehenden Platzhirsch nur höchst selten gelingt, ihn mit dem Ruf – in diesem Falle Mahnen und anschließender Sprengruf vom Hirsch weg – aus der Deckung ins Freie zu ziehen. Der Rauch seines grollenden Schreis stand weiß im Abenddunst. Da traf ihn meine Kugel und riß ihn in prasselnden Todesfluchten den Hang hinunter.

Als ich nach dem Schuß an mir heruntersah, erschrak ich – mein Lodenmantel war rot von Blut, und absolut irrationale Gedanken – Hülsenreißer?, Laufsprengung? – jagten für Sekundenbruchteile durch meinen Kopf. Tatsächlich hatte, entweder von der Anstrengung des Schreiens, meine ganze Lungenkraft war in den Sprengruf geflossen, oder infolge der Aufregung der gerade durchlebten dramatischen Minuten, meine Nase zu schweißen begonnen, und es dauerte einige Zeit, bis der Strom versiegte.

Während ich an das Erlebnis mit Professor Buddenberg eher mit einem Gefühl der Beklemmung zurückdenke, erinnere ich mich wirklich ungern nur eines von mir geführten Gastes, eines katholischen Priesters, dessen kalter Zynismus mich angesichts seiner Profession besonders erschreckte.

Im Elsaß hatten die Priester – ich weiß nicht, ob das in ganz Frankreich so ist oder war – kein festes Einkommen und waren auf Spenden ihrer Gemeinde und die Zuwendungen von Wohltätern angewiesen. Betreute nun ein solcher Priester eine arme Gemeinde, dann war auch er arm dran.

Mein Freund und Gastgeber R. R., weitaus mehr aber noch seine grundgütige Frau, eine in der ›französischen Enklave‹ Fréland geborene Elsässerin, die, ein Phänomen im Elsaß, kein Wort Deutsch sprach, waren fromme Katholiken. Was Wunder also, daß in schwarzes Tuch gehüllte, aber keineswegs betuchte Herren in ihrem gastfreundlichen Chalet ein- und ausgingen, um durch solche Besuche Seelenfrieden zu verbreiten, was sich dann stets mit erfreulichen Auswirkungen auf den eigenen Leibesfrieden verband.

Einige dieser Herren waren auch Jäger, obwohl ich nie den Verdacht loswurde, daß auch diese Betätigung weniger der Leidenschaft als dem Drang entsprang, eigene und der Brüder physische Notdurft zu lindern. Grundsätzlich gab R. R. den Vertretern der Kirche nämlich mit auf den Weg, was sie erlegt hatten. Das galt für im Wildbret schweres Wild genauso wie für leichtes und erklärt vielleicht auch mit den Vorfall, den ich beschreiben will. Wenn einer der R'schen Berufsjäger oder auch ich als vom Alter her jüngster Jagdgast einen der Herren zu führen oder zu begleiten hatten, wählten wir daher mit Vorbedacht immer ›Rehwildplätze‹ aus, an denen mit Rotwild oder Schwarzwild nur im ungünstigsten Fall zu rechnen war. R. R. hätte das natürlich nicht wissen dürfen, obwohl er mit den von uns getroffenen Entscheidungen und erzielten Ergebnissen immer recht zufrieden war.

An dem betreffenden Abend hatte ich meinen schwarz gewandeten Begleiter also auf einen Hochsitz geführt, vor dem sich ein dicht mit Himbeeren, Brombeeren und kleinen Fichtenhorsten bedeckter, der Sonne ausgesetzter Hang erhob, ein typischer Einstand, in dem fast immer Rehwild anzutreffen war. Es dauerte auch nicht lange, als über uns auf einem winzigen Blößchen eine Geiß mit einem ungewöhnlich schwachen Kitz auszog – ein Gottesgeschenk, sozusagen.

Als das Kitz frei stand, wandte ich mich meinem Begleiter zu und flüsterte: »Hochwürden, bitte schießen Sie das Kitz, das links auf der Blöße steht.« »Oui, oui«, murmelte dieser, backte an und ließ fliegen. Während ich das Kitz durch das Glas beobachtete, sah ich zu meinem Schrecken aus dem Augenwinkel die Geiß zusammenbrechen. Das Kitz war gleich darauf in dem dicht bewachsenen Hang unseren Blicken entschwunden.

Ich war stocksauer. »Das Kitz hatte ich gesagt, Hochwürden, nicht die Geiß! Wenn wir einen halbwegs harten Winter bekommen, wird dieses Kitz mit Sicherheit eingehen!« Darauf gab mir Hochwürden folgende klassische Antwort, die mit jeder Silbe in mein Gedächtnis eingebrannt ist: »Der Herr läßt soviele Kindlein umkommen, da wird es ihm auf ein Kitz nicht ankommen!«

Mit Sicherheit hatte er recht, meine Sympathien aber hatte er sich mit ebensolcher Sicherheit bis zum Jüngsten Tag verscherzt, was ihm jedoch, dessen bin ich gewiß, mit noch größerer Sicherheit völlig schnuppe gewesen sein dürfte.

Wir alle machen auf der Jagd Fehler, und heute erscheint es mir oft so, als ob der auf der Jagd selbst nicht Aktive, der Zuschauer, der Begleiter, der Führer also, gelegentlich kritischer urteilt, als er es im Falle eigenen Versagens getan hätte, für das Erklärungen und Entschuldigungen sich immer wie von selbst anzubieten scheinen. Vielleicht habe ich einige der im Laufe eines langen Jägerlebens von mir geführten Gäste deshalb auch kritischer gesehen, als sie es verdient hätten, und bin noch heute den Freunden und Führern dankbar, die bei mir selbst oft Gnade vor Recht ergehen ließen. Für vorsätzlich falsches oder leichtfertiges Handeln aber, wie ich es im Vorhergehenden beschrieben habe und mit dem man dem Wild wissentlich und bewußt Qualen zufügt, werde ich bei aller Toleranz niemals Verständnis aufbringen.

Aus unberufenem Munde

Angesichts meiner ausgeprägten Passion wundert es mich im Rückblick manchmal, daß ich mit der Flinte und mit den Schroten überhaupt eigentlich nie viel am Hut hatte. Sicher ist mir dadurch manches an jagdlichem Vergnügen entgangen. Ich entwickelte mich jedoch schon sehr früh auf der Jagd zum Einzelgänger und Pürschjäger mit Freude am schwierigen Kugelschuß und war wohl auch vom ganzen Typ her zu verschlossen und introvertiert, um je wirkliche Freude an Gesellschaftsjagden mit ihrem häufig anschließenden Trubel gewinnen zu können.

Dabei war ich als junger Mann ein ganz passabler Schrotschütze und erinnere mich noch deutlich, wenn auch mit gemischten Gefühlen, eines Vorfalls während meiner Jägerprüfung. Ich stand auf dem Rollhasenstand und ließ Kipphase nach Kipphase ›rollieren‹. Plötzlich hörte ich hinter mir die Stimme meines Kreisjägermeisters: »Sehen Sie sich diesen jungen Mann an! Diese vorbildliche, nach vorn geneigte Haltung! Kein Wunder, daß er trifft!«

›Rattatat, rattatat‹, rasselte der nächste Kipphase heran, ›rums‹ sagte mein von Vater geliehener Drilling und nochmal ›rums‹. Unbeeindruckt wie der Halleysche Komet aber zog der blecherne Hase weiter seine Bahn. Einem Belgischen Riesen hätten die Ohren nicht weiter herunterhängen können als mir, und ich wagte nicht, mich umzudrehen.

Während ich keine Gelegenheit ausließ, mit der Kugel zu üben, und dabei zeitweise eine sicher überdurchschnittliche Trefferleistung erreichte, fehlte mir dieser Antrieb für den Schuß aus den glatten Läufen fast völlig. So erwarb ich auch meine erste eigene Flinte erst lange Jahre nach dem Kriege und nachdem es meine damaligen Jagdherren leid wurden, daß ich bei den Treibjagden die Hasen mit der 8×57 IS nach hinten hinaus schoß, wenn sie sich in Sicherheit glaubten und den ersten Kegel machten. Zur Erklärung muß ich heute vielleicht hinzufügen, daß es vor gut dreißig Jahren noch etwas mehr Hinterland gab als derzeit.

Noch dazu war diese Flinte ein Automat von Franchi, den ich lediglich wegen der vorzüglichen Schußleistung mit dem Flintenlaufgeschoß und nicht mit dem Gedanken an die möglichen Vorteile etwaigen Schrotdauerfeuers wählte. Damals war mir noch nicht einmal bewußt, daß man bei Treibjagden auf solche Flinten zumeist mit scheelem Auge sah. Stilgefühl aber ging mir in bezug auf glattläufige Waffen eh immer ab, und ich bin mir schmerzlich bewußt, daß dies in den Augen vieler Waidgenossen – zu Recht – ein unverzeihlicher Mangel ist.

Angesichts des Gesagten mag es so auch nicht verwunderlich scheinen, daß mir diese sehr gut schießende Flinte keineswegs wegen irgendwelcher besonderer Schrotschußleistungen im Gedächtnis geblieben ist, sondern wegen zweier Schüsse mit dem Flintenlaufgeschoß. Bei unseren gemischten Jagden im Lampertheimer Wald – viel zu viele, nach meinem Geschmack, aber sie waren damals die große Leidenschaft meines geselligen Jagdherrn – packte ich meinen Neigungen nachgebend fast immer Flintenlaufgeschosse in die Kammer meiner Franchi und erlegte mit einem solchen einmal sehr spektakulär einen Hasen und bei anderer Gelegenheit, noch spektakulärer, eine Sau.

Bei diesem Treiben standen die Schützen an einem 12 bis 15 Meter breiten, vom Feld in den Bestand führenden Stellweg entlang einer vielleicht 600 bis 800 Meter langen Dickung. Ich hatte vom Feld her abgestellt und stand als letzter Schütze am Ende der Dickung. Da unser aller Aufmerksamkeit primär waldeinwärts gerichtet war, hatte ich so die Blicke von vielleicht zwanzig Schützen in meinem Rücken. Noch dazu stand Tilly, das liebreizende Töchterlein meines Jagdherrn, bei mir auf dem Stand. Wegen meiner Pürsch- und Ansitzerfolge auf Sauen hatte sie sich hier, mit Sicherheit unbegründet, wohl Hoffnungen auf größeres jagdliches Erleben gemacht.

Aber wie das Schicksal so spielt, ihr Glaube sollte belohnt werden. Hinter uns knallte es lebhaft, ein paar Hasen und ein Fuchs kamen zur Strecke, und in der Dickung brüllten laut die Treiber: »Sauen nach vorn, Sauen nach rechts, Sauen, Sauen!« Nichts jedoch kam. Da plötzlich rauschte es hinter mir, und in wilder Flucht überflog, diagonal aus der Dickung brechend, eine einzelne grobe Sau das Gestell. Ich kann mich nicht erinnern, je wieder eine Sau so hochflüchtig gesehen zu haben. Sie war nicht viel mehr als ein schwarzer Strich in der Landschaft, eine Augenblicksvision.

Wenn jedoch ein Gewehr gut ausbalanciert ist und der Schaft stimmt, tut man automatisch das richtige. Die Franchi war wie von selbst zum Gesicht geflogen, und ohne bewußt zu zielen hatte ich den Schuß hingeworfen. Diana und Hubertus waren mit mir. In einer dicken Staubwolke ging die Sau mitten auf dem Gestell in klassischer Manier über Kopf.

Ich atmete so tief auf, daß ich die Luft aus den Stiefelschäften holen mußte, und vor meinem eitlen geistigen Ohr hörte ich hinter mir zwanzig Schützen verbissen murmeln: »Donnerwetter, der kann's!« Noch wohler natürlich tat mir der bewundernde Blick aus den großen braunen Augen meiner charmanten Begleiterin. Man stelle sich vor, ich hätte in dieser Situation vorbeigeschossen!

Mit Schrot tat ich solches nur zu oft, und es ist an sich ja schon bedauerlich, wenn ich selbst ein Schrotschußkapitel noch mit soliden Geschossen anreichern muß. Die Ursache für mein häufiges Vorbeischießen lag nicht nur in mangelndem Interesse, sondern wohl auch in dem Umstand begründet, daß ich nach dem Kriege mit meinem durch Verwundung versteiften linken Schultergelenk besonders auf Flugwild nicht mehr richtig schwingen konnte – ob und wieweit sich diese beiden Umstände in meinem Unterbewußtsein gegenseitig bedingt haben, ist mir nie ganz klar geworden. Jedenfalls gelang es mir auch nicht, verläßlich das richtige Vorhaltemaß mit den Schroten in den Griff zu bekommen, im Gegensatz zum Kugelschuß, wo ich es zumeist instinktiv fand. Mit der Kugel ist man im Abkommen immer dicht am Stück, manchmal sogar im Stück, ein besonderes Handicap beim Wechsel zum Schrotschuß, denn man kann sich bei diesem dann auch nur schwer vom Stück lösen.

Meine arme Franchi habe ich übrigens auf gräßliche Weise umgebracht, und ich erwähne die näheren Umstände als warnendes Beispiel für den Fall, daß jemand ähnliches in den Sinn kommen sollte. Es war Silvester, und ich lebte mit meiner Frau damals noch in Mannheim. Natürlich wollte ich mich an dem nächtlichen Spektakel standesgemäß beteiligen, konnte aber in der Stadt kaum mit der Flinte in den Himmel schießen. Ich entfernte deshalb aus drei Patronen die Schrote und verballerte in schneller Folge die solcherart präparierte Munition. Dabei wunderte ich mich schon, daß die Schüsse etwas dumpf klangen, was im allgemeinen Getümmel jedoch nicht sonderlich auffiel, auch, daß der Rückstoß beachtlich schien. Aber erst am Neujahrstag beim Gewehrreinigen stellte ich mit Schrecken fest, daß ein Filzpfropfen der Patronen kurz vor der Mündung im Lauf steckengeblieben war und daß der dadurch aufgebaute Gasdruck hier den Lauf aufgebaucht hatte. Daß mir der Verschluß nicht um die Ohren geflogen war, spricht für die Franchi. Seltsamerweise beeinflußte die Laufaufbauchung die Schußleistung nicht, aber mir war nicht mehr ganz wohl beim Schießen, und so verkaufte ich die Flinte einige Zeit später.

Von dem leider viel zu jung verstorbenen damaligen Deutschen Meister im Jagdlichen Schießen, Christoph Hartwig, erwarb ich bald darauf eine Merkel. Hartwig hatte an dem Schaft herumgebastelt, mit dem Resultat, daß von allen Merkels, die ich je in der Hand hatte, dies die einzige war, die mir absolut nicht lag. Da weiteres Basteln auch nicht half und bei der Flinte ja bekanntlich der Schaft trifft, dauerte die Liebe nicht lange, und ich gab auch dieses Gewehr wieder ab. Mit einer geborgten Merkel gelang mir auf dem Entenstrich zweimal eine Dublette – vielleicht habe ich doch nicht lange genug nach der richtigen Flinte gesucht.

Heute fristet eine schlichte Doppelflinte von Sauer ein mehr ornamentales Dasein in meinem Gewehrschrank. Sie hat jedoch hübsche Schaftverschneidungen und erfüllt so einen gewissen Zweck, indem sie beim Ansehen Freude bereitet.

Aufgrund, wie bereits gesagt, oft unbefriedigender Resultate verlor ich zunehmend mehr die Freude am Schrotschuß. Es kamen Komplexe hinzu, die mich eher noch schlechter schießen ließen, und schließlich verzichtete ich fast ganz auf diesen in mancher Hinsicht reizvollen Teil der Jagd, der so völlig anders geartet ist als der meinem Herzen näher liegende. Auch störte mich zunehmend mehr das Schlachtgetümmel der Streifen und Treibjagden vor einer von Jahr zu Jahr größer werdenden Zuschauerkulisse zunehmend kritischer Spaziergänger und angesichts eines ständig wachsenden Mißverhältnisses von Jägern zu Gejagten. Dennoch habe ich auch auf diesem Gebiet einige Reminiszenzen, die mir teuer sind. Sei es das erste Huhn, das ich im heimatlichen Schönfelde an Vaters Seite schoß, während der Rauch der Kartoffelfeuer über die abgeernteten Felder wehte, seien es die kleinen Jagden auf Hase und Huhn, die wir im Kriege mit Kameraden des Jagdgeschwaders 66 durchführten, das damals als Jagdschutz für Berlin in der Nähe von Schönfelde lag.

Einer der jungen Piloten, mit dem mich in Kürze eine auf spontaner gegenseitiger Zuneigung beruhende Freundschaft verband, Leutnant Walter Heckel, machte sich, während wir anderen jagten, gemeinsam mit seinem Staffelführer wiederholt einen Spaß daraus, uns mit den Jagdflugzeugen die Hüte oder Mützen ›vom Kopf zu fegen‹. Das Heulen und Dröhnen der Maschinen hatte den Vorteil, daß die Hühner gut hielten und praktisch erst unter unseren Füßen aufstanden. Der fröhliche, unbeschwerte Walter Heckel litt damals sehr unter seiner noch ›nackten Brust‹ und brannte darauf, an die Front verlegt zu werden, um sich bewähren zu können. Ende 1944 kam er an die Westfront, unfertig und unerfahren, und wurde kurz nach seinem ersten Luftsieg, den er mir noch voller Stolz mitteilte, selbst von einem sicher weitaus versierteren englischen Piloten abgeschossen. Bei keinem anderen meiner gefallenen Kameraden verschmelzen mir die Dichterworte so zu einer Lichtgestalt wie in Gedanken an den jungen Walter Heckel:

> ›Was versunken, kehrt nicht wieder,
> aber ging es leuchtend nieder,
> leuchtet's lange noch zurück.‹

Wie gerne hätten die vielen, die damals im ersten Ahnen um seine Schönheit ihr Leben für eine verlorene Sache lassen mußten, noch gelebt, geliebt und gejagt! Heute ist die Erinnerung an sie verweht wie Asche, die der Wind davontrug. Kein anderes zivilisiertes Land hat seine gefallenen Söhne so schnöde vergessen wie unseres!

In den fünfziger und sechziger Jahren jagte ich wiederholt mit meinen holländischen Freunden E. S. und W. D. in der Nähe von Rotterdam. Bei einigen Jagden mußten wir wie Stabhochspringer lange Stöcke mitschleppen, um die zahlreichen Drainagegräben im Sprung überwinden zu können, was gelegentlich nicht ohne nasse Hosen abging. Besonders gern erinnere ich mich an die Frettierjagden in den Dünen, vermutlich, weil ich hier auf die kurzen Schußentfernungen kaum vorzuschwingen brauchte und deshalb recht gut traf. W. D. war ein ziemlich unbekümmerter Schütze und hätte es beinahe fertiggebracht, mich ein zweitesmal am linken Flügel zu erwischen. Jedenfalls drückte mir der Luftzug der knapp vorbeirauschenden Schrotgarbe die Jacke fest an den Arm, und vermutlich hatte ich damals eine ziemlich weiße Nasenspitze.

Eine der Fahrten nach Holland hatten meine Frau und mich bei v. L., einem alten Bekannten aus der Hirschbrunftzeit in den Vogesen, vorbeigeführt, und dieser erlaubte mir freundlicherweise, in der Reiherkolonie auf seiner Jagd einen Reiher zu erlegen. Die Erlegung eines solchen lag mir deshalb besonders am Herzen, weil ein in Schönfelde erlegter Reiher zu den schönsten Erinnerungen meiner Jungjägerzeit gehörte. In meinem Buch ›Schwarze Passion‹ habe ich die Pürsch auf diesen Reiher ausführlich beschrieben. In Erinnerung an ihn wollte ich mir ein Exemplar der Art präparieren lassen und war meinem Gastgeber deshalb für sein Entgegenkommen besonders dankbar.

In einer Zeit des geschärften Cholesterinbewußtseins denke ich nicht ohne stille Wehmut an die Frühstücke im sonnendurchstrahlten Frühstückszimmer des gemütlichen Landgutes zurück; sie waren englisch in ihrer Opulenz. Die goldgelbe Butter aus der eigenen Molkerei, dazu der köstliche Honig und die frischen Eier erfreuten unsere Städterherzen ebenso wie der mit Kandiszucker gesüßte aromatische friesische Tee. Dazu ließ uns unsere lebhafte Gastgeberin mit ihren trockenen Bemerkungen über die ›schwankenden Gestalten, die früh sich einst dem Blick gezeigt‹, nicht aus dem Lachen herauskommen.

Abends stand ich am Rande der Reiherkolonie. Die zum Teil abgestorbenen, dürren Äste der sturmzerzausten alten Bäume waren über und über mit dem weißen Geschmeiß der Reiher bedeckt und gaben große Flecke des diesigen Abendhimmels frei. Kurz vor Einbruch der Dunkelheit begannen die Reiher laut krächzend zur Kolonie zurückzustreichen.

Wie beim Geier, bei dem Flugbild und Aussehen zwei völlig widersätzliche Empfindungen auslösen – das eine ist voller Schwerelosigkeit und Grazie, das andere bekannt abscheulich –, hat sich mir auch beim Reiher immer ein Widerspruch aufgetan. Sein heiseres Krächzen paßt so gar nicht zur Anmut seines zurückgeschwungenen Halses und seiner weiträumigen

Flügelschläge. Dennoch möchte ich es in der Dämmerung des sinkenden Tages nicht missen, und es ersetzt mir heute in Hüttenfeld als Abendgesang das schon lange verklungene ›Kerrick, kerrick‹ der Rebhühner.

Obwohl ich, eng an einen Baum gepreßt, unbeweglich im tiefen Dämmerlicht stand, bekamen die meisten der anstreichenden Reiher mich weg und steilten mit empörtem Schrei in den Himmel zurück. Schließlich aber vertat sich einer, und als er über einen der freien Himmelsflecken segelte, faßten ihn meine Schrote und ließen ihn wie einen Stein zu Boden fallen. Schnell entfernte ich mich mit meiner Beute, um nicht weiter zu stören.

Obwohl ich den Reiher ausgezogen, Waidloch und Schnabel verstopft hatte, überstand er den Posttransport nach Mannheim nicht, zumindest versicherte mir das mein Präparator, und so wird mein Jagdzimmer der Erinnerung an ein frühes Erlebnis wohl für immer entraten müssen. –

Mit Charles de F. jagte ich in Ostanatolien Steinhühner, die türkische Bezeichnung ist Keklik. Das Gelände war beschwerlich, und die schnell streichenden Hühner waren schwer zu treffen. Türkische Waidgenossen luden uns ein, und wir verzehrten mit Genuß die von ihnen am offenen Feuer gebratenen frisch erlegten Hühner, dazu Tomaten, Wassermelonen und den obligatorischen köstlichen türkischen Tschai. Während einzelne Türken die Hühner brieten, waren andere mit dem Rupfen des Nachschubs beschäftigt und wiederum andere damit, ihre gerade verschossenen Schrotpatronen wieder aufzuladen. Die Pulver- und Schrotzuteilung erfolgte dabei ›nach Gefühl‹, und den Hülsen sah man an, daß sie die Prozedur des Wiederaufladens schon öfter über sich hatten ergehen lassen. Unsere leeren Hülsen fanden dankbare Abnehmer. Der Traum der türkischen Jäger war das ›Königshuhn‹, ein Vogel, den wir nur einmal als Silhouette auf einem Bergrücken sahen und der mich an eine Auerhenne erinnerte.

In Kanada und Alaska begegnete ich dem dort ›Ptarmigan‹ genannten Schneehuhn. Einmal taten mein Freund Ian A. und ich während der Beerenzeit in der Tundra der Alaska-Halbinsel eine wahre Bonanza auf. Auf einem Teppich aus Blau- und Preiselbeeren hatten sich Hunderte der hübschen braun-weiß gefiederten Vögel versammelt, und für eine halbe Stunde schossen wir die Läufe heiß. Nur höchst widerwillig ließen sich die Ptarmigan aus diesem Dorado vertreiben, und während einzelne Ketten sich ›sprungweise‹ absetzten, strichen neue hinzu. Mit dem 20er Schrotlauf meines Bockdrillings bewirkte ich nicht allzuviel, aber was wir gemeinsam heimbrachten, genügte, um die gesamte Hüttenbelegschaft einige Tage zu verpflegen. Wir lösten die zarten weißen Brüste der Vögel aus, brieten sie in Butter und servierten sie auf Toast mit frisch geernteten, eiskalten, gezuckerten Preiselbeeren – eine wirkliche Delikatesse.

An einem düsteren Septembertag stand ich mit einem mir nicht näher bekannten Amerikaner im Eingang unserer Schutzhütte und blickte über die sturmgepeitschte Tundra zur grauen Beringsee hin. Plötzlich trieb von dort, vor dem Wind pfeilschnell und recht tief, ein Schof Kanada-Gänse auf uns zu. Der Amerikaner, der eben dabeigewesen war, zur Schneehuhnjagd aufzubrechen, lud sein Pump-gun durch, backte an und schoß, als die Gänse etwa 50 Meter vor uns waren. Steintot sauste einer der Vögel schräg auf uns zu. Wir sprangen auseinander, und zwischen uns flog die Gans in die Hütte, wo sie mit dumpfem Schlag auf dem Fußboden aufprallte. Wäre ich Münchhausen, hätte ich gesagt: »Sie flog uns direkt in die Pfanne!« Aber bis dahin waren es immerhin noch zwei Meter.

In Kenia paßten wir morgens an den Wasserlöchern gelegentlich die taubenschnell streichenden Sandhühner ab, und ich weiß nicht, ob es das afrikanische Klima war, das meinen Schußleistungen zugute zu kommen scheint, oder schlicht blinder Dusel. Jedenfalls gelang es mir, ohne nennenswerte Fehlschüsse mehrere dieser sicher nicht ganz leicht zu schießenden Vögel mit einer von meinem Freund Adam Y. geborgten Flinte zu erlegen. Auch die leichter zu schießenden Perlhühner (Guinea fowl) und die schon wesentlich trickreicheren und wohlschmeckenderen Rebhühner (Yellow necked partridge) erbeuteten wir hier gelegentlich zur Aufbesserung des Küchenzettels. Wenn die Zeit knapp und eine besonders große Zahl hungriger Mäuler im und ums Camp zu stopfen war, gab Adam hierbei gelegentlich die Prinzipien der ›fair chase‹ (gerechte Jagd) auf und bedonnerte die Huhn hinter Huhn davonhastenden Perlhühner als Infanteristen. Ein solcher Schuß erbrachte einmal die unglaubliche Strecke von dreizehn Hühnern, wobei es allerdings einige Zeit dauerte, bis alle der teilweise nur leicht lädierten Vögel von unseren schwarzen Begleitern eingefangen und abgetan waren, ein Bild, das unwillkürlich an den Fuchs (Füchse) im Hühnerhof erinnerte.

In Kalifornien jagte ich wiederholt mit Freund Ian auf dem Gelände seines Jagdclubs. Dieses vielleicht 3000 Hektar große, ebene Gelände war mit seinen Grabensystemen, Teichen, Remisen, Mais- und Rübenschlägen ein idealer Fasanenbiotop. Von den Clubmitgliedern wurden jährlich, Wochen vor Beginn der Jagdzeit, Fasanen in größerer Zahl angeschafft und ausgewildert. Bis zum Beginn der Jagdzeit hatten sich diese Fasanen den neuen Lebensbedingungen angepaßt und boten ›fair chase‹. Nachdem wir vorher auf dem Trap- und Skeetstand fleißig geübt hatten, war es mir hier wunderbarerweise jedesmal vergönnt, eine bescheidene Anzahl langer Stoßfedern an den Hut zu stecken.

Von all meinen Schrotschußerinnerungen ist eine besonders betrüblich, und zwar die an eine Jagd zu zweit bei meinem schon erwähnten belgischen Freund Charles. Sie war für mich der schlagende Beweis einer These, an die ich bis dahin nie recht zu glauben vermocht hatte, daß eine Flinte liegen muß, damit man trifft. Charles hatte mir eine kostbar gearbeitete Flinte aus dem Gewehrschrank seines Schlosses geborgt, aber was ich damit auch beschoß, Ente oder Fasan, Hase oder Kaninchen – sie verließen den Ort des Geschehens ohne jeglichen Hinweis darauf, daß auch nur in ihrer weiteren Umgebung ein verirrtes Randschrot vorbeigesurrt sei. Ich schoß mit Schrot zwar nie besonders gut, aber so schlecht nun auch wieder nicht. Es war zum Verzweifeln, und am liebsten hätte ich es mit dem legendären Wilddieb gehalten: »Er nahm die Büchse (Flinte!), schlug sie an ein' Baum . . .«, aber es war ja nicht meine. Die Angelegenheit wurde nachgerade peinlich, und ich war froh, als wir abbrachen. Charles' mokantem Lächeln war unschwer zu entnehmen, daß meine jagdlichen Aktien an seiner Börse unter dem Zeichen einer heftigen Baisse standen. Bis heute habe ich keine wirkliche Erklärung für dieses absolute Versagen, es sei denn, die wunderbare Flinte hätte tatsächlich nach rechts geschossen, wenn man nach links zielte. Vielleicht hat sie's.

Ich möchte meine geneigten Leser nicht mehr mit weiteren meiner Schrottrivialitäten langweilen. Schießen mit Schrot ist vor allem Schießen um der Freude am Treffen willen, unter möglichst schwierigen Bedingungen, versteht sich, und gelegentlich unter den Augen einer kritischen Korona. Es gab und gibt so viele wirklich gute Schrotschützen, daß ich zu diesem Thema zu sprechen wahrlich nicht berufen bin. Ich habe gute Schrotschützen (auch die Arbeit guter Hunde im Feld) jedoch stets so aufrichtig, ja, fast ehrfürchtig bewundert, daß ich mit dem Bericht von zwei solchen und einer Jagd, wie sie heute wohl nicht mehr alltäglich ist, das Thema abschließen möchte.

Neben seinem Hochwildrevier in den Bergen der Vogesen hatte R. R. in der Rheinebene, in der Nähe seiner Ostheimer Fabrik, noch eine Niederwildjagd gepachtet. Diese war hervorragend betreut. Raubwild und Raubzeug wurden von erfahrenen Berufsjägern kurzgehalten, die Winterfütterungen waren vorbildlich, und das Revier war in drei Bögen aufgeteilt, auf jeweils einem von denen im Dreijahresturnus eine große Jagd abgehalten wurde, während die anderen beiden zwei Jahre ruhten. Als Folge davon grenzten die Niederwildbesätze an Hasen, Fasanen und Hühnern und die Strecken der Treibjagden ans Phantastische und ließen sich gut und gern mit den Resultaten der berühmten böhmischen und schlesischen Jagden in den dreißiger Jahren vergleichen. Auch stand hier in der Ebene ein Rehwildstamm, der neben hohem Wildbretgewicht ungewöhnlich gute Trophäen hervorbrachte.

Auf der einen Jagd, an der ich dort teilnahm, fielen in zwei Tagen und bei zwanzig Schützen, wenn ich mich recht erinnere, 2200 Stück Wild. Die Hasen liefen die Schützen stellenweise so dicht an, daß diese mit dem Nachladen nicht nachkamen und die Läufe fast zu glühen begannen.

Pierre und André, die beiden Söhne des Jagdherrn, waren hervorragende Schrotschützen, und es war ein Vergnügen, ihnen zuzuschauen. Beide führten 20er Flinten und handhabten diese eleganten Waffen mit traumwandlerischer Sicherheit. In der zweiten Streife ging André rechts neben mir, als vor ihm eine Kette Hühner aufstand. Er dublierte und hatte im selben Augenblick schon wieder nachgeladen – die beiden Brüder hielten zwei zusätzliche Patronen immer nach außen gerichtet zwischen den Fingern der linken Hand. In genau diesem Augenblick barst rechts von ihm ein Bukett Fasanen aus einer kleinen Remise. Aus der Drehung heraus schoß André erneut. Zwei Gockel hob es in der Luft empor, steintot schlugen sie auf den Boden. Das ganze hatte vielleicht fünf Sekunden gedauert. »Bon!« rief Pierre von links und hob Daumen und Zeigefinger zu einem Kreis geformt in die Luft, bevor auch ihn in blitzschneller Reaktion wieder die Pflicht rief. Ich sagte es, es war ein Vergnügen, die beiden zu beobachten.

Selbst mir gelang es auf dieser Jagd, dreißig Stück Wild zur Strecke zu bringen, und das wollte viel heißen. Man rechne sich dabei einmal die Strecke der anderen Schützen aus, Meister des Schrotschusses, die aus allen Teilen Frankreichs hier zusammenkamen und unter denen ich eine ähnliche Rolle spielte wie Aschenputtel im Prinzenpalast. Ich habe deshalb, aber auch, weil nach meinem Geschmack bei dieser Gelegenheit einfach ›zuviel Blut floß‹, spätere Einladungen meines liebenswürdigen Jagdherrn dankend abgelehnt – wie hätten mich wohl passionierte Schrotschützen darum beneidet!

Leider trübt auch ein häßlicher Vorfall die Erinnerung an diese einmalige Jagd, zumindest empfand ich ihn als solchen, und vielleicht hat auch er zu meinem späteren Verzicht beigetragen. Bei einem Vorstehtreiben hatte ein neben mir stehender Schütze aus Paris einen Hasen so unglücklich angeköpelt, daß dieser sich ununterbrochen klagend auf der Stelle drehte. Selbst einem dummen Menschen mußte klar sein, daß dieses Tier unerträglich litt. Mehrmals rief ich meinem Nachbarn zu: »Tirez encore une fois, s'il vous plaît!« – Schießen Sie bitte nochmal! Aber statt noch einmal zu schießen, sah er mich nur herablassend an und wendete sich ab, neuen Taten zu. Schließlich konnte ich das gellende Klagen nicht mehr mit anhören, und da die Treiber noch weit waren, backte ich an und schoß den armen Hasen endgültig tot. Anschließend beschwerte sich der wackere Pariser Waidmann beim Jagdherrn, ich hätte mir einen von ihm erlegten Hasen aneignen wollen.

Es ist erschreckend, welche Gefühlskälte einzelne Schützen, besonders auf der Niederwildjagd, manchmal an den Tag legen. Das gilt u. a. auch für das zu weite Schießen, speziell auf den Hasen (ich stelle mich da verschämt zu den Sündern). Ein alter Jäger fragte mich und einige andere jugendliche Mittäter aus gegebenem Anlaß einmal: »Haben Sie bei der Nachsuche am Morgen nach der Jagd schon mal solch einen armen Kerl naß und verängstigt in der Ackerfurche sitzen sehen?« Ich habe diese Worte nie vergessen. Allzuleicht verlieren wir auf der Treibjagd die Beziehung zum Tier als Kreatur und sehen in ihm nur noch das bewegliche Ziel.

Weniges in der Jagdliteratur hat mich so tief angerührt wie des leider schon verstorbenen Freiherrn von Cramer-Klett ehrfurchtsvolle Beschreibung zweier von ihm mit exzellenten Schüssen erlegter Fasanenhähne. Ich hatte damals, ungeachtet meiner eigenen bescheidenen Leistungen und Erfahrungen mit der Schrotflinte, den Vorzug, sein gerade erschienenes Buch ›Mit der Flinte‹ in ›Wild und Hund‹ zu besprechen und kam mir dabei ein wenig wie der Bock vor, den man zum Gärtner gemacht hat. Diese Passage aber ließ mich das Buch lieben und machte die Rezension zu einem Vergnügen.

Jugoslawische Reminiszenzen

Südlich der alten jugoslawischen Hafenstadt Split liegt, beschützt von Brac im Norden und von Korcula im Süden, langgestreckt wie ein Delphin, das ›Madeira der Adria‹, die Sonneninsel Hvar.

Der westliche Zipfel der Insel ist von deren Rest abgetrennt durch einen langen Zaun, der Nord- und Südküste verbindet. Dahinter erstreckt sich in himmlischer Ruhe und Weltabgeschiedenheit das jugoslawische Staatsrevier Pelegrin. Das Revier ist hügelig und dicht bedeckt von Macchia, dem immergrünen Buschwald Südeuropas. Streckenweise ist der Busch fast undurchdringlich. Auf dem höchsten Punkt des Reviers, ganz im Westen, liegen die Ruinen eines alten Festungsgürtels. Von hier schweift der Blick weit über die im Sonnenlicht flirrende Adria, und hin und wieder steht dort gegen den Abendhimmel auf einem der zerborstenen Betonsockel ein uralter Wildziegenbock, läßt den Bart in der Abendbrise wehen und das gelbe Teufelsauge über sein Reich schweifen, bevor er sich zur Nachtruhe in die steil abfallenden Klippen der Südküste zurückzieht. An einer der flachen Buchten im Norden liegt, im Schatten alter Pinien, ein Jagdhaus, mit dem Blick auf das Meer.

Als ich Pelegrin kennenlernte, standen hier als einziges Hochwild Muffel von hervorragender Qualität, will man von den Restbeständen über viele, viele Jahrzehnte hinweg verwilderter und zu Wild gewordener Ziegen absehen.

Mittlerweile hat kommerzielles Denken das Revier ›angereichert‹ mit Mähnenschafen und Damwild und das zuvor romantisch und, zu Einsamkeit und Stille der Landschaft passend, mit Kerzen- und Petroleumlicht versorgte Jagdhaus elektrifiziert. Das Revier hat dadurch an Ertrag gewonnen, seinen eigentlichen Charakter jedoch weitgehend verloren. Aber wir leben nun einmal in einer Welt, die der Kommerz regiert, und das gilt, leider, in zunehmendem Maße auch für die Jagd.

Damals, als ich in einem wunderschönen Herbst zum erstenmal in Pelegrin jagte und fischte, war ich im Jagdhaus ganz allein und auch jagdlich mir bald weitgehend selbst überlassen. Nur Smilian, ein Berufsjägerlehrling aus den einsamen Bergen Bosniens, nahm gelegentlich an meinen Pürschen teil und wies mich in Besonderheiten des Reviers ein. Ich hatte Glück, daß ich diese Freiheiten genoß, denn mein Debüt war keine Empfehlung gewesen. Bei einer der ersten Pürschen hatte ich einen spitz von mir wegflüchtenden alten Muffel, den ich gegen alle Vernunft versuchte, am Träger zu fassen, dort nur gestreift. Auf das Weidloch schieße ich trotz der mir bekannten, zumeist guten Wirkung dieser Schüsse grundsätzlich nicht.

Außer einer Handvoll wolligem Schnitthaar hinterließ der Muffel keine Zeichen, das Ereignis jedoch Beschämung bei mir sowie Bekümmernis bei Smilian und dem Revierverwalter Miro, der sicherheitshalber mit seiner Bracke nachsuchte. Daß Miro mir sein Vertrauen dennoch nicht entzog, rechne ich ihm noch heute hoch an. Der Vorfall sollte aber dennoch eine ärgerliche Folge haben.

Am Rande eines breit ausgetretenen Wechsels in der Macchia hatte ich mich zwei, drei Tage später, gerade mit dem Rücken an ein Pinienstämmchen gelehnt, niedergelassen, Smilian kniete hinter mir, als plötzlich, vielleicht 60 Gänge vor uns, wie eine Spukgestalt ein Widder zu uns hinsichernd in der Schneise stand. Ein kurzer Blick durchs Glas genügte – die eisgraue Maske erstreckte sich bis zwischen die bernsteinfarbenen skeptischen Lichter, und die massigen, tief gerieften Schnecken zeigten mit ihren Enden breit und stumpf zu uns her. Uralte Widder wie diesen sieht man auch auf Hvar nur sehr selten, sie scheinen sich in der Macchia in Luft aufzulösen.

Der Entschluß zum Schuß war instinktiv. Aber während ich ganz langsam den Drilling hob, streckte sich überraschend von rechts oben her eine Hand zu meinem Doppelglas, und der optisch unbewaffnete Smilian flüsterte heiser vor Erregung: »Bietä kuuken, Härr Polkä!« Nach meinem Patzer von vorgestern war seine Skepsis verständlich, dem alten Widder aber war das zuviel des Guten. Lautlos wie er erschienen war, war er verschwunden, weggewischt – und ward nicht mehr gesehen.

Ich habe dann noch oft auf dieser Schneise gesessen, immer in der Hoffnung, daß sich das Wunder wiederholen möge, habe dem Sirren der Zikaden gelauscht und den Duft von Rosmarin geatmet, der als eine Wolke zarten Parfüms über der Insel hängt und ihr diesen besonderen Zauber verleiht, durch den sie unvergeßlich wird. Der Geruch ist nun einmal der Sinn, zumindest bei mir, der wie kein anderer Emotionen auslöst und Erinnerungen lebendig werden läßt.

Schließlich habe ich dann auch auf dieser Schneise einen Widder geschossen. Ein Widderrudel kam flüchtig auf mich zu und drehte etwa 50 Gänge vor mir nach rechts in einen querlaufenden Wechsel ab. Als der letzte Widder im Wegdrehen kurz verhoffte, sah ich, daß die Schnecke eine volle Rundung bildete, ›full curl‹, wie die schafbesessenen Amerikaner sagen. Im selben Augenblick brach der Schuß. Mufflons zeichnen kaum, und das harte Wild kam trotz einwandfreien Schusses mit dem ausgezeichneten, schweres Wild zumeist schlagartig tötenden 11,7 g Brenneke-TUG aus dem 30.06-Lauf erst nach etwa 50 Metern von den Läufen.

Der Widder war jünger als vermutet. Bei den Wildschafen ziehen bekanntlich, anders als bei den Hirschen, die alten Herren meist vorneweg; eigentlich hätte mir das als Hinweis genügen sollen. Durch schlechte Veranlagung bedingt, hatte der Widder jedoch die Schnecke dicht am Haupt gedreht und so die Rundung frühzeitig vollendet. Es fehlte ihm der weite, nach oben ausholende Schwung, der den gut veranlagten Widder auszeichnet. Kein Grund also, sich nicht über ihn zu freuen, zumal der Umstand, daß er nicht kapital war, sich wohltuend auf die Rechnung auswirkte.

Wenige Tage später machte Smilian seinen Lapsus wieder gut, indem er, nach langer Kletterei in den Klippen, den Einstand eines Ziegenrudels mit einem uralten, hochkapitalen Bock bestätigte. Mit viel Dusel gelang es mir am Tag darauf, diesen Bock in einer winzigen Lücke in der Macchia abzupassen, wohin das Rudel zur Morgenäsung gezogen war, und ihn zu erlegen. Die Schwierigkeit der Pürsch und das Alter des Stückes ließen keinen faden Beigeschmack aufkommen, wie er sich gelegentlich bei dem Gedanken an die Bejagung verwilderter Tiere einstellt.

Das gemeinsame Jagen mit Smilian, diesem unkomplizierten, unverdorbenen, für heutige Verhältnisse ungewöhnlich wohlerzogenen Jungen, und die Schwierigkeit der Kommunikation mit ihm ließen mich wieder einmal den Hochmut der Sprachästheten verfluchen, die sich dereinst der generellen Einführung einer internationalen Sprache wie des Esperanto widersetzt hatten. Ich erwähnte bei früherer Gelegenheit, daß sich Jäger, was das eigentliche Jagen betrifft, gemeinhin auch ohne Worte zu verständigen vermögen. Weit darüber hinaus aber geht es nicht, und immer bleiben viele Fragen offen.

Bedenkt man, daß in Jugoslawien allein schon vier Sprachen gesprochen werden, so wird nachvollziehbar, daß das immer wieder neue Erlernen eines Grund-ABCs primitivster Umgangssprache, wie es dem globetrottenden Jäger nun einmal nicht erspart bleibt, auf die Dauer ermüdet. Wir hätten in den letzten 100 Jahren vielleicht eine friedlichere Welt gehabt, wenn Menschen aller Völker miteinander sprechen und im Begreifen des anderen als Wesen aus gleichem Fleisch und Blut und mit ähnlichen Sorgen und Problemen diesen im wirklichen sowie übertragenen Sinne des Wortes hätten verstehen können. Die Pflege der nationalen Sprachkultur hätte unter der Einführung einer kompromißlos pragmatisch ausgerichteten internationalen Umgangssprache sicher nicht zu leiden brauchen, und auch der Reiz, die Seele eines Volkes durch das Erlernen seiner Sprache näher zu erforschen, wäre sicher auch so den wenigen geblieben, denen er heute die Mühe wert ist. So aber ermangeln wir in einer Welt unglaublich hochentwickelter Technologie noch immer einer der primitivsten und unmittelbarsten Fähigkeiten – den anderen zu verstehen und uns ihm anders als durch Gesten, Zeichnungen und hilfloses Gestammel mitteilen zu können.

Am Tag, bevor ich Hvar wieder verlassen mußte, erwachte ich mürrisch und müde. Zum ersten Mal war das Wetter schlecht. Als ich an die Mole unter dem Jagdhaus trat, lag die See bleigrau vor mir, und dort, wo der Schatten der Uferbäume nicht auf sie fiel, vibrierte auf ihrem Rücken silbrig ein Schuppenkleid nervöser kleiner Wellen. Heiser krächzend zogen einige Nebelkrähen über das Wasser. Der Yuga heulte und beutelte die Äste der Pinien mit ihren langen, blaßgrünen Nadeln. Die Klippen, sonst in der Sonne leuchtendes Elfenbein, lagen heute stumpf und graugelb wie alter verwesender Knochen.

Myriaden kleiner Fische hatten an den hellen Tagen das Wasser entlang der Mole bevölkert. Heute waren sie in die Tiefe des Meeres zurückgewichen, und das Wasser schien ohne Leben. Weit vor der Bucht zog die Fähre nach Split vorbei, im grauen Dunst stumm und geisterhaft wie der Fliegende Holländer. Alles in der sonst unter der Bläue des Himmels glühenden Landschaft wirkte kalt und abweisend, als wolle sie mich dafür strafen, daß ich gewagt hatte, in sie einzudringen und den Frieden ihrer Geschöpfe zu stören.

Vor Tagen schon hatte ich für die Mungos und kleine, ausgezehrte Katzen, die überall in den Klippen nach Nahrung suchten, einen Futterteller auf die Mole gestellt. Gestern hatte ich ihn noch einmal vollgehäuft mit den Resten der karminroten Lunge meines Widders. Daß diese verschwunden waren, erschien mir der einzige tröstliche Umstand an diesem traurigen Morgen.

Gegen Abend klarte das Wetter auf, und meine Stimmung besserte sich. Nach dem Abendbrot nahm ich die Angel und ging hinunter zum Meer. Bis auf das Zirpen einzelner Zikaden und das Rollen der Brandung weit draußen vor der Bucht war die Nacht absolut still. Der Himmel war übersät mit Sternen. Über mir standen Wega, Atair und Denep, und im Osten ging der Kleine Bär auf. Das Wasser vor mir schien wie ein Spiegel. Winzige Wellen brachen den Strahlenglanz der Sterne und vervielfachten ihn zu einer Kaskade von Licht. Zum Meer hin verengte sich die Bucht, und die Bäume zur Rechten wie zur Linken spiegelten sich im Wasser. Ihre gaukelnden Schatten verband ein Silberstreif, das offene Meer. Die Nacht war so hell, daß ich Farben wahrzunehmen glaubte, und was sich mir darbot, glich einem Gemälde, vom Alter nachgedunkelt und geheimnisvoll. Meine Leuchtpose wiegte sich im Wasser, und es war mir recht, daß kein Fisch biß.

Am Tag meiner Abreise saß ich noch einmal mit Smilian in den Klippen. Vor uns lag tiefblau und in der Sonne funkelnd die Adria, weit dahinter das Festland und unter einer Dunstglocke Split. »Split«, sagte Smilian, mit dem Finger dorthin deutend, gleich darauf, mit einer weitausholenden Handbewegung, die ›dahinter‹ andeuten sollte und die grauen Bergmassive im Rücken der Stadt übersprang: »Bosnia, meine Heimat!«

Einen Augenblick war er still, dann fügte er inbrünstig, mit einer Stimme, die mitten im Satz ein klein wenig überkickste, hinzu: »Meine liebe Mama und Papa in Bosnia!« Er schaute zur Seite, um mich sein Gesicht nicht sehen zu lassen, und meine Kehle wurde trocken. Seit meiner Kindheit hatte ich den Begriff ›Heimweh‹ nie mehr so deutlich empfunden.

Smilians Sehnsucht aber hatte mich angesteckt. Schon als Junge waren mir Namen wie ›Bosnien‹ und ›Herzegowina‹ auf der Zunge zergangen. Und so war ich, als Miro mir liebenswürdigerweise eine Einladung in Smilians Elternhaus in dem Bergdörfchen Dragnic überbrachte, nur zu bereit, dort auf Wolf, Bär oder Sau zu passen.

Im Raubwildkapitel habe ich bereits versucht, die Schwermut und Stille der Landschaft um den Talkessel von Dragnic einzufangen. Ich betrat eine Welt, in der die Zeit stehengeblieben zu sein schien. So stark war dieser Eindruck, daß es mich nicht überrascht hätte, wenn mir an einer Wegbiegung mit knarrenden Sätteln und klirrendem Zaumzeug eine Eskadron österreichischer k.u.k.-Dragoner begegnet wäre.

Zu meiner Begrüßung war Smilians gesamte Familie aufmarschiert, und ehe ich es verhindern konnte, hatte die schwarz vermummte Mutter ihr liebes, von zahlreichen Runzeln durchzogenes Gesicht schon zum Handkuß heruntergebeugt und mich dadurch in einige Verlegenheit gebracht.

Smilians Familie war in ihrer Lebensführung weitgehend autonom. Milch, Sahne, Joghurt, Käse und Butter fielen in Kuh- und Schafstall an. Fleisch, Wurst und Schinken lieferten die Schweine, Eier und die Füllung für den Suppentopf die Hühner, Daunen für Bettzeug und einen gelegentlichen Festtagsbraten die Gänse. Brot wurde im eigenen Ofen gebacken. Kartoffeln, Gemüse und Obst wuchsen in Garten und Feld, Honig reifte in den Bienenstöcken, und der Schnaps wurde aus Zwetschgen gebrannt. Mirliza, Smilians zierliche, flinke Schwester, saß täglich am Spinnrad oder an einer altertümlichen Singer-Nähmaschine, und unter ihren geschickten Händen entstanden aus der Wolle oder den Fellen der Schafe Kleidung, Strümpfe und Schuhe.

Was bleibt noch viel? Strom, nun ja, Salz und Zucker, Kaffee und Tee, die gelegentliche Flasche Wein, ein wenig Kleidung für die Fahrt in die Stadt. Einmal war das alles auch bei uns so. Wie lange her es doch scheint!

Die Gastfreundschaft dieser lieben Menschen war unbeschreiblich. Ein Onkel war aus der Stadt herbeizitiert worden, um für mich zu dolmetschen. Er hatte knapp zwanzig Jahre in Deutschland gearbeitet. Rente und Ersparnisse aus dieser Zeit reichten aus, um in der Heimat ein großes Haus zu bauen, teilweise zu vermieten und sich mit vierzig Jahren als wohlhabender Mann zur Ruhe zu setzen. Embonpoint und schmucker Anzug, der den Rest der Truppe, mich eingeschlossen, eher ärmlich erscheinen ließ, unterstrichen diesen Tatbestand.

Man sagte mir, wer in Bosnien hundert Schafe besäße, könne gut davon leben. Hundert Schafe stellen einen Gegenwert von 15 000 DM dar. Sollten wir in unserem Wirtschaftswunderland etwa doch auf dem falschen Dampfer sitzen?

Ich schlief in einer kleinen Kammer unter einem Gebirge von Daunen. Als ich in der Nacht zu Bett ging, stand der Mond hinter den schneebedeckten Zinnen des Cinka. Von der Planina her begannen die Wölfe zu heulen. Sofort antworteten ihnen in schöner Einmütigkeit die Hunde des Dorfes. Ausgerechnet unter dem Fenster am Kopfende meines Bettes hatte sich Micky aufgebaut, ein der Rasse Sar Planinac zugehöriger Hirtenhundjüngling von knapp neun Monaten, der trotz seines jugendlichen Alters bereits das Format eines schlachtreifen Kalbes und ohne Zweifel den Stimmbruch bereits hinter sich hatte.

Hundemüde, war ich gewillt und ausnahmsweise einmal in der Lage, schnell und tief einzuschlafen. Diese Rechnung erwies sich jedoch als ohne den Wirt, sprich Micky, gemacht, der in den nächsten zwei Stunden nun eine neuartige Form der chinesischen Folter an mir praktizieren sollte. Jedesmal nämlich, wenn ich genau auf dem Punkt war, ins Nirwana hinüberzugleiten, setzte Micky dieser friedvollen Entwicklung mit einem kräftigen Dreiminutenbeller ein jähes Ende. Man hätte meinen können, er stünde neben mir auf Wache, stetig bemüht, mich in wirklich letzter Sekunde von einem Wachvergehen abzuhalten, derart genau waren seine Bellintermezzi auf meinen Schlafrhythmus abgestellt.

Die Kombination von guter Luft, vorzüglicher Speise und einem hervorragenden dreizehnprozentigen Rotwein der Marke Sabic hatten jedoch eine so wohlige Müdigkeit und heitere Gelassenheit in mir erzeugt, daß ich das grausame Spiel erstaunlich lange ertrug, ohne die Einschlaffähigkeit zu verlieren und aus der Haut zu fahren. Dieser Umstand war wohl auch Mickys an sich wohlklingendem Basso sotto zuzuschreiben, ein hektisches Kläffen hätte mit Sicherheit schneller den Nerv getroffen.

Endlich aber war es dennoch soweit, und finstere Flüche ausstoßend sprang ich aus dem warmen Bett ins kalte Zimmer, zerrte mir wutbebend eine Jacke über das Nachtgewand, stieg mit meinen Storchenbeinen in ein

Paar gerade griffbereit stehender Stiefel und setzte an, mich in die kühle Winternacht zu stürzen, um Micky herzhaft in den Hintern zu treten. Von diesem in mehrfacher Hinsicht gewagten Unterfangen hielt mich jedoch ein Lichtschimmer ab, der aus der Küche traulich auf den Flur fiel. In dieser saß, nachts um zwei Uhr, der gerade von der Freundin heimgekehrte treue Smilian und polierte meinen Drilling. Noch halb im Schlaf, aber voll brodelnden Zorns, schrie ich den Ärmsten völlig unmotiviert in Englisch an (S. spricht kein Englisch, aber spontane Zornausbrüche scheinen sich mir immer flüssiger in Englisch als in Deutsch zu formulieren): »Can't you get that goddamn' dog to quieten down?!«

Auch ohne einschlägige Sprachkenntnisse und hellseherische Fähigkeiten verstand mich Smilian sofort, und daß er sich dabei über meine Schloßgespensterscheinung nicht totlachte, spricht für seine gute Erziehung ebenso wie für seine Wesensstärke.

Micky wurde in den Kuhstall verbannt, und seine fernen Arien klangen meinem Ohr nun fast wie Sphärenklänge. Aber was nützte es? Meine Abschaltreserven waren aufgebraucht, und mit dem Einschlafen war's jetzt bis in die frühen Morgenstunden endgültig vorbei.

Von solch heiteren Episoden abgesehen (heiter?!), versetzte mich Dragnic in eine weltentrückte Stimmung, eine Stimmung, reich an Widersprüchen: Nostalgie voller Frohsinn, Frohsinn voller Nostalgie. An einem Tag dieses verträumten, ungewöhnlich warmen Februar lief ich kilometerweit quer durch die Steppe des Dragnic Polje. Über dem gelben Gras lag ein Hauch von zartestem Grün, wie ihn frisch getrocknetes Heu vom ersten Schnitt hat. Der Himmel war tiefblau, fast afrikanisch blau, und alles wirkte viel näher, als es in Wirklichkeit war. Erst der Blick durch das Glas auf die in der Ferne weidende Schafherde gab das Gefühl für Proportionen zurück. Das kleine Dörfchen Dragnic lag vor mir, unter dem weißen, mit seinen Eiskristallen das Licht reflektierenden Gipfel des Cinka in den Berg genestelt, wie aus der Spielzeugschachtel aufgebaut.

Es war sehr still und sehr warm, und die Sonne trieb mir den Schweiß auf die Stirn. Ich empfand Glück, Glück, das man auf der Haut fühlt, und ein anderer, ähnlich herrlicher Februartag kam mir in den Sinn, damals, 1943, in Berlin. Ich lag im Lazarett und hatte Hannelore kennengelernt, das Mädchen mit den katzengrünen Augen und dem Herzen voller Güte. Es war unser beider erste große, alles verzehrende Liebe. Krokus und Schneeglöckchen brachen auf an diesem Tag unter den Strahlen einer für die Jahreszeit viel zu warmen Sonne, und wir waren, frei aller Sorgen in dieser Zeit, in der Leid und Tod lange Schatten warfen, aus tiefstem Herzen glücklich. Ich konnte dieses Gefühl ungetrübten Glücks heute noch auf der Zunge spüren wie die Blume eines duftigen Weins, und ich begriff, wie gnädig die Götter sind, daß sie uns nicht in die Zukunft schauen lassen.

Doch zurück zur Prosa des jagdlichen Alltags. Zu dritt oder viert drückten wir wiederholt die Hänge auf Sauen durch, ohne Erfolg. Hin und wieder fanden wir in den spärlichen Schneeresten die Fährten von Wolf und Sau, einmal auch die eines Bären. Dann schoß ich meinen Wolf. Als wir ihn tottranken, erzählte Miro von den Bären seiner Heimat, dem ängstlichen, der am Luder dem Wolf ausweicht und der sich sogar vom raffinierten Fuchs abschrecken läßt, wenn dieser einen Ausfall gegen ihn macht. Dann steht er mit hängenden Lefzen wütend abseits vom Luder und trommelt mit den Vorderpranten verzweifelt auf den Boden.

Ganz anders ist das Verhältnis des Bären zur Sau. Einmal beobachtete Miro eine Bärin mit zwei Jungen, die gemeinsam mit einem groben Keiler am Luder stand. Eines der Bärenjungen kam in seiner Neugier dem Keiler zu nahe, und dieser schleuderte es unwillig mit einem kurzen, trockenen Seitenhieb von sich weg, so daß es erschreckt aufquietschend von den Läufen kam. Die Bärin hob den schweren Kopf, pendelte einmal nach rechts und einmal nach links, dann trollte sie lässig, wie gelangweilt, auf den Keiler zu. Plötzlich fuhr ihre rechte Pranke hoch, und ansatzlos geschlagen landete ein klassischer Schwinger auf dem Schild des Bassen, der nun seinerseits zur Seite purzelte und wütend blasend seinen Standort auf die andere Seite des Luders verlegte.

In einem schroffen, dicht bewaldeten Seitental des Dragnic Polje lag, von Smilians Onkel Pero angelegt, ein Luderplatz, zu Fuß vom Haus aus in einer guten halben Stunde zu erreichen. Das Luder auf dem offenen Boden der Schlucht bestand aus den gefrorenen Kaldaunen einiger Schafe. Die Luderhütte lag mit dem aufgehenden Mond im Rücken im Hang, etwa 40 Meter über dem Luder.

Trotz aller diplomatischen Künste ließ sich Onkel Pero nicht davon abbringen, mich dorthin zu begleiten, um auf Bär, Sau oder Fuchs zu passen. Knapp in dem engen Gehäuse niedergetan, fiel er in tiefen Schlaf, begleitet von entsetzlichen Schnarchtönen. Stieß ich ihn vorsichtig an, fuhr er hoch, daß die Bude wackelte und eine Vielzahl ächzender und knarrender Laute von sich gab. Nun, Bär und Wolf hatte ich am Luder noch nicht erlebt, aber für jeden redlichen Fuchs konnte ich verbindlich Zeugnis ablegen, daß er solches nicht bereit sein würde zu tolerieren. So bellten die Füchse denn auch im Hochzeitseifer vor und hinter uns, links und rechts, sehen aber ließ sich keiner.

Ich selbst verfalle beim Ansitz stets in eine Art von Totenstarre, sinke gewissermaßen in mich hinein und kann Lärm und Herumgehampele deshalb um alles in der Welt nicht ausstehen. Nun, es gelang mir mit Miros Hilfe, Pero abzuwimmeln, dafür kam am nächsten Abend Rade mit, der große Wolfstöter. Rade gehörte zu der Sorte, zu der auch ich mich einmal zählen mußte, er zündete eine Zigarette an der anderen an, mit dem Resultat, daß unsere winzige Hütte bald unter Rauchschwaden lag wie Douaumont bei schwerem Beschuß. Der Anblick war entsprechend, und so ging's halt auch nicht. Ich durchbrach deshalb am nächsten Morgen kurzfristig die milde Stimmung dieser Tage und machte klar: Entweder ich gehe in Zukunft allein oder gar nicht!

So saß ich denn am dritten dieser Abende, endlich von reeller Hoffnung beseelt, wieder in meinem Verließ und harrte lautlos der Dinge, die da kommen sollten. Wir hatten in der Nähe des Luders einen respektablen Keiler gefährtet, und ihm galt vorrangig mein stilles Hoffen. An Bären dachte ich angesichts der Jahreszeit und des eher kargen Luders kaum.

Die Stunden vergingen. Irgendwo in der Ferne heulte ein Wolf, unter mir im Stroh knisperten die Mäuse. Einmal huschten im Gegenhang zwei Füchse durch das Holz. Der Mond schien hell auf meinen aufgeblasenen Kaldaunenberg.

Grad druselte ich wohlig vor mich hin, als es plötzlich rechts hinter mir im Hang knackte. Knacken eines Zweiges unter dem Tritt von schwerem Wild – der Keiler! Das Blut pulste zum Herzen, alle Sinne waren hellwach. Wieder ein Knacken, nun schon fast rechts neben mir und gleich darauf das Geräusch von schwerem Wild, das in der Flucht abwärts mit den Vorderläufen auf eine unter ihm liegende Felsplatte auftrifft. Der Klang des Auftreffens aber ist dumpf, patschend wie ein Schlag mit dem Boxhandschuh in den Sandsack, nicht das kleckernde Geräusch auf Stein schlagender Schalen.

Stille. Instinktiv weiß ich – 20 Meter rechts neben dir verhofft ein Bär! Minuten später Steineln weiter unten im Hang, noch einmal Knacken und wieder Stille.

Augenblicke höchster Anspannung. Meine Augen fliegen über das Schneefeld unter mir, bohren sich in das Dunkel des angrenzenden Dikkichts. Und da schiebt sich aus diesem auch schon mit wiegendem Haupt, im schaukelnden, in den Schultern gelösten Gang seiner Art der Bär, verhofft im Mondlicht, zieht weiter zum Luder. Hier verhält er, windet in alle Richtungen und zerrt – beim Menschen würde man sagen ›mit langen Zähnen‹ – fast widerwillig einen der zäh gefrorenen, dem Geschlinge anhaftenden Faserstränge senkrecht nach oben, kaut schmatzend darauf herum.

Es ist ein Bär mittlerer Stärke – maßgeschneidert! Längst liegt der Drilling auf der Brüstung der Hüttenluke, und während der Bär das Haupt nach vorn über das Luder beugt, steht der Zielstachel am Ansatz des Trägers zwischen den Blättern. Ich kann mich von dem Bild nicht losreißen, finde den Entschluß zum Schuß nicht. Die Strahlen des Mondes tanzen auf den Spitzen der Grannen, hüllen den Bären ein in eine Aureole, aus der Funken aufsteigen wie das Aufglühen des Nordlichts. Ich setze ab, schaue durch das Zeiss-Glas, trinke den herrlichen Anblick.

Jetzt steht der Bär breit, und wieder habe ich ihn im Zielfernrohr, Sekunden, die sich zur Minute dehnen. Der schwere Drilling liegt ganz ruhig, und der Finger berührt den Abzug, zart erst, ein wenig fester. Noch ein winziges Mehr und 11,7 Gramm Metall werden dieses faszinierende Stück Leben dort unten auslöschen, unwiderruflich, unwiederbringlich.

Was ist es nur, das unser Tun in bestimmten jagdlichen Situationen steuert, von der Norm abweichen läßt? Ich bin sicher, wäre der Bär hastig weitergezogen, hätte die Kugel den Lauf längst verlassen. So aber zögere ich immer noch, und während ich das schwere Wild über den schwarzen Stachel hinweg betrachte, weiß, daß es mein ist, mit Sicherheit und auf lächerlich leichte Weise, verstreicht, einer Wolke gleich, die sich vor die Sonne schiebt und den Tag urplötzlich verwandelt, von einem Augenblick zum anderen der psychologische Moment für den Schuß.

Plötzlich scheint mir nicht mehr wichtig, daß ich mir durch dieses winzige Weiterkrümmen des Fingers beweise, was im Grunde schon Tatsache ist, auch kaum noch wichtig, daß ich die Decke des Bären tatsächlich berühre und für die absehbar nicht mehr vielen Jahre meines Lebens zu den zahlreichen anderen an die Wand nageln kann. Anderes scheint wichtiger – daß Bären weiterleben in diesen einsamen Wäldern, daß uns und denen nach uns das Abenteuer bleibt, sie jagen zu dürfen, heute, morgen, in hundert Jahren...

Die ›Habichtseltern‹ hatten mich eingeholt.

Bücher für Jäger

Andreas Freiherr von Nolcken
Jahreszeiten eines Jägers
Jagd und Natur im Wandel von
Frühling, Sommer, Herbst und
Winter. 1989. 247 Seiten. Gebunden
38,– DM

Guillermo Staudt
Im Poncho auf der Pirsch
Von der Jagd in Patagonien und anderen Enden der Welt. 1989. 255 Seiten
mit 167 Einzeldarstellungen in
91 Abbildungen und 6 Karten.
Gebunden 38,– DM

Ludwig Benedikt
Freiherr von Cramer-Klett
Im Gamsgebirg
Erlebnisse und Erfahrungen um das
Krickelwild. Mit einem Vorwort von
Wilhelm Nerl. 1988. 170 Seiten mit
12 Abbildungen nach Gemälden aus
dem Privatbesitz des Autors.
Gebunden 32,– DM

Ludwig Benedikt
Freiherr von Cramer-Klett
Glückselige Einsamkeit
5. Auflage. 1982. 396 Seiten.
Gebunden 39,– DM

Ludwig Benedikt
Freiherr von Cramer-Klett
Die Heuraffler
und andere Bergjägergeschichten.
4. Auflage. 1986. 232 Seiten und
8 Tafeln mit 8 Fotos. Gebunden
38,– DM

Ludwig Benedikt
Freiherr von Cramer-Klett
Spiel der Lichter und Schatten
Von eines Jägers Wünschen und
Wegen. 3. Auflage. 1980.
308 Seiten. Gebunden 34,– DM

Ludwig Benedikt
Freiherr von Cramer-Klett
Traum auf grünem Grund
Vom wundersamen Rehbock im
Schwarzenbachtal. 4. Auflage. 1977.
258 Seiten. Gebunden 28,– DM

Ludwig Benedikt
Freiherr von Cramer-Klett
Zum Jagen zog ich frohen Sinn's
Auf Rehbock, Hahn und Hirsch.
1986. 288 Seiten und 1 Tafel.
Gebunden 39,– DM

Paul-Joachim Hopp
Weite Pürsch
Von Jägern, Wild und Hunden.
1984. 182 Seiten mit 8 Übersichten,
1 Karte und 8 Bildtafeln mit 16
Abbildungen. Gebunden 34,– DM

Wilhelm Schmiedl
**Von Böcken, Gams
und braunen Hirschen**
Erfülltes Waidwerk im Burgenland
und in der Steiermark. 1984. 200
Seiten. Gebunden 34,– DM

Helmuth J. Manzenreither
Als wär' es mein Revier!
Von Jägerfreuden und dem Leben in
einer Kärntner Bauernjagd. 1983.
208 Seiten. Gebunden 36,– DM

Kurt Menzel
Glück muß der Jäger haben
Von der jagdlichen Passion eines
Forstmannes in heutiger Zeit. 2. Auflage. 1987. 174 Seiten und 16 Bildtafeln mit 28 Abbildungen. Gebunden
34,– DM

Kurt Menzel
Wildwechsel durch Moor und Heide
Vom Jagen in unserer Zeit. 1987.
162 Seiten und 16 Tafeln mit 27
farbigen Abbildungen. Gebunden
39,80 DM

Preisstand: Februar 1991
Spätere Änderungen vorbehalten

**Verlag Paul Parey
Hamburg und Berlin**

Bücher für Jäger

Fritz Sieren
In stillen Revieren und weiter Wildnis
Jagen bei uns und in aller Welt.
1989. 157 Seiten und 8 Tafeln mit
15 farbigen Abbildungen. Gebunden
36,– DM

Mark G. v. Pückler (Hrsg.)
Büchsenknall und Hörnerklang
Jagderinnerungen aus ostdeutschen
Landen. Eine Anthologie mit Bei-
trägen von 31 Autoren. 1989.
193 Seiten und 16 Tafeln mit 36 Abbildungen. Gebunden 39,90 DM

Hans Nelböck-Hochstetter
Zurück auf eigener Fährte
Jagderlebnisse auf dem alten Kontinent. 1989. 190 Seiten und 12 Tafeln
mit 20 farbigen Abbildungen und
einer Karte. Gebunden 39,80 DM

Wolfgang Remmele
Brüsseler Spitzen
Gereimte Anmerkungen zu grünen
Ungereimtheiten. Illustriert von
Walther Niedl. 1989. 151 Seiten.
Gebunden 32,– DM

Hans Behnke
Hasenfeld
Ein Revier wird aufgebaut. 1989.
157 Seiten mit 30 Illustrationen von
Walther Niedl im Text sowie mit 43
Zeichnungen und Fotos im Text und
im Bildanhang. Kartoniert 34,– DM

Walter Frevert
Das Jägerleben ist voll Lust und alle Tage neu
Jagdliche und andere Erinnerungen.
5. Auflage. 1979. 193 Seiten.
15 Bildtafeln mit 25 Abbildungen.
Gebunden 32,– DM

Walter Frevert
Abends bracht' ich reiche Beute
Der jagdlichen Erinnerungen letzter
Teil. 6. Auflage. 1989. 166 Seiten
mit 26 Abbildungen auf 8 Tafeln und
1 Zeichnung. Gebunden 32,– DM

Walter Frevert
Und könnt' es Herbst im ganzen Jahre bleiben
Jagdliche und andere Erinnerungen.
9. Auflage. 1990. 227 Seiten und
19 Tafeln mit 25 Abbildungen.
Gebunden 32,– DM

Hans Behnke
Von Mondhasen und Erdkitzen
Der Waidgenosse als Zeitgenosse.
1982. 237 Seiten und 16 Bildtafeln
mit 32 Abb. Gebunden 32,– DM

Heribert Kalchreuter
Zurück in die Wildnis
Jagdliche Abenteuer in Alaska,
Afrika und Asien. 1990. 253 Seiten
und 24 Tafeln. Mit 106 Abbildungen,
davon 46 farbig, und 2 Karten.
Gebunden 42,– DM

Jochen Portmann
Heimliche Böcke – Uriges Wild
Ein jagdliches Mosaik. 1984. 181
Seiten und 8 Bildtafeln mit 16
Abbildungen. Gebunden 36,– DM

László Studinka
Wanderungen eines Jägers
Mit Büchse, Flinte und Kamera in
vier Erdteilen. 1981. 215 Seiten und
16 Bildtafeln mit 30 Abbildungen.
Gebunden 36,– DM

László Studinka
Unbändige Jagdpassion
Ganz Ungarn war mein Revier.
2. Auflage. 1983. 158 Seiten und
16 Bildtafeln mit 29 Abbildungen.
Gebunden 34,– DM

Preisstand: Februar 1991
Spätere Änderungen vorbehalten

**Verlag Paul Parey
Hamburg und Berlin**